高等职业教育“十二五”创新型规划教材

U0827423

市场营销理论与实务

主　编　吴晓微　王　珏
主　审　孙淑艳
副主编　王　驰
参　编　徐　静　王　微　王艾纳
　　　　贾若愚　徐鹏云

北京理工大学出版社
BEIJING INSTITUTE OF TECHNOLOGY PRESS

图书在版编目（CIP）数据

市场营销理论与实务/吴晓微，王珏主编．—北京：北京理工大学出版社，2015.1（2016.8 重印）

ISBN 978－7－5682－0030－1

Ⅰ.①市…　Ⅱ.①吴…　②王…　Ⅲ.①市场营销学　Ⅳ.①F713.50

中国版本图书馆 CIP 数据核字（2014）第 292370 号

出版发行／北京理工大学出版社有限责任公司
社　　址／北京市海淀区中关村南大街 5 号
邮　　编／100081
电　　话／（010）68914775（总编室）
　　　　　82562903（教材售后服务热线）
　　　　　68948351（其他图书服务热线）
网　　址／http：//www. bitpress. com. cn
经　　销／全国各地新华书店
印　　刷／北京富达印刷有限公司
开　　本／710 毫米×1000 毫米　1/16
印　　张／19.25
字　　数／362 千字
版　　次／2015 年 1 月第 1 版　2016 年 8 月第 4 次印刷
定　　价／39.00 元

责任编辑／张慧峰
文案编辑／张慧峰
责任校对／周瑞红
责任印制／李志强

图书出现印装质量问题，请拨打售后服务热线，本社负责调换

前　　言

《市场营销理论与实务》从高职高专院校市场营销学课程的教学要求和特点出发，本着“精讲多练、能力本位”的教学要求，以“理论够用、注重实践”为原则，对市场营销的理论内容进行融合、优化和精炼，突出案例教学。

《市场营销理论与实务》共设计了 11 项工作任务，即树立现代市场营销观念、市场营销环境分析、消费者购买行为分析、市场营销调研、识别市场、产品决策、定价决策、营销渠道决策、整合营销传播决策、战略规划与营销管理、营销伦理与道德营销等内容，内容全面，形式新颖。本书作为高职教育的系列教材，其突出的特点主要是：

1. 针对性。围绕目前高职教育教学改革的需要，从教学实际出发，构建符合高职学生学习特点的内容体系。

2. 现代性。在内容上紧跟时代的步伐，根据实践的需求和学生的特点，尽量吸收现代市场营销学研究与实践的最新成果，反映现代市场营销发展的趋势。

3. 注重案例教学和实践教学。力求理论联系实际，注重案例的现代性和可接受性，注重学生的技能训练，注重提高学生在学习过程中的主动参与程度。本书体系新颖、内容丰富、涉及面广，更加符合学科特色和时代要求。

本书由黑龙江商业职业学院吴晓微、王珏主编，由孙淑艳主审，参加编写的人员及分工为：吴晓微（项目一）、王珏（项目七、九、十，其中项目七中的任务一、任务二由王驰编写）、徐静（项目六、八）、王微（项目五、十一）、王艾纳（项目三）、贾若愚（项目四）、徐鹏云（项目二）。编写过程中得到了有关企业和专家的大力支持和帮助，在此一并表示感谢。本书参考和部分引用了国内外有关作者的著作和研究成果，除注明出处的部分外，限于体例未能一一列出，就此，向众多市场营销学者和师友表示衷心的谢意！

限于编者水平，书中难免存在不足之处，敬请广大读者批评指正。

编　者

目　录

项目一

树立现代市场营销观念

【学习目标】

知识目标

1. 掌握市场、市场营销的基本概念。
2. 认识市场营销学的发展过程。
3. 掌握市场营销观念的演变过程。

能力目标

1. 运用市场及市场营销的理论分析实际问题。
2. 能够判断传统营销观念与现代营销观念的区别。
3. 学会运用市场营销观念指导企业进行市场营销活动。
4. 能够运用市场营销理论对企业进行市场分析。

任务一　市场与市场营销的认知

【引导案例】

你手头有个杯子需要卖出，它的成本是 1 元钱。应该怎么卖？你能卖多少钱？

仅仅卖杯子，也许最多只能卖 2 元钱。如果卖的是一种流行款式的杯子呢？3 元、4 元或许也能卖得动！如果你的杯子是著名品牌呢？价格可能会达到 5 元、6 元！如果是一套有精美、高级包装的杯子呢？10 元、20 元也能卖出去！如果你卖的是一个名人用过的杯子呢？能卖多少啊？杯子外面的世界永远大于杯子里面的世界。

【引例分析】

卖什么，如何卖，怎么卖，怎样卖才能取得理想的结果，这些就是市场营销学所要研究的内容。

1. 市场的内涵

在市场营销学中，市场是指具有现实或潜在需求，有货币支付能力，并且有购买欲望的个人或组织的总和。

市场包含3个主要因素：有某种需要的人，为满足这种需要的购买能力和购买欲望。用公式表示为：

$$市场 = 人口 + 购买力 + 购买欲望$$

2. 市场营销及相关概念

2.1 市场营销的含义

市场营销又称为市场学、市场行销或行销学，简称“营销”，台湾常称作“行销”，是指个人或集体通过交易其创造的产品或价值，以获得所需之物，实现双赢或多赢的过程。它包含两种含义，一种是动词理解，指企业的具体活动或行为，这时称为市场营销或市场经营；另一种是名词理解，指研究企业的市场营销活动或行为的学科，这时称为市场营销学、营销学或市场学等。

公认定义有以下几个：

（1）美国市场营销协会下的定义是：营销是创造、沟通与传送价值给顾客及经营顾客关系以便让组织与其利益关系人（stakeholder）受益的一种组织功能与程序。

（2）菲利普·科特勒下的定义强调了营销的价值导向：市场营销是个人和集体通过创造产品和价值，并同别人进行交换，以获得其所需所欲之物的一种社会和管理过程。

（3）格隆罗斯给的定义强调了营销的目的：营销是在一种利益之下，通过相互交换和承诺，建立、维持、巩固与消费者及其他参与者的关系，实现各方的目的。

（4）麦卡锡（E. J. Mccarthy）于1960年对微观市场营销下了定义：市场营销是企业经营活动的职责，它将产品及劳务从生产者直接引向消费者或使用者以便满足顾客需求及实现公司利润，同时它也是一种社会经济活动过程，其目的在于满足社会和人类需要，实现社会目标。

这一定义虽比美国市场营销协会的定义前进了一步，指出了满足顾客需求及实现企业赢利成为公司的经营目标。但这两种定义都说明，市场营销活动是在产品生产活动结束时开始的，中间经过一系列经营销售活动，当商品转到用户手中就结束了，因而把企业营销活动仅局限于流通领域的狭窄范围，而不是视为企业整个经营销售的全过程，即包括市场营销调研、产品开发及定价、分销广告、宣传报道、销售促进、人员推销、售后服务等。

当今见到的关于市场营销最普遍的定义：市场营销是计划和执行关于商品、服务和创意的观念、定价、促销和分销，以创造符合个人和组织目标的交换的一种过程。

2.2 市场营销的相关概念

企业营销的目的是了解人们的需要和欲望，并通过自己的商品、服务和创意来满足需求。因此人类的各种需要和欲望是市场营销思想的出发点。

2.2.1 需要

需要是指人们因为某种欠缺没有得到满足时的心理感觉状态，它是人类所固有的，市场营销者不能创造这种需要，而只能适应它。

2.2.2 欲望

欲望是指想得到某些基本需要的具体满足物时的愿望。

2.2.3 需求

需求是指具有支付能力并且愿意购买某种物品的欲望。需求与需要的区别为：是否有足够的货币支付能力。

2.2.4 交换

交换是指通过提供某种东西作为回报而与他人换取所需产品或服务的行为。交换是营销理论的中心。

2.2.5 交易

一旦达成协议，就意味着发生了交易行为。

交易是交换活动的基本单元，是由双方之间的价值交换所构成的。如：我把钱给商店，同时商店把新衣服给了我。

3. 市场营销组合

3.1 市场营销组合概述

市场营销组合是企业开展营销活动所应用的各种可控因素的组合，具体地说是指企业在选定的目标市场上，综合考虑环境、能力、竞争状况对企业自身可以控制的因素，加以最佳组合和运用，以完成企业的目的与任务。

3.2 营销组合的特点

（1）可控性。

（2）层次性。

（3）整体性。

（4）动态性。

3.3 市场营销组合策略

影响企业营销的有两类因素，一类是企业外部环境给企业带来的机会和威胁，这些是企业很难改变的；另一类则是企业本身可以通过决策加以控制的。企业可采取的策略主要有：

（1）产品策略。

（2）价格策略。

（3）促销策略。

（4）分销策略。

4. 市场营销学的产生和发展

市场营销学于20世纪初期产生于美国。几十年来，随着社会经济及市场经济的发展，市场营销学发生了根本性的变化，从传统市场营销学演变为现代市场营销学，其应用从赢利组织扩展到非营利组织，从国内扩展到国外。当今，市场营销学已成为同企业管理相结合，并同经济学、行为科学、人类学、数学等学科相结合的应用边缘管理学科。西方市场营销学的产生与发展同商品经济的发展、企业经营哲学的演变是密切相关的。美国市场营销学自20世纪初诞生以来，其发展经历了6个阶段。

4.1 萌芽阶段（1900—1920年）

这一时期，各个主要资本主义国家经过工业革命，生产力迅速提高，城市经济迅猛发展，商品需求量亦迅速增多，出现了需过于供的卖方市场，企业产品价值实现不成问题。

4.2 功能研究阶段（1921—1945年）

这一阶段以营销功能研究为其特点。此阶段最著名的代表者有：克拉克（F. E. Clerk），韦尔达（L. D. H. Weld），亚历山大（Alexander），瑟菲斯（Sarfare），埃尔德（Ilder）及奥尔德逊（Alderson）。1932年，克拉克和韦尔达出版了《美国农产品营销》一书，对美国农产品营销进行了全面的论述，指出市场营销的目的是“使产品从种植者那儿顺利地转到使用者手中”。

4.3 形成和巩固时期（1946—1955年）

这一时期的代表人物有范利（Vaile），格雷特（Grether），考克斯（Cox），梅纳德（Maynard）及贝克曼（Beckman）。1952 年，范利、格雷特和考克斯合作出版了《美国经济中的市场营销》一书，全面地阐述了市场营销应如何分配资源，指导资源的使用，尤其是指导稀缺资源的使用。

4.4　市场营销管理导向时期（1956—1965 年）

这一时期的代表人物主要有：罗·奥尔德逊（Wraoe Alderson），约翰·霍华德（John A. Howard）及麦卡锡（E. J. Mclarthy）。

奥尔德逊在 1957 年出版的《市场营销活动和经济行动》一书中，提出了“功能主义”。霍华德在出版的《市场营销管理：分析和决策》一书中，率先提出从营销管理角度论述市场营销的理论和应用，从企业环境与营销策略二者关系来研究营销管理问题，并强调企业必须适应外部环境。

4.5　协同和发展时期（1966—1980 年）

这一时期，市场营销学逐渐从经济学中独立出来，并同管理科学、行为科学、心理学、社会心理学等理论相结合，使市场营销学理论更加成熟。

4.6　分化和扩展时期（1981—　）

在此期间，市场营销领域又出现了大量丰富的新概念，使得市场营销这门学科出现了变形和分化的趋势，其应用范围也在不断地扩展。

任务二　市场营销观念及其发展

【引导案例】

在美国的迪士尼乐园，欢乐如同空气一般无所不在。它使得每一位来自世界各地的儿童美梦得以实现，使各种肤色的成年人产生忘年之爱。因为迪士尼乐园成立之时便明确了它的目标：它的产品不是米老鼠、唐老鸭，而是快乐。人们来到这里是享受欢乐的。公园提供的全是欢乐。公司的每一个人都要成为欢乐的灵魂。游人无论向谁提出问题，谁都必须用“迪士尼礼节”回答，决不能说“不知道”。因此游人们一次又一次地重返这里，享受欢乐，并愿付出代价。反观我国的一些娱乐城、民俗村、世界风光城等，那单调的节目、毫无表情的解说、爱理不理的面孔，使人只感到寒意，哪有欢乐可言？由此可见我国企业树立市场营销观念之迫切性。

【引例分析】

通过此案例说明，企业树立正确的营销观念对企业营销的重要作用，同时也表明我国企业树立市场营销观念之迫切性。

1. 市场营销观念的含义

市场营销观念（营销哲学或理念）是企业从事营销活动的基本指导思想、行为准则和伦理道德标准的总称。它是一种信念、一种态度、一种思维方式。任何一个企业都是在特定的思想或观念指导下进行工作的，不同观念必然产生不同的行为，不同的行为必然产生不同的结果。确立正确的营销观念，对企业生死存亡、成败荣辱具有决定性作用。

2. 市场营销观念的实质

市场营销观念的核心是如何正确处理企业、顾客和社会三者之间的利益关系。它们既是相互矛盾的，也是相辅相成的。其基本轨迹是由企业利益导向转变为顾客利益导向，再发展到社会利益导向。

3. 营销观念的演变

市场营销观念是在市场营销实践的基础上产生的，是随着生产力的进步与市场形势的变化而不断发展和演变的。一般可概况归纳为 5 种，即生产观念、产品观念、推销观念、市场营销观念、社会营销观念。其中前三者被称为传统市场营销观念，后二者被称为现代市场营销观念。

3.1 生产观念

生产观念盛行于 19 世纪末 20 世纪初。它是一种重生产、轻营销的指导思想，其典型表现就是“我们生产什么，就卖什么”。以生产观念指导营销活动的企业，称为生产导向企业。

20 世纪初，美国福特汽车公司制造的汽车供不应求，亨利·福特曾傲慢地宣称：“不管顾客需要什么颜色的汽车，我只有一种黑色的”。福特公司于 1914 年开始生产的 T 型车，就是在“生产导向”经营哲学的指导下创造出奇迹的。福特公司着力于使 T 型车生产效率趋于完善，通过降低成本，使更多人买得起。到 1921 年，福特 T 型车在美国汽车市场上的占有率达到 56%。

3.2 产品观念

产品观念是与生产观念并存的一种市场营销观念，都是重生产轻营销。产品观念认为，消费者喜欢高质量、多功能和具有某些特色的产品。因此，企业管理的中心是致力于生产优质产品，并通过不断精益求精，日臻完善。在这种观念的指导下，公司经理人常常迷恋自己的产品，以至于没有意识到产品可能并不迎合时尚，甚至市场正朝着不同的方向发展。他们在设计产品时只依赖工程技术人员而极少让消费者介入。

杜邦公司在 1972 年发明了一种硬度同钢一样、而重量只是钢的 1/5 的新型纤维。杜邦公司的经理们设想了大量的用途和一个 10 亿美元的大市场。然而这一刻的到来比杜邦公司所预料的时间要长得多。因此，只致力于大量生产或精工制造而忽视市场需求的最终结果是其产品被市场冷落，经营者陷入困境。

3.3 推销观念

推销观念产生于资本主义经济由“卖方市场”向“买方市场”的过渡阶段，盛行于 20 世纪 30—40 年代。推销观念认为企业管理的中心任务是积极推销和大力促销，以诱导消费者购买产品。其具体表现是：“我卖什么，就设法让人们买什么”。在推销观念的指导下，企业相信产品是“卖出去的”，而不是“被买去的”。他们致力于产品的推广和广告活动，以求说服，甚至强制消费者购买。他们收罗了大批推销专家，做大量广告，对消费者进行无孔不入的促销信息“轰炸”。如美国皮尔斯堡面粉公司的口号由原来的“本公司旨在制造面粉”改为“本公司旨在推销面粉”，并第一次在公司内部成立了市场调研部门，派出大量推销人员从事推销活动。

但是，推销观念与前两种观念一样，也是建立在以企业为中心的“以产定销”，而不是满足消费者真正需要的基础上。因此，前三种观念被称为传统市场营销观念。

3.4 市场营销观念

市场营销观念形成于 20 世纪 50 年代。该观念认为，实现企业诸目标的关键在于正确确定目标市场的需要和欲望，一切以消费者为中心，并且要比竞争对手更有效、更有利地传送目标市场所期望满足的东西。

市场营销观念的产生，改变了传统的旧观念的逻辑思维方式，而且在经营策略和方法上也有很大突破。它要求企业营销管理贯彻“顾客至上”的原则，将管理重心放在善于发现和了解目标顾客的需要，并千方百计去满足它，从而实现企业目标。因此，企业在决定其生产经营时，必须进行市场调研，根据市场需求及企业本身条件选择目标市场，组织生产经营，最大限度地提高顾客满意程度。

市场营销观念相信，决定生产什么产品的主权不在生产者，也不在于政府，而在于消费者。

小组讨论

皮尔斯堡面粉公司的改变

美国皮尔斯堡面粉公司于1869年成立。从成立到20年代以前，这家公司提出的都是“本公司旨在制造面粉”的口号。因为在那个年代，人们的消费水平很低，面粉公司无须太多宣传，只要保持面粉质量、降低成本与售价，销量就会大增，利润也会增加，而不必研究市场需求特点和推销方法。1930年左右，美国皮尔斯堡公司发现，竞争加剧，销量开始下降。公司为扭转这一局面，第一次在公司内部成立市场调研部门，并选派大量推销员，扩大销售，同时把口号变为“本公司旨在推销面粉”。美国皮尔斯堡公司开始注意推销技巧，并进行大量广告宣传，甚至开始硬性兜售。然而随着人们生活水平的提高，各种强力推销未能满足顾客变化的新需求，这迫使面粉公司从满足顾客心理实际需求的角度出发，对市场进行分析研究。1950年前后公司根据战后美国人的生活需要开始生产和推销各种成品和半成品的食品，使销量迅速上升。1958年后，公司着眼于长期占领市场，着重研究今后3年到30年的市场消费趋势，不断设计和制造新产品，培训新的推销人员。

【课堂讨论】

请根据这一转变，说明市场营销观念的转变和各阶段的特点。

3.5 社会营销观念

从20世纪70年代起，随着全球环境破坏、资源短缺、人口爆炸、通货膨胀和忽视社会服务等问题日益严重，要求企业顾及消费者整体利益与长远利益的呼声越来越高。在西方市场营销学界提出了一系列新的理论及观念，如人类观念、理智消费观念、生态准则观念等。这些观念都认为，企业生产经营不仅要考虑消费者需要，而且要考虑消费者和整个社会的长远利益。这类观念统称为社会营销观念。

社会营销观念的基本核心是：以实现消费者满意以及消费者和社会公众的长期福利作为企业的根本目的与责任。理想的营销决策应同时考虑到：消费者的需求与愿望的满足，消费者和社会的长远利益，企业的营销效益。

营销观念的演进如图1-2-1所示。

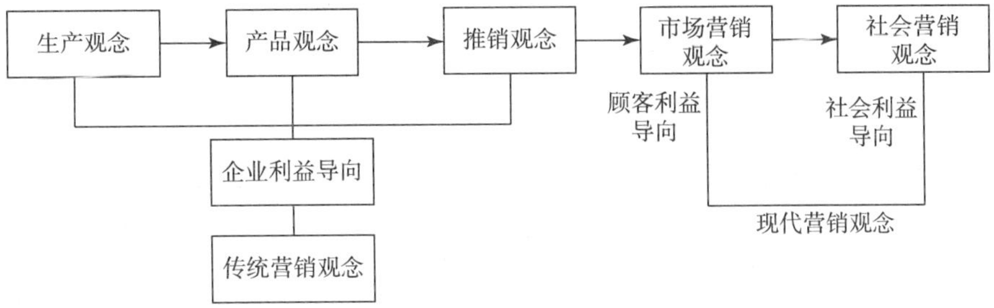

图 1－2－1　营销观念的演进

4. 传统营销观念与现代营销观念的根本区别

4.1　营销视角差异性

传统营销理念关注内向视角，关注他们能生产的产品而非市场需要的产品，其竞争优势建立在内在技术、数量、规模、质量的基础上；现代市场营销理念关注外向视角，关注体外的顾客需求、价值、利益，关注顾客对其产品与服务的感觉、判断及是否满意的态度，关注关系营销，关注竞争对手所作所为及是否比竞争对手更为出色、更能获得顾客满意。

4.2　营销地位的差异性

传统营销观念下企业是“爷爷”，而顾客是“孙子”，企业营销活动的重心在企业；现代营销观念下企业是“孙子”，而顾客是“爷爷”，企业营销活动的重心在顾客。

4.3　营销目的的差异性

传统营销观念下的企业营销目的是通过大量销售和劝说顾客购买实现企业利润最大化；现代营销观念下的企业营销目的是目标顾客利益最大化，在实现目标顾客满意的基础上实现企业利益最大化。即通过创造顾客价值，实现顾客满意，以建立与顾客长期良好的关系来获取利润。

4.4　营销功能的差异性

传统营销观念下的企业，强调营销工作只是销售部门的工作，突出推销功能；现代营销观念下的企业，强调全员营销，各职能部门以市场为导向，以顾客满意为目标，整合内部优势资源和技能，协调配合，团队合作。

4.5　营销业务定位的差异性

传统营销观念下的企业，一般根据商品和服务界定其业务或使命，并将所有消费者视为自己的顾客，面向普通的大众市场；现代营销观念下的企业，根据顾客需求和利益界定其业务或使命，他们关注特定人群的特殊需求和利益，在市场细分的基础上，将产品和服务与富有市场潜力和发展商机的目标顾客对接。

5. 市场营销观念的新发展

5.1 大市场营销观念

大市场营销观念认为，企业不仅要服从和适应外部的宏观环境，而且更应当主动地去影响外部市场营销环境；企业的市场营销策略除了4P（产品、渠道、价格、促销）策略之外，还必须加上两个P策略，即政治策略（Political Power）和公关策略（Public Relations），这种战略思想被称为大市场营销。

5.2 关系市场营销观念

关系市场营销观念是较之交易市场营销观念而形成的，是市场竞争激化的结果。传统的交易市场营销观念的实质是卖方提供一种商品或服务以向买方换取货币，实现商品价值，是买卖双方价值的交换。双方是一种纯粹的交易关系，交易结束后不再保持其他关系和往来。在这种交易关系中，企业认为卖出商品赚到钱就是胜利，顾客是否满意并不重要。而事实上，顾客的满意度直接影响到重复购买率，关系到企业的长远利益。

由此，从20世纪80年代起美国理论界开始重视关系市场营销，即为了建立、发展、保持长期的、成功的交易关系进行的所有市场营销活动。它的着眼点是与和企业发生关系的供货方、购买方、侧面组织等建立良好稳定的伙伴关系，最终建立起一个由这些牢固、可靠的业务关系所组成的“市场营销网”，以追求各方面关系利益最大化。这种从追求每笔交易利润最大化转化为追求同各方面关系利益最大化是关系市场营销的特征，也是当今市场营销发展的新趋势。关系市场营销观念的基础和关键是“承诺”与“信任”。承诺是指交易一方认为与对方的相处关系非常重要而保证全力以赴去保持这种关系，它是保持某种有价值关系的一种愿望和保证。信任是当一方对其交易伙伴的可靠性和一致性有信心时产生的，它是一种依靠其交易伙伴的愿望。承诺和信任的存在可以鼓励营销企业与伙伴致力于关系投资，抵制一些短期利益的诱惑，而选择保持发展与伙伴的关系去获得预期的长远利益。因此，达成“承诺——信任”，然后着手发展双方关系是关系市场营销的核心。

5.3 绿色营销观念

绿色营销观念是在当今社会环境被破坏、污染加剧、生态失衡、自然灾害威胁人类生存和发展的背景下提出来的新观念。自20世纪80年代以来，伴随着各国消费者环保意识的日益增强，世界范围内掀起了一股绿色浪潮，绿色工程、绿色工厂、绿色商店、绿色商品、绿色消费等新概念应运而生。不少专家认为，我们正走向“绿色时代”，21世纪将是“绿色世纪”。在这股浪潮的冲击下，绿色营销观念也就自然而然地相应产生。

绿色营销观念主要强调把消费者需求与企业效益和环保利益三者有机地统一起来。它最突出的特点，就是充分顾及资源利用与环境保护问题，要求企业从产品设计、生产、销售到使用整个营销过程都要考虑到资源的节约利用和环保效益，做到安全、卫生、无公害等，其目标是实现人类的共同愿望和需要——资源的永续利用与保护和改善生态环境。为此，开发绿色产品的生产与销售，发展绿色产业是绿色营销的基础，也是企业在绿色营销观念下从事营销的活动成功的关键。

5.4 整体营销观念

1992年美国市场营销学界的权威菲利普·科特勒提出了跨世纪的营销新观念——整体营销，其核心是从长远利益出发，公司的营销活动应囊括构成其内、外部环境的所有重要行为者，它们是：供应商、分销商、最终顾客、职员、财务公司、政府、同盟者、竞争者、传媒和大众。前4者构成微观环境，后6者体现宏观环境。公司的营销活动，就是要从这10个方面开展。

5.4.1 供应商营销

对于供应商，传统的做法是选择若干数目的供应商并促使他们相互竞争。现在越来越多的公司开始倾向于把供应商看做合作伙伴，设法帮助他们提高供货质量及其及时性。为此，一是要确定严格的资格标准以选择优秀的供应商，二是积极争取那些成绩卓著的供应商使其成为自己的合作者。

5.4.2 分销商营销

由于销售空间有限，分销商的地位变得越来越重要。因此，开展分销商营销，以获取他们主动或被动支持成为制造商营销活动中的一项内容。具体来讲，一是进行“正面营销”，即与分销商展开直接交流与合作；二是进行“侧面营销”，即公司设法绕开分销商的主观偏好，而以密集广告、质量改进等手段建立并维持巩固的顾客偏好，从而迫使分销商购买该品牌产品。

5.4.3 最终顾客营销

这是传统意义上的营销，指公司通过市场调查，确认并服务于某一特定的目标顾客群的活动过程。

5.4.4 职员营销

职员是公司形象的代表和服务的真实提供者。职员对公司是否满意，直接影响着他的工作积极性，影响着顾客的满意程度，进而影响着公司利润。为此，职员也应成为公司营销活动的一个重要内容。职员营销由于面对内部职工，因而也称“内部营销”。它一方面要求通过培训提高职员的服务水平，增强其敏感性及与顾客融洽相处的技巧；另一方面，要求强化与职员的沟通，理解并满足他们的需求，激励他们在工作中发挥最大潜能。

5.4.5 财务公司营销

财务公司提供一种关键性的资源——资金，因而财务公司营销至关重要。公司的资金能力取决于它在财务公司及其他金融机构的资信。因此，公司需了解金融机构对它的资信评价，并通过年度报表、业务计划等工具影响其看法，这其中的技巧就构成了财务公司营销。

5.4.6 政府营销

所有公司的经济行为都必然受制于一系列由政府颁布的法律。为此，开展政府营销，以促使其制定于己有利的立法、政策等，已成为众多公司营销活动中的内容。

5.4.7 同盟者营销

因为市场在全球范围的扩展，寻求同盟者对公司来说日益重要。同盟者一般与公司组成松散的联盟，在设计、生产、营销等领域为公司的发展提供帮助，双方建立互惠互利的合作关系。如何识别、赢得并维持同盟者是同盟者营销需要解决的问题，公司须根据自身实际资源状况和经营目标加以选择，一旦确定，就设法吸引他们参加合作，并在合作过程中不断加以激励，以取得最大的合作效益。

5.4.8 竞争者营销

通常的看法，认为竞争者就是与自己争夺市场和盈利的对手。事实上，竞争者可以转变为合作者，只要“管理”得当，这种对竞争者施以管理，以形成最佳竞争格局，取得最大竞争收益的过程就是“竞争者营销”。

5.4.9 传媒营销

大众传媒指的是广播、报刊、电视等，它们可以直接影响公司的大众形象和声誉，公司甚至得受它摆布。为此，传媒营销的目的就在于鼓励传媒作有利的宣传，尽量淡化不利的宣传。这就要求公司一方面与记者建成良好的关系，另一方面要尽量赢得传媒的信任和好感。

5.4.10 大众营销

公司的环境行为者中最后一项是大众。公司逐渐体会到大众看法对其生存与发展有至关重要的影响。为获得大众喜爱，公司必须广泛搜集公众意见，确定他们关注的新焦点，并有针对性地设计一些方案加强与公众的交流。如资助各种社会活动，与大众进行广泛接触、联系等。

【同步案例】

麦当劳是世界上首屈一指的快餐连锁集团之一，在全球的120多个国家有

29 000 多家餐厅。近年来，麦当劳在全球各地市场受到了多方面的挑战：2002 年 11 月 8 日，麦当劳宣布从 3 个国家撤出，关闭 10 个国家的 175 家门店，迅速扩张战略受阻。在中国内地，麦当劳的门店数仅为肯德基的 3/5，品牌定位逐渐“老化”。肯德基主打成年人市场，麦当劳 50 年坚持走小孩和家庭路线，“迎合妈妈和小孩”。但人们婚姻和婚育观念改变，晚婚和单身现象日渐平常，麦当劳定位及品牌概念恰与此偏离。投资策略上，麦当劳在中国一直坚持自己独资开设连锁店。截至 2003 年 7 月底，麦当劳都没有采取肯德基等快餐连锁的特许经营的扩张方式。公司管理上，麦当劳迅速扩张战略的隐患逐渐暴露。2002 年前，麦当劳在全球新建分店的速度一度达到每 8 小时一家，而门店的管理却无法跟进，比如恶化的劳资关系和危机处理能力。广州消毒水事件中，店长反应迟缓，与消费者争执，损害了企业的品牌形象。民族和文化意识上的隔阂也给麦当劳带来了麻烦。与可口可乐、万宝路一样，麦当劳与“美国”概念捆在一起，其效应就如一把双刃剑，有利有弊。从中东穆斯林的抵制美国货运动，到“9·11”事件后麦当劳餐厅的爆炸事件，都说明了“美国”品牌的负面效应。2003 年 3 月 5 日的“两会”上，全国政协委员张皎建议严格限制麦当劳、肯德基的发展；世界卫生组织（WHO）也正式宣布，麦当劳、肯德基的油炸食品中含有大量致癌毒素丙毒。在各种因素的综合作用下，2002 年 10 月麦当劳股价跌至 7 年最低，比 1998 年缩水了 70%，并在 2002 年第四季度第一次出现了亏损。为改变这种情况，2002 年年初，麦当劳新上任的全球首席营销官拉里莱特（Larry Light）策划了一系列整合服务营销传播方案。

2003 年，麦当劳在新加坡、中国台湾等地推出了“和风饭食系列”“韩式泡菜堡”，在中国内地推出了“板烧鸡腿汉堡”，放松标准化模式，发挥本地化策略优势，推出新产品，顺应当地消费者的需求。

2003 年 8 月，麦当劳宣布，来自天津的孙蒙蒙女士成为麦当劳在内地的首个特许加盟商，打破了麦当劳在中国内地独资开设连锁店的惯例。

2003 年 9 月 2 日，麦当劳正式启动“我就喜欢”品牌更新计划。第一次同时在全球 100 多个国家联合起来用同一组广告、同一种信息进行品牌宣传，放弃了坚持了近 50 年的“家庭”定位举措，将注意力对准 35 岁以下的年轻消费群体，围绕着“酷”“自己做主”“我行我素”等年轻人推崇的理念，把麦当劳打造成年轻化、时尚化的形象。同时，连锁店的广告海报和员工服装的基本色都换成了时尚前卫的黑色，以配合广告宣传，并且推出了一系列超“酷”的促销活动，比如只要对服务员大声说“我就喜欢”或“I’m Loving It”，就能获赠圆筒冰淇淋，这样的活动很受年轻人的欢迎。

2003 年 11 月 24 日，麦当劳和“动感地带”（M－Zone）宣布结成合作联盟，并在全国同步推出了一系列“我的地盘，我就喜欢”的“通信＋快餐”的协同营销活动。

2004年2月12日，麦当劳与姚明签约。姚明成为麦当劳全球形象代言人。

2004年2月23日，麦当劳推出“365天给你优质惊喜，超值惊喜”活动，推出“5元惊喜”活动。

在2004年2月23日到8月24日期间，共有近10款食品价格降到了5元以内。

2004年2月27日，麦当劳宣布，将其全球范围内的奥运会合作伙伴关系延长到2012年。此举一次性地将其赞助权延长了连续两届奥运会。这为期八年的续约延续了麦当劳在餐馆和食品服务领域向各大奥运会提供独家销售的权利，还使其可以在全球营销活动中继续使用奥运会的五环标志，并获得对全球201个国家和地区的奥运会参赛队伍的独家赞助机会。

经过这一系列的努力，麦当劳2003年11月份销售收入增长了14.9%，亚太地区的销售收入增长了16.2%。公司的股价逆市上涨，创下了16个月以来的新高。

思考题：

整合服务营销沟通的含义是什么？麦当劳是通过哪些具体措施来实施其整合营销沟通规划的？

【习题与思考题】

（一）判断正误

1. 市场营销学是20世纪初在英国产生的。（　　）

2. 市场营销学是一门建立在经济学、行为科学和现代管理学等基础上的应用科学。（　　）

3. 市场营销观念是以消费者需求为中心的企业经营指导思想。（　　）

4. 处于形成阶段的市场营销学研究的一个突出特点是：人们将营销理论和企业管理的实践密切地结合起来。（　　）

5. 市场营销就是推销和广告。（　　）

（二）单项选择

1. 市场营销的最终目标是（　　）。

A. 销售产品　　B. 满足需求和欲望

C. 企业盈利　　D. 企业品牌塑造

2. 通常被称为市场三要素的是（　　）。

A. 购买者、价格、产品　　B. 价格、产品、购买力

C. 产品、购买力、购买意愿　　D. 人口、购买力、购买欲望

3. 20世纪30年代，福特公司以“不管顾客需要什么，我只有黑色的”进行汽车的生产和销售，此时的福特公司奉行的是（　　）观念。

A. 生产　　B. 质量　　C. 推销　　D. 市场营销

4. “皇帝女儿不愁嫁”是（　　）观念的思想体现。

A. 生产　　B. 社会营销　　C. 推销　　D. 市场营销

5. 为了适应社会对于环境保护的要求，许多企业主动采取绿色包装以降低白色污染。这种做法反映了企业的（　　）

A. 社会营销观念　　B. 销售观念

C. 市场观念　　D. 生产观念

6. 市场营销观念的中心是（　　）。

A. 推销已经生产出来的产品　　B. 发现并设法满足消费者的需要

C. 制造质优价廉的产品　　D. 制造大量产品并推销出去

7. 哪种观念下容易出现“市场营销近视”？（　　）

A. 生产观念　　B. 推销观念

C. 产品观念　　D. 社会市场营销观念

（三）问答题

1. 如何正确理解市场和市场营销的含义？
2. 市场营销学的学科性质与研究对象如何？
3. 五种市场观念的内涵如何？现代市场观念与传统观念有何不同？
4. 如何理解社会市场营销观念？

【案例阅读与分析】

让奥运金牌托起孩子的希望

在2008年奥运会举办期间，海尔正式启动了“一枚金牌，一所希望小学”计划，即在北京奥运会上，中国运动员每获得一枚金牌，海尔集团就将为贫困地区的孩子捐建一所希望小学。

为期17天的北京奥运会已经圆满闭幕，通过健儿们的奋力拼搏，中国体育代表团交出了一份堪称优异的答卷。在邹市明和张小平为中国夺得两枚奥运拳击金牌之后，中国以51枚金牌的成绩居金牌榜第一，并在女子体操、射箭、击剑、赛艇、蹦床、拳击等多个项目上取得历史性的突破。

相应的海尔“一枚金牌，一所希望小学”计划也遍地开花——海尔集团共捐建希望小学51所，遍布全国25个省，其中包括四川北川地震灾区的15所。3万多名贫困地区的孩子也因此收获了“希望”，有了新的学校。

让金牌托起希望——海尔的这项计划不但完美地诠释了奥运精神，更使金牌“增值”，承载了更为深刻的社会意义。海尔集团新闻发言人张铁燕表示，海尔一直积极支持希望工程，将反哺社会、致力公益作为企业的使命，而北京奥运是全人类的盛会，是中国的盛事，所以海尔“一枚金牌，一所希望小学”计划就是为了让更多贫困地区的孩子也能感受到奥运的喜庆气氛，分享奥运带来的“希望”。

思考题

1. 海尔的“奥运金牌希望计划”体现了哪一种营销管理哲学或观念?
2. 在这项计划中，海尔是如何处理有关各方的利益的?
3. 海尔的“奥运金牌希望计划”的社会意义是什么?

【实训操作】

实训项目 当地某企业营销观念分析及招聘或培训营销人员的要求。

实训目的 检验学生对于营销观念的理解程度，以及对营销人员的素质及能力要求。

实训内容

1. 请在当地校企合作的企业中任选一个，分析该企业的营销观念并提出改进意见。
2. 为该企业招聘或培训营销人员作出规划。

实训组织

1. 选定某一校企合作企业进行情况熟悉。
2. 以小组为单位对企业营销观念进行分析、讨论、分析、实训。
3. 为该企业招聘或培训人员活动撰写策划书。
4. 课堂评析各小组实训报告。

实训考核

由任课老师负责指导与考核评价，评分标准为：预习准备 10%，实际调查符合要求 20%，初始记录完整 20%，实训分析报告完整清晰 40%，团队合作 10%。

项目二

市场营销环境分析

【学习目标】

知识目标

1. 了解营销环境的含义及特征。
2. 掌握宏观环境和微观环境的主要内容。
3. 理解企业营销环境的层次及各层次要素对企业营销活动的不同影响。
4. 掌握分析和评价环境要素的基本方法及其对策。

能力目标

1. 提高对市场营销环境重要性的认识，锻炼系统思维的能力。
2. 通过案例分析，提高对市场营销环境要素的认知水平。
3. 通过讨论、竞争性发言，提高语言表达能力。

任务一　市场营销环境分析

【引导案例】

玩具巨头关闭东莞工厂　金融危机祸及国内经济实体

席卷全球的金融海啸，不仅令A股遭受重挫，对中国实体经济的危害也逐渐显露。2008年10月15日，全球最大玩具代工商之一——合俊集团旗下两工厂倒闭，6 000余工人面临失业。据悉，在2008年以来的企业倒闭浪潮中，合俊是规模最大的。

合俊集团是港资上市公司，年销售额超过7亿港元，在玩具界举足轻重。世界玩具五大品牌中，合俊已是其中三个品牌的制造商。在东莞市和清远市，合俊集团共设有4间生产工厂，主力生产基地就是设在樟木头镇的两家工厂，产品70%以上销往美国，包括为全球最大的玩具商美泰公司提供OEM（贴牌加工）业务。

玩具行业资深人士分析，全球经济增长速度放缓，受金融危机冲击，尽管该企业技术和规模在业内都处于领先地位，但在这场广泛波及中国出口制造业的危机面前，合俊集团同样未能规避行业及业务环境造成的风险。有专家分析指出，从影响和知名度来看，这可以称为美国金融危机波及中国实体经济企业倒闭的第一案。

【引例分析】

这一案例表明任何一个企业都是在不断变化着的营销环境中运作的。环境条件的变化，既可以给企业营销带来市场机会，也可以形成某种威胁。所以，营销人员必须关注并研究企业营销环境的变化，把握环境变化的趋势，制定相应的营销策略，自觉地利用市场机会，防范可能出现的威胁，扬长避短，确保在竞争中立于不败之地。

在企业活动中，营销行为既要受自身条件的制约，也要受外部条件的制约。识别环境变动带来的机会和威胁，根据环境的特点与发展态势，制定并不断调整营销策略是营销工作的重要内容之一。

1. 市场营销环境的定义

市场营销环境是指影响和制约企业营销活动的各种内部条件和外部因素的总和。企业总是生存于一定的环境之中，企业营销活动离不开自身条件，也离不开周围环境。内部条件企业可以控制，但外部因素却是企业难以控制的。企业营销活动不仅要主动地去适应环境，而且要通过把握和预测环境，在某种程度上去影响环境，使环境有利于企业的发展。可见，重视研究市场营销环境及其变化，是企业营销的基本工作。

2. 市场营销环境的分类

按企业界线（系统边界）来划分，企业市场营销环境可以分为外部环境和内部环境，外部环境又可以分为外部微观环境和外部宏观环境，如图 2－1－1 所示。

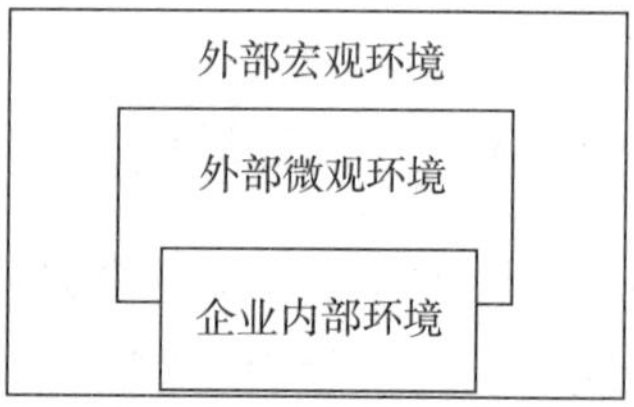

图 2－1－1　企业营销环境

2.1　外部环境

外部环境是影响企业营销活动的外在因素，如政治、法律、经济、社会、文化、人口、科技、自然以及供应商、销售商、竞争对手等，如图 2－1－2 所示。外部环境一般是企业难以控制的，营销策略应当是主动地去适应环境。强势企业可以通过把握和预测环境，在某种程度上去影响环境。

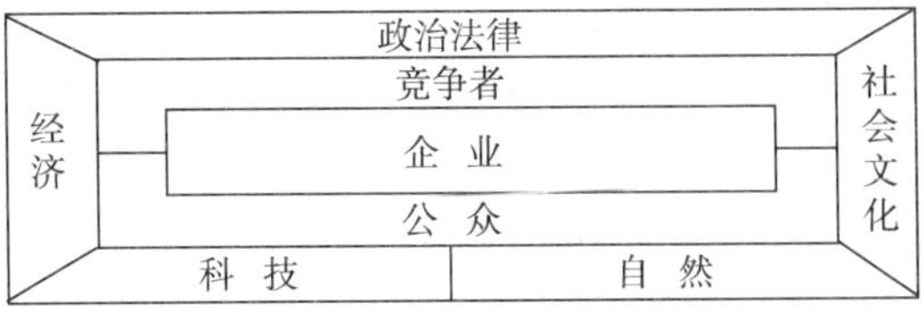

图2－1－2　企业外部环境

按对企业营销活动的影响层次不同，外部环境可分为宏观营销环境和微观营销环境。

2.1.1　宏观营销环境

宏观营销环境，又称间接营销环境，是指对企业营销活动造成市场机会和环境威胁的因素，这些因素包括政治法律因素、经济因素、社会文化因素、科学技术因素、自然因素。分析宏观营销环境的目的在于更好地认识环境，通过企业营销活动来适应社会环境及变化，达到企业的营销目标。

2.1.2　微观营销环境

微观营销环境，又称直接营销环境，是指直接影响与制约企业营销活动的因素，即与企业紧密相连，直接影响企业营销能力的各种参与者，如企业本身、上游企业、下游企业、顾客、竞争者以及社会公众，如图2－1－3所示。微观环境，多半与企业具有或多或少的经济联系，有时又称作业环境。

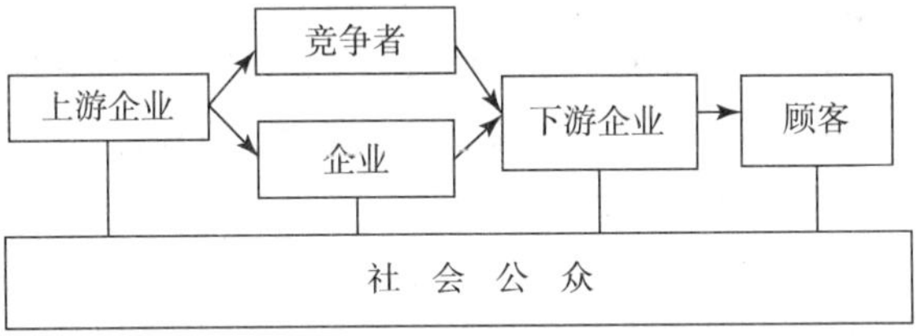

图2－1－3　微观营销环境

宏观环境一般以微观环境为媒介去影响和制约企业的营销活动，在特定场合，也可直接影响企业的营销活动。宏观环境因素与微观环境因素共同构成多因素、多层次、多变的企业市场营销环境的综合体。

2.2　内部环境

企业内部环境是指企业内部的物质、文化环境的总和，包括内部管理、营销能力、财务状况以及企业文化等，这些因素也称企业内部条件。内部环境是企业经营的基础，是制定战略的出发点、依据和条件，是竞争取胜的根本。

3. 市场营销环境的特征

市场营销环境虽然多变，但我们可以遵循市场规律，对其进行有效的引导和利用。市场营销环境的特征主要表现为以下“四性”。

（1）客观性。

营销环境是不以人的意志为转移的因素，它对企业营销活动的影响具有不可控性。一般来讲，营销活动无法摆脱和控制营销环境，特别是宏观环境因素，如政治法律因素、人口因素、社会文化因素等，但企业可以通过制定并不断调整市场营销策略去主动适应环境的发展和变化。

（2）差异性。

不同国家或地区，企业之间的营销环境存在着广泛的差异。正因为营销环境的差异，尤其是一些跨地区企业，为适应不同的环境及其变化，必须采用有特点和有针对性的营销策略。环境的差异性还表现为同一环境的变化对不同企业的影响不同。例如，中国加入世界贸易组织，意味着大多数中国企业可以进入国际市场，进行“国际性较量”，而这一经济环境的变化，对不同行业所造成的冲击并不相同。企业应根据环境变化的趋势和行业的特点，采取相应的营销策略。

（3）动态性。

由于区域以及产业的不同，企业面临的是迥然不同的环境。有的企业处在一个变化甚少的环境中，有的企业处在一个持续变化但变化本身比较平稳的环境中，有的企业则处在一个急剧变化的环境中。但无论如何，在这个世界上有一句话永远正确——“唯一不变的就是变化”。环境变化给企业带来威胁，也带来机会。对企业而言，环境变化本身无所谓好坏，给企业带来影响的往往不是环境变化本身而是企业应对变化的方式。企业必须积极调整自己以适应环境的变化，否则就会非常被动。

（4）相关性。

营销环境各因素之间相互制约，相互影响。某一因素的变化，可能会带动其他因素的相应变化，形成新的营销环境。宏观环境中的经济政策发生变动就常常会促使新的营销环境形成。例如，2009 年小排量汽车购置税减半优惠，使得 2009 年小轿车车市异常火爆，导致汽车行业内生产小排量汽车的企业收益不断增加。当然各个环境因素之间有时也存在矛盾，例如由于家庭收入不断提高，有些家庭有购买小轿车的需求，但油价的不断攀高、车库资源短缺、交通紧张等一系列问题，又制约家庭轿车的发展。

4. 企业营销活动与市场营销环境

市场营销环境是企业营销活动的制约因素。营销活动依赖于这些环境才得以正常进行，但营销活动绝非只能被动地接受环境的影响，营销策划者应采取积极、主动的态度去适应营销环境。就宏观环境而言，企业可以以不同的方式增强适应环境的能力，避免来自环境的威胁，有效地把握市场机会。菲利普·科特勒的“大市场营销”理论即认为，企业为成功进入特定的市场，在策略上应协调地施用经济的、心理的、政治的和公共关系的手段，以博得外国的或地方的各有关方面的合作与支持，消除壁垒很高的封闭型或保护型的市场存在的障碍，为企业从事营销活动创造一个宽松的外部环境。就微观环境而言，直接影响企业营销能力的各种参与者，事实上都是企业所在行业价值链的利益共同体。企业营销活动的成功，也可以为顾客、供应商和营销中间商带来利益，即使是竞争者，在竞争中，也有可能会采取联合行动，甚至成为合作者。

任务二　市场营销宏观环境分析

【引导案例】

作为世界第二大超市集团的法国家乐福集团在全球拥有5 200多家分店。这些分店遍布全球26个国家和地区，其全球年销售额达3 600亿元人民币，赢利达63亿元人民币，员工逾24万人。近10年来，由于法国国内市场已趋饱和，法国政府为了保护传统的中小零售企业，制定了严格的限制开设大型零售店的法规，故该集团移师海外。目前，海外销售分店正逐渐成为家乐福集团总体销售额的主要来源。家乐福集团经营理念有5点，即一次购足、超低售价、货品新鲜、自助选购以及免费停车。

1996年12月“家乐福”投资4亿港元大举进攻香港市场，短时间内连开杏花村、荃湾、屯门、元朗4家大型超级市场，营业面积达1.9万平方米，其竞争矛头主要指向香港的2家超市集团——“百佳”和“惠康”。“百佳”和“惠康”在港分别拥有31%和40%的市场占有率，而“家乐福”在港市场占有率不足一成。

“家乐福”从1996年开业到1999年一直处于亏损状态，2000年9月18日，“家乐福”在港的分店全部停业而退出香港市场。

【引例分析】

“家乐福”败走香港，其原因与公司当时所处的市场环境有很大的关系，无论是企业的内部环境还是外部环境，都不利于“家乐福”在香港的发展。“水土不服”是“家乐福”撤离香港市场的主要原因。

宏观营销环境是对企业营销活动造成市场机会和环境威胁的主要力量。分析宏观营销环境的目的在于更好地认识环境，通过企业营销活动来适应环境及其变化，实现企业营销目标。宏观营销环境因素包括：政治法律环境、经济环境、社会文化环境、科技环境及自然环境。

1. 政治法律环境分析

政治法律环境是影响企业营销的重要宏观环境因素，包括政治环境和法律环境。政治环境引导着企业营销活动的方向，法律环境则为企业规定了经营活动的行为准则。政治与法律相互联系，共同对企业的市场营销活动产生影响和发挥作用。

1.1 政治环境分析

政治环境是指企业市场营销活动的外部政治形势。一个国家的政局稳定与否，会给企业营销活动带来重大的影响。如果政局稳定，人民安居乐业，就会给企业营销营造良好的环境。相反，政局不稳，社会矛盾尖锐，秩序混乱，就会影响经济发展和市场的稳定。企业在市场营销中，特别是在对外贸易活动中，一定要考虑东道国的政局变动和社会稳定情况可能造成的影响。

典型案例

1977 年，洛杉矶的斯坦福·布卢姆以 25 万美元买下西半球公司的一项专利，生产一种名叫“米沙”的小玩具熊，用作 1980 年莫斯科奥运会的吉祥物。此后的两年里，布卢姆先生和他的伊美治体育用品公司致力于“米沙”的推销工作，并把“米沙”商标的使用权出让给 58 家公司。成千上万的“米沙”被制造出来，分销到全国的玩具商店和百货商店，十几家杂志上出现了这种带 4 种色彩的小熊形象。刚开始，“米沙”的销路很好，布卢姆预计这项业务的营业收入可达 5 000 万到 1 亿美元。不料在奥运会开幕前，由于苏联拒绝从阿富汗撤军，美国总统宣布不参加在莫斯科举行的奥运会。骤然间，“米沙”变成了被人深恶痛绝的形象，布卢姆的赢利计划成了泡影。

政治环境对企业营销活动的影响主要表现为国家政府所制定的方针政策，如人口政策、能源政策、物价政策、财政政策、货币政策等，都会对企业营销活动带来影响。例如，国家通过降低利率来刺激消费的增长；通过降低对低排量轿车征收的购置税来鼓励低排量轿车的发展；通过征收个人收入所得税调节消费者收入的差异，从而影响人们的购买；通过增加产品税，例如对香烟、酒等商品的增税，来抑制人们的消费需求。

在国际贸易中，不同的国家也会制定一些相应的政策来干预外国企业在本国的营销活动，这些措施主要有：进口关税限制，税收政策，价格管制，外汇管制，国有化政策等。

1.2　法律环境分析

法律环境是指国家或地方政府所颁布的各项法规、法令和条例等，它是企业营销活动的准则，企业只有依法进行各种营销活动，才能受到国家法律的有效保护。与企业关系密切的法律法规有：《中华人民共和国产品质量法》《企业法》《经济合同法》《涉外经济合同法》《商标法》《专利法》《广告法》《食品卫生法》《环境保护法》《反不正当竞争法》《消费者权益保护法》及《进出口商品检验条例》等。企业营销管理者只有熟悉相关法律条文，才能保证企业经营的合法性，才能运用法律武器来保护企业的合法权益。

另外，对从事国际营销活动的企业来说，不仅要遵守本国的法律制度，还要了解和遵守国外的法律制度及有关的国际法规、惯例和准则。只有了解并掌握了这些国家的有关贸易政策，才能制定有效的营销对策，在国际营销中争取主动。

2. 经济环境分析

经济环境是影响企业营销活动的主要环境因素，它包括收入因素、消费支出、产业结构、经济增长率、货币供应量、银行利率、政府支出等因素，其中收入因素、消费支出对企业营销活动影响较大。

2.1　消费者收入分析

收入是构成市场的重要因素。因为市场规模的大小，归根结底取决于消费者的购买力，而消费者的购买力取决于他们的收入。营销管理者研究消费者收入，通常可以从以下 5 个方面进行分析。

2.1.1　国民生产总值

国民生产总值（GNP）是衡量一个国家经济实力与购买力的重要指标。国民生产总值增长越快，对商品的需求和购买力就越大；反之，就越小。

2.1.2　人均收入

人均收入是国内收入总量除以总人口的比值。这个指标大体反映一个国家人民生活水平的高低，也在一定程度上决定商品需求的构成。一般来说，人均收入增长，人们对商品的需求和购买力就大，反之就小。

2.1.3 个人可支配收入

个人可支配收入是指在个人收入中扣除消费者个人缴纳的各种税款和交给政府的非商业性开支后剩余的，可用于消费或储蓄的那部分个人收入，它构成实际购买力。个人可支配收入是影响消费者购买生活必需品的决定性因素。

2.1.4 个人可任意支配收入

个人可任意支配收入是指在个人可支配收入中减去消费者用于购买生活必需品的费用支出（如房租、贷款、食物、水电、交通、通信等项开支）后剩余的部分。这部分收入是消费需求变化中最活跃的因素，也是企业开展营销活动时所要考虑的主要对象。这部分收入一般用于购买高档耐用消费品、娱乐、教育、旅游等。

2.1.5 家庭收入

家庭收入的高低会影响很多产品的市场需求。一般来讲，家庭收入高，对消费品需求大，购买力也大；反之，需求小，购买力也小。另外，要注意分析消费者实际收入的变化。在通货膨胀条件下，货币收入和实际收入会不一致，货币收入增加，实际收入可能下降。

2.2 消费者支出分析

随着消费者收入的变化，消费者支出模式也会发生相应变化，致使一个国家或地区的消费结构发生变化。西方经济学通常用恩格尔系数来反映这种变化。

19 世纪德国统计学家恩格尔根据统计资料得出消费结构变化之间的规律。恩格尔所揭示的这种消费结构的变化通常用恩格尔系数来表示，恩格尔系数的计算公式为：

$$恩格尔系数 = 食品支出金额/家庭消费支出总金额$$

恩格尔系数越小，食品支出所占比重越小，表明人们生活富裕，生活质量高；恩格尔系数越大，食品支出所占比重越高，表明人们生活贫困，生活质量低。

恩格尔系数是衡量一个国家、地区、城市、家庭生活水平高低的重要参数。根据联合国粮农组织提出的标准，恩格尔系数在59%以上为贫困，50% ~59%为温饱，40% ~50%为小康，30% ~40%为富裕，低于30%为最富裕。企业从恩格尔系数可以了解目前市场的消费水平，也可以推知今后消费变化的趋势及对企业营销活动的影响。

2.3 消费者储蓄分析

消费者的储蓄行为直接制约着市场消费量的大小。当收入一定时，如果储蓄增多，现实购买量就减少；反之，如果用于储蓄的收入减少，现实购买量就增加。居民储蓄倾向会受到利率、物价等因素变化的影响。人们储蓄的目的是不同的，有的是为养老，有的是为未来的购买而积累，当然储蓄的最终目的主要也是为了消费。企业应关注居民储蓄的增减变化，了解居民储蓄的不同动机，制定相应的营销策略，获取更多的商机。

2.4　消费者信贷分析

消费者信贷，也称信用消费，指消费者凭信用先取得商品的使用权，然后按期归还贷款，完成商品购买的一种方式。比如银行按揭购房或银行按揭购车。

信用消费允许人们购买超过自己现实购买力的商品，创造了更多的消费需求。随着我国商品经济的日益发达，人们的消费观念大为改变，信贷消费方式在我国也逐步开展起来。值得注意的是过度消费信贷也会带来风险，美国次贷风波就是信贷危机导致的。

3. 社会文化环境分析

社会文化环境是指一个国家或地区长期形成的价值观、宗教信仰、风俗习惯、道德规范等的总和。企业总是处于一定的社会文化环境中，企业营销活动必然受到所在社会文化环境的影响和制约。为此，企业营销管理者应了解和分析社会文化环境，针对不同的文化环境制定不同的营销策略，开展不同的营销活动。营销的社会文化环境分析包括以下几个方面。

3.1　教育状况分析

消费者教育程度的高低，影响消费者对商品功能、款式、包装和服务要求的差异性。通常文化教育水平高的国家或地区的消费者要求商品包装典雅华贵，对附加功能也有一定的要求。因此企业开展的市场开发、产品定价和促销等活动都要考虑到消费者所受教育程度的高低，从而采取不同的营销策略。

3.2　宗教信仰分析

宗教是构成社会文化的重要因素，也是影响人们消费行为的重要因素之一。不同宗教在思想观念、生活方式、宗教活动、禁忌等方面各有其特殊的传统。某些宗教组织甚至在教徒购买决策中有决定性的影响。这将直接影响宗教人群的消费习惯和消费需求。企业在营销活动中要注意不同的宗教信仰，尊重宗教信仰，以避免由于矛盾和冲突给企业营销活动带来的损失。

3.3　价值观念分析

价值观念是指人们对社会生活中各种事物的态度和看法。不同文化背景下，人们的价值观念往往有着很大的差异，消费者对商品的色彩、标识、式样以及促销方式都有自己的意见和态度。企业营销管理者必须根据消费者不同的价值观念来设计产品，提供服务。

3.4 消费习俗分析

消费习俗是指人们在长期经济与社会活动中所形成的一种消费方式与习惯。不同的国家、不同的民族有着不同的社会习俗和道德观念，从而会影响人们的消费方式和购买偏好，进而影响着企业的经营方式。如西方国家的人们以超前性、享受性消费为主流，而我国人民长期以来养成积蓄习惯，因此更注重商品的实用性。另外，每个国家或地区都有自己的禁忌，营销管理者应做到入国问禁、入乡随俗。比如，美国人讲究准时；墨西哥人视黄花为死亡，红花为晦气，白花为驱邪；匈牙利人忌讳数字“13”；日本人忌讳数字“14”，忌荷花、梅花的图案，也忌用绿色；我国在肉食方面，壮族（偏僻山区）忌食牛肉，土家族（湖北西部）忌食狗肉，回族禁食猪肉，羌族（产妇）禁食马肉，蒙古族忌食虾、蟹、鱼、海产品等。因此，企业营销者应考虑不同国家不同民族人们的传统习俗与禁忌，做出有针对性的营销决策。

3.5 人口因素

人口是构成市场的首要因素。市场是由既有购买欲望同时又有购买能力的人构成的，人口的多少直接影响市场的潜在容量。从影响消费需求的角度来看，人口分析的内容主要包括：人口总量、年龄结构、地理分布、家庭组成、性别比例等。

目前我国人口的特点主要表现在：人口数量总体增长趋缓；人口出生率逐步下降，儿童数量减少；人口趋于老龄化，逐渐进入老龄社会；家庭结构趋于小型化；人口集中分布在东南沿海区域，人口流动方向由北向南、由农村向城市；大龄未婚青年增多导致非家庭住户增加。

4. 科技环境分析

科技环境是社会生产力中最活跃的因素，它影响着人类社会的历史进程和社会生活的方方面面，对企业营销活动的影响也比较明显。现代科学技术突飞猛进，科技发展对企业营销活动的影响表现在以下几个方面。

4.1 科技发展促进社会经济结构的调整

有人说，技术是一种“创造性的毁灭力量”。因为每一种新技术的出现、推广都会给一些企业带来新的市场机会，导致新行业的出现；同时，也会给另一些行业、企业造成威胁，使这些行业、企业受到冲击甚至被淘汰。例如，塑料业的发展在一定程度上对钢铁业造成了威胁，许多塑料制品成为钢铁产品的代用品；激光唱盘技术的出现，夺走了磁带的市场；大量起用自动化设备，导致了许多新行业的出现，包括新工具维修、电脑教育、信息处理、自动化控制、光导通信、遗传工程等。

4.2　新技术影响零售商业结构和消费习惯

新技术会影响零售商业结构和购物人的消费习惯。随着多媒体和网络技术的发展，“网上购物”等新型购买方式逐步流行。人们可以在家中通过网络订购车票、订宾馆房间、订花，甚至订餐。企业也可以利用网络进行广告宣传、网络调研和网络营销。网络直接影响着零售商业结构。未来电子商务将成为商业活动的主流。

4.3　科技发展影响企业营销组合策略的创新

科技发展使新产品不断涌现，产品寿命周期明显缩短，这就要求企业必须关注新产品的开发，加速产品的更新换代。科技的发展和运用降低了产品成本，使产品价格下降，并能快速掌握价格信息，这就要求企业及时做好价格调整工作。科技发展促进流通方式的现代化，这就要求企业采用顾客自我服务和各种直销方式。科技发展使广告媒体多样化，信息传播快速化，市场范围更加广阔，促销方式更加灵活。因此，企业要不断分析科技新发展，创新营销组合策略，适应市场营销的新变化。

4.4　科技发展促进企业营销管理的现代化

科技发展为企业营销管理实现现代化提供了必要的技术与装备，如电脑网络、网络办公、传真机、射频扫描设备、光纤通信等设备的广泛运用，对改善企业营销管理，实现企业现代化发挥了重要的作用。同时，科技发展对企业营销管理人员也提出了更高要求，促使其更新观念，掌握现代化管理理论和方法，不断提高营销管理水平。

5. 自然环境分析

自然环境是指自然界提供给人类各种形式的资源，如阳光、空气、水、森林、土地等。随着人类社会的进步和科学技术的发展，工业化进程加速，一方面创造了丰富的物质财富，满足了人们日益增长的需求；另一方面，也造成了资源短缺、环境污染等问题。从20世纪60年代起，世界各国开始关注经济发展对自然环境的影响，成立了许多环境保护组织，促使国家政府加强环境保护的立法。

这些问题都对企业营销提出了挑战。对营销管理者来说，应该关注自然环境变化的趋势，并从中分析企业营销的机会和威胁，制定相应的对策。

5.1 自然资源分析

自然资源可分为两类，一类为可再生资源，如森林、农作物等。这类资源可以被再次生产出来，但必须防止过度采伐森林和侵占耕地。另一类资源是不可再生资源，如石油、煤炭、银、锡、铀等。这类资源蕴藏量有限。由于人类的大量开采，有的矿产已处于枯竭的边缘。自然资源短缺，使企业原材料价格大涨、生产成本大幅度上升，这又迫使企业研究更合理地利用资源的方法，开发新的资源和代用品，这些又为企业提供了新的资源和营销机会。

5.2 环境污染分析

工业化、城镇化的发展导致环境污染问题日趋严重。环境污染问题已引起各国政府和公众的密切关注，这对企业的发展是一种压力和约束，要求企业为治理环境污染付出一定的代价，但同时也为企业提供了新的营销机会，促使企业研究控制污染技术，兴建绿色工程，生产绿色产品，开发环保包装。

5.3 政府干预分析

自然资源短缺和环境污染加重的问题，使各国政府加强了对环境保护的干预，颁布了一系列有关环保的政策法规。政府对自然资源加强干预，往往与企业的经营效益相矛盾。例如，为了控制污染，政府要求企业购置昂贵的控制污染的设备，这势必会影响企业的经营效益，但企业必须以大局为重，要对社会负责，对子孙后代负责，要加强环保意识，在营销过程中自觉遵守环保法令，担负起环境保护的社会责任。企业可以通过产业结构调整与合理布局，发展高新技术，实行清洁生产和文明消费，协调环境与发展的关系，注重发展绿色产业、绿色消费、绿色营销。

任务三　市场营销微观环境分析

【引导案例】

某公司发明了一种能凝固成类似大理石的新产品。营销部门认为可用来生产雅洁好看的浴盆。于是他们生产了几种浴盆模型。在浴具展销会上展出，并想设法说服浴盆生产商使用此材料来生产浴盆。尽管不少浴盆生产商认为生产出来的浴盆很有吸引力，但却都未签订合同。原因很简单，首先，这种浴盆卖价将达

2 000 美元，用这个价格消费者可买到真正大理石或玛瑙做的浴盆；其次，这种浴盆很重，浴室的地板必须加固，从而增加费用；第三，多数普通浴盆的售价只卖 500 美元左右，很少有人愿意花 2 000 美元来购买这种浴盆。

【引例分析】

这家公司开发的新产品——类似大理石浴盆尽管很有吸引力，但由于事前没有进行深入的市场环境分析，没有很好地调研目标市场的需求，不了解顾客的消费心理，没有站在顾客的角度进行产品性价比分析，仅从自身主观愿望出发，一厢情愿，失败是必然的。

微观营销环境是指直接制约和影响企业营销活动的外在因素，这些因素主要有供应商、营销中介、顾客、竞争者以及社会公众。分析企业微观营销环境的目的在于更好地协调企业与这些相关群体的关系，促进企业营销目标的实现。

1. 供应商分析

供应商是指为企业生产提供所需原材料、辅助材料、设备、能源、劳务、资金等资源的供货单位。这些资源的变化直接影响企业产品的产量、质量以及利润，从而影响企业营销计划的制订和营销目标的完成。供应商分析的内容主要包括以下几个方面。

1.1　供货的及时性和稳定性

原材料、零部件、能源及机器设备等货源的保证供应，是企业营销活动顺利进行的前提。如汽车制造公司不仅需要发动机、变速箱、底盘等零配件来进行装配，还需要设备、能源等作为生产手段与要素，任何一个环节在供应上出现了问题，都会导致企业的生产活动无法正常开展。为此，企业为了在时间上和连续性上保证得到货源的供应，就必须和供应商保持良好的关系，必须及时了解和掌握供应商的情况，分析其状况和变化。

1.2　供应货物的价格变化

供应货物的价格变化会直接影响企业产品的生产成本。如果供应商提高原材料价格，必然会导致生产企业产品成本的上升。这时生产企业如提高产品价格，可能会影响产品销售；如果保持价格不变的话，则会使企业的利润减少。因此，企业应密切关注和分析供应商货物的价格变化趋势，以便积极应对。

1.3　供货的质量保证

供应商能否供应质量可靠的生产资料将会直接影响企业产品的质量，从而进一步影响产品的销售量、企业利润及信誉。例如劣质液晶屏不能生产出图像清晰、亮丽的电视，劣质水泥同样不能建成坚实的高楼大厦。因此，企业应了解供应商的产品，分析其产品的质量标准，从而保证自己产品的质量。

2. 营销中介分析

营销中介是指为企业营销活动提供各种服务的企业或部门。营销中介对企业营销产生直接的、重大的影响，只有通过有关营销中介所提供的服务，企业才能把产品顺利地送达到目标消费者手中。营销中介分析的主要内容有以下几个方面。

2.1 中间商

中间商是把产品从生产领域转向消费领域的环节或渠道，主要包括批发商和零售商两大类。中间商对企业营销具有极其重要的影响，它能帮助企业寻找目标顾客，为产品打开销路，同时为顾客创造效用。为此，企业应根据自身情况选择适合自己的中间商。企业不仅要与中间商建立良好的合作关系，而且还要了解和分析中间商的经营活动。

2.2 营销服务机构

营销服务机构是指在企业营销活动中提供专业服务的机构，例如广告公司、广告媒介、市场调研公司、营销咨询公司、财务公司等。这些机构对企业的营销活动会产生直接的影响，企业需要关注、分析这些服务机构，选择最能为本企业提供有效服务的机构。

2.3 物流机构

物流机构是指帮助企业对货物进行保管、储存、运输的机构，例如仓储公司、运输公司等。物流机构的主要任务是协助企业将产品实体运往销售目的地，完成产品空间位置的移动，同时还要协助保管和储存货物。物流机构是否经济、便利，直接影响到企业的营销效果。因此，在营销活动中，必须了解和研究物流机构及其业务变化动态。

2.4 金融机构

金融机构是指为企业营销活动进行资金融通的机构，例如银行、信托公司、保险公司等。金融机构的主要功能是为企业营销活动提供融资及保险服务。在现代经济社会中，企业都要通过金融机构开展经营活动。金融机构业务活动的变化会影响企业的营销活动，比如银行贷款利率上升，会使企业成本增加；信贷资金来源受到限制，会使企业经营陷入困境。为此，企业应分析这些机构并与这些机构保持良好的关系，以保证融资及信贷业务的稳定和渠道的畅通。

3. 顾客分析

顾客是指使用或接受企业最终产品或服务的消费者或用户，是企业营销活动的最终目标市场，也是营销活动的出发点和归宿。顾客是市场的主体，任何企业的产品和服务，只有得到了顾客的认可，才能赢得这个市场。现代营销强调把满足顾客需求作为企业营销管理的核心。

为便于深入研究各类市场的特点，国内顾客市场按购买动机可分为四种类型，即消费者市场、生产者市场、中间商市场和政府市场。消费者市场是指为满足个人或家庭消费需求购买产品或服务的个人和家庭；生产者市场是指为生产其他产品或服务，以赚取利润而购买产品或服务的组织；中间商市场是指购买产品或服务以转售，从中赢利的组织；政府市场是指购买产品或服务，以提供公共服务或把这些产品及服务转让给其他需要的人的政府机构。

各类市场都有其独特的顾客，他们不同的需求，要求企业以不同的方式提供相应的产品和服务，从而影响企业营销决策的制定和服务能力的形成。为此，企业要注重对顾客进行研究，分析顾客的需求规模、需求结构、需求心理以及购买特点，这是企业营销活动的起点和前提。

4. 竞争者分析

在商品经济条件卜，任何企业在目标市场进行营销活动时，不可避免地会遇到竞争对手的挑战。即使在某个市场上没有直接竞争对手，也会有潜在竞争对手的存在。竞争对手的营销策略及营销活动的变化，如产品价格、广告宣传、促销手段的变化，以及产品的开发、销售服务的加强等都会直接影响企业的营销状况。因此，企业在制定营销策略前必须先弄清竞争对手，特别是同行业竞争对手的生产经营状况，做到知己知彼，从而有效地开展营销活动。

竞争者分析的内容主要包括：行业内竞争企业的数量，竞争企业的规模和能力，竞争企业对竞争产品的依赖程度，竞争企业所采取的营销策略，竞争企业供应渠道及销售渠道等。

5. 社会公众分析

社会公众是指对企业营销活动有实际或潜在利害关系的团体或个人，如媒体公众、政府公众、社团公众、社区公众、一般公众及企业内部公众等。企业面对广大公众的态度，会帮助或妨碍企业营销活动的正常开展。因此，企业应采取积极措施，树立良好的企业形象，力求保持和主要公众之间的良好关系。

任务四　企业内部环境分析

【引导案例】

巨人集团曾是我国民营企业的佼佼者，一度在市场上叱咤风云，然而该企业以闪电般的速度崛起后，又以流星般的速度迅速在市场上沉落了。这样一家资产好几亿，年产值号称数十亿的企业破产，究其原因，管理当局的战略决策失误是很重要的一个方面。

该企业在 1993 年以前，经营状况是非常乐观的。但是在 1993 年国家有关进口电脑的禁令一解除，国外众多超重量级选手蜂拥进入我国市场，一些头脑理智的企业纷纷压缩规模调整结构，可巨人集团的管理当局急于寻求新的产业支柱，轻易迈出了经营房地产和保健饮品的多角化经营的脚步。而当时巨人集团的资金不足，又没有得到银行等金融机构的资金支持，没有实力同时在两个全新的产业展开大规模投入。

到了 1994 年，巨人集团管理当局已经意识到集团内部存在的种种隐患：创业激情基本消失了，出现了“大锅饭”现象，管理水平低下，产品和产业单一，开发市场能力停滞。但管理当局还是回避了企业内部产权改造及经营机制重塑的关键问题，想通过再一次掀起的发展和扩张热潮，将企业重新带回到过去辉煌的时期，于是便在保健饮品方面大规模投入。这样的投入带来了短暂的效益，可很快企业的问题暴露无遗：企业整体协调乏力，人员管理失控，产品供应链和销售链脱节等。针对此问题，企业管理当局进行了整顿，但是未能从根本上扭转局面，最终导致企业全线崩溃。

【引例分析】

巨人集团的失败很大程度上是由企业内部战略决策的失控，尤其是控制环境中企业经营管理当局的经营管理理念和经营方式的失误造成的。

企业内部环境是指企业内部的物质、文化环境的总和，包括企业资源、企业能力、企业文化等因素，也称企业内部条件。内部环境是企业经营的基础，是制定战略的出发点、依据和条件，是竞争取胜的根本。

企业内部环境或条件分析的目的在于掌握企业历史和目前的状况，明确企业所具有的优势和劣势。它有助于企业制定有针对性的战略，从而有效地利用自身资源，发挥企业的优势，同时避免企业的劣势，或采取积极的态度改进企业劣势。

企业内部环境分析的内容主要有：内部管理、营销能力、企业财务以及企业文化几个方面。

1. 内部管理分析

企业内部管理包括计划、组织、领导和控制 4 个职能领域，它们互相依赖、互相影响，其中计划职能是其他三种职能的基础。

计划是企业从现在到未来的发展过程中对制定目标、实现目标的途径以及时间的选择和规定。一个企业的计划能力如何，在很大程度上决定了其能否有效地实施企业的营销策略。

组织在实现企业目标过程中起协调使用企业各种资源的作用，其目的在于通过将企业各种活动和职位按照某种合理的结构加以安排，来提高企业工作的有效性和效率。

领导是影响企业员工按企业要求去工作的过程。企业的领导水平关系到企业职工能否被有效地激励起来，关系到企业各方面利益关系的协调。

控制职能包括所有旨在使计划与实际活动相一致的活动。企业管理者评价企业的活动并采取必要的纠正活动可以保障企业营销计划和目标的有效实现，减少可能出现的偏差给企业造成的损失。

2. 营销能力分析

企业营销能力，可以从企业市场定位策略和营销组合策略两方面来分析。

2.1　市场定位策略

市场定位是企业高层管理者在制定营销策略之前必须解决的问题，也就是要确定“谁是我们的顾客”的问题。企业要为自己的产品和服务确定一个目标市场，从产品、地理位置、顾客类型、市场等方面来对其进行规定和表述。企业市场定位明确合理，可以使企业集中资源在目标市场上创造“位置优势”，从而在竞争中获得优势地位。

2.2　市场营销组合策略

市场营销组合策略是指可以用于影响市场需求和取得竞争优势的各种营销手段的组合，主要包括产品、价格、渠道和促销等变量。有效地使用营销组合策略，不仅要求设计适应目标市场需要的营销组合策略，而且还要求根据产品生命周期的变化及时地调整营销组合策略。

3. 企业财务分析

资金是企业的重要资源。企业的财务分析可以从企业财务管理和财务状况两方面来进行。

3.1 财务管理分析

企业财务管理分析就是指企业管理人员如何管理企业资金，是否根据企业的营销战略要求决定资金筹措方法和资金的分配，监视资金运作和决定利润的分配。企业的财务决策主要包括：筹资决策、投资决策及股利分配决策。

3.2 财务状况分析

企业财务状况分析是判断企业实力和对投资者吸引力的最好办法。企业的清偿能力、债务资本比率、流动资本、利润率、资产利用率、现金产出、股票的市场表现等可能排除许多原本可行的战略选择，企业财务状况的恶化也会导致战略实施的中止和现有企业战略的改变。分析企业财务状况的常用方法是财务比率的趋势分析，财务比率可分成清偿比率、债务与资产比率、活动比率、利润比率和增长比率等5大类。

4. 企业文化分析

企业文化是企业在长期生产实践中逐步形成的，为全体员工所认同并遵守的价值观、经营理念以及行为方式的总和。企业文化是企业的灵魂，是推动企业发展的不竭动力。由于企业文化建设是一个长期的过程，因此在营销环境分析过程中可以将企业文化作为相对稳定且已经既定存在的内部因素进行考虑。

通常从如下几个方面分析企业文化环境：企业文化中对鼓励创新的接受度、企业文化中对成本控制的意识、企业文化中对协作的倡导程度及企业文化中对风险的态度。

任务五　环境分析与企业对策

【引导案例】

一张餐桌的西餐厅

在北京，有这样一个西餐厅，它只有30平方米，一张餐桌，从开业以来，菜单和价格也没有变过，而它的生意却一直红红火火，每个月有1万多块钱的利润。为什么这样的小本经营会如此成功呢？因为这家店的主人抓住了市场机会。创业者发现，现在许多人吃饭不仅仅是为了享用美食，而更多的是为了追求一种氛围，体验一种浪漫的味道，而市场上能满足这种情感需要的餐馆太少了。因此，二人餐厅从一问世，就突出了其浪漫情调的定位，因而赢得了顾客的青睐。

【引例分析】

市场上充满了机会。市场机会 = 市场上尚未满足的需求。作为营销人员一定要善于分析市场，寻找那些未被满足的需求，从中发掘出自己的市场机会。这就等于找到了正确的前进方向，为未来在市场上的成功奠定了基础。

1. 环境威胁与市场机会

1.1　营销环境总体分析

一个企业要进入某一行业或领域，不仅会面临很多发展机会，而且也会遇到很多阻力或威胁。因此，企业在进入某一行业或领域之前，需要对其将要面临的市场机会和环境威胁做总体的分析。

1.1.1　市场机会的概念

市场机会是指市场上存在的尚未满足或尚未完全满足的需求，或者说是外界环境变化对企业产生的有利影响，它能够给企业带来发展的机会或使企业优势得到充分发挥。简单来说，机会就是指对企业富有吸引力，同时企业拥有竞争优势的领域。比如推行“低碳经济”政策，对新能源企业就是一种市场机会。

1.1.2　环境威胁

环境威胁是指外界环境变化对企业产生的不利影响，它会给企业带来挑战，如果企业不采取措施，其市场地位将会受到冲击和动摇。环境威胁可能来自多方面，比如国际经济方面。2007 年爆发的美国次贷危机，给世界经济和贸易带来了巨大的负面影响，不少企业因此倒闭。

1.1.3　机会/威胁矩阵

可以采用“机会/威胁矩阵图”对营销环境进行总体分析，如图 2 – 5 – 1 所示。以横坐标表示机会水平高低，以纵坐标表示威胁水平高低，则会出现以下 4 种类型业务。

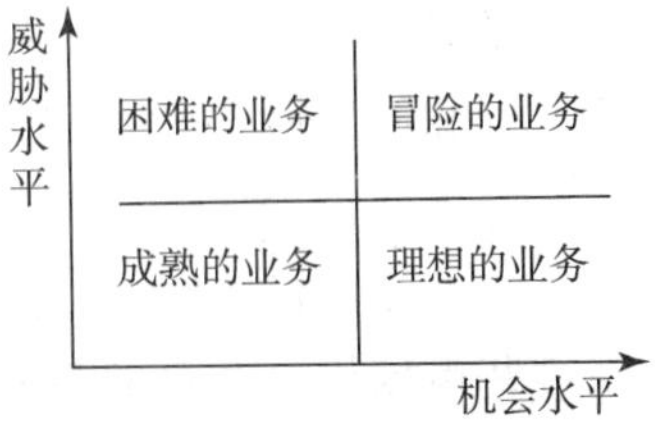

图 2 – 5 – 1　机会/威胁矩阵图

（1）理想的业务，即高机会和低威胁业务。对于理想业务，企业应看到机会难得，甚至转瞬即逝，因此，企业必须抓住机会，迅速行动。

（2）冒险的业务，即高机会和高威胁业务。对于冒险业务，企业既不能盲目冒进，也不能迟疑不决，而应全面分析自身优势和劣势，扬长避短，创造条件争取实现突破性发展。

（3）成熟的业务，即低机会和低威胁业务。对于成熟业务，企业要么不进入，要么将其作为常规业务用于维持企业的正常运转，并为开展理想业务和冒险业务准备条件。

（4）困难的业务，即低机会和高威胁业务。对于困难业务，企业不要进入。已经进入的企业，要么努力改变环境，走出困境或减轻威胁，要么立即转移，摆脱当前困境。

典型案例

某烟草公司机会威胁分析

假设某烟草公司通过市场调研了解到影响其发展的一些动向。

（1）某些国家政府颁布了法令，要求所有香烟广告和包装上都要印上“吸烟危害健康”的严重警告；

（2）有些国家的政府颁布了禁烟令，禁止在公共场所吸烟；

（3）许多发达国家吸烟人数大幅度下降；

（4）这家烟草公司的研究实验室发明了用莴苣叶制造无害香烟的方法；

（5）发展中国家吸烟人数迅速增加。

显然，上述（1）、（2）、（3）动向对这家烟草公司造成了不利影响，属于环境威胁；（4）、（5）动向则对这家烟草公司带来了有利影响，属于市场机会。由此可知，这家烟草公司属于高机会和高威胁的冒险企业，即尽管公司有丰厚的潜在利润，但也存在着巨大风险。因此，企业在经营过程中必须密切监视各种动向的变化趋势，并据此制定应变对策。

1.2 市场机会分析与对策

企业寻找和发现了市场机会以后，还必须对各种市场机会进行分析和评价，以判断其能否成为企业发展的“公司机会”。所谓公司机会，也就是符合企业经营目标和经营能力，有利于发挥企业优势的市场机会。

外界环境变化可能同时给企业带来若干个发展机会，但并非所有市场机会都对企业具有同样的吸引力。因此，企业应对各种市场机会进行分析和评价，并判断哪些市场机会对企业具有较大吸引力，哪些市场机会企业暂时不应考虑。

每个市场机会都可以按照潜在吸引力大小和成功概率高低进行分类。以横坐标表示成功概率高低，以纵坐标表示潜在吸引力大小，市场机会可以分为 4 种类型，如图 2－5－2 所示。

Ⅰ区域：成功概率低和潜在吸引力小的市场机会，企业应该放弃。

Ⅱ区域：成功概率高和潜在吸引力小的市场机会，中小企业应加以利用。

Ⅲ区域：潜在吸引力大和成功概率低的市场机会，企业应加以密切关注。

Ⅳ区域：潜在吸引力大和成功概率高的市场机会，企业应准备若干计划充分利用这种机会。

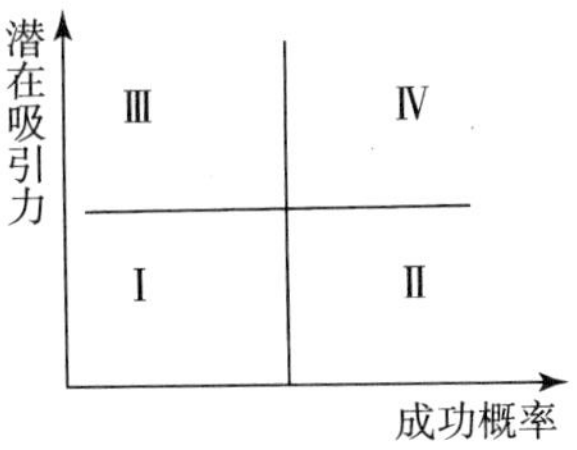

图 2－5－2　市场机会矩阵图

根据上述某烟草公司案例，在“市场机会矩阵图”上共有两个市场机会，即（4）、（5）动向，其中最好的市场机会是（5），其“潜在吸引力”和“成功概率”都很大；而市场机会（4）的“潜在吸引力”虽然很大，但“成功概率”却很小。

1.3　环境威胁分析与对策

一个企业往往面临着若干环境威胁，但并不是所有的环境威胁都一样大，这些威胁可以按照潜在的严重性和出现的可能性加以分类。以横坐标表示环境威胁出现的可能性，以纵坐标表示环境威胁的潜在严重性，环境威胁也可以分为 4 种类型，如图 2－5－3 所示。

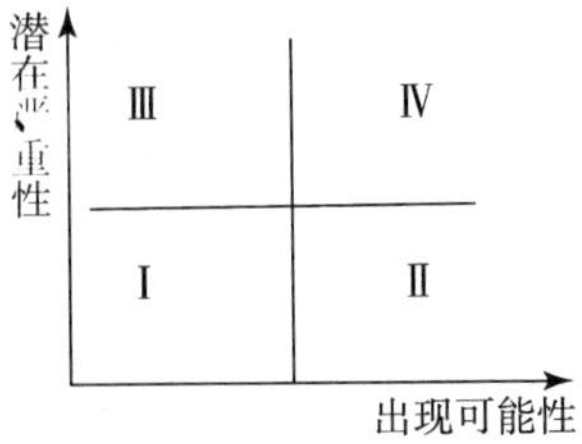

图 2－5－3　环境威胁矩阵图

Ⅰ区域：潜在严重性和出现可能性都较小的环境威胁，企业可以不加理会。

Ⅱ区域：潜在严重性小和出现可能性大的环境威胁，企业应制订出应对计划。

Ⅲ区域：潜在严重性大和出现可能性小的环境威胁，企业不能掉以轻心，以免此种威胁变为现实。

Ⅳ区域：潜在严重性和出现可能性都较大的威胁，企业应准备多个应变计划，并且计划应阐明在威胁出现之前和威胁出现时企业应采取的对策。

根据上述某烟草公司案例，在“环境威胁矩阵图”上共有三个“环境威胁”，即（1）、（2）、（3）动向。其中（2）、（3）动向是潜在严重性和出现可能性都较大的环境威胁。从而是烟草公司的主要威胁。企业对这两个威胁必须给予充分的重视。动向（1）的潜在严重性大，但出现可能性较小，从而不是烟草公司的主要威胁。

企业面对环境威胁通常可以采取以下对策。

（1）反抗。反抗是指企业通过采取措施限制或扭转不利因素的发展。例如，上述案例中的某烟草公司可以疏通议员使其允许在公共场所抽烟，或要求在公共场所设立“吸烟区”以把吸烟者和不吸烟者隔开。

（2）减轻。减轻是指企业通过调整市场营销组合来改善其自身适应环境的能力，以减轻环境威胁的严重性。例如，上述案例中的某烟草公司就可以调整自己的分销渠道策略，增加对发展中国家的出口，也可以开发无害香烟等，以减轻环境威胁的严重性。

（3）转移。转移是指企业把业务转移到其他盈利较多的行业上去。如上述案例中的某烟草公司可以适当减少香烟业务，增加食品和饮料业务等。

2. 企业优势与企业劣势

当两个企业处在同一市场或者说它们都有能力向同一顾客群体提供产品和服务时，如果其中一个企业有更高的盈利率或盈利潜力，那么，我们就认为这个企业比另外一个企业更具有竞争优势。所谓竞争优势是指一个企业超越其竞争对手的能力，这种能力有助于实现企业的主要目标——盈利。

竞争优势指消费者眼中一个企业或它的产品有别于其竞争对手的任何优越的东西，它可以是产品线的宽度也可以是产品的大小、质量、可靠性、适用性、风格和形象以及服务的及时、态度的热情等。虽然竞争优势实际上指的是一个企业比其竞争对手有较强的综合优势，但是明确企业究竟在哪一个方面具有优势更有意义，因为只有这样，才可以扬长避短，或者以实击虚。

由于企业是一个整体，并且竞争优势的来源具有广泛性，所以在做优劣势分析时必须从整个价值链的每个环节上，将企业与竞争对手做详细的对比。如产品是否新颖，制造工艺是否复杂，销售渠道是否畅通，以及价格是否具有竞争性等。如果一个企业在某一方面或几个方面的优势正是该行业企业应具备的关键成功要素，那么，该企业的综合竞争优势也许就强一些。

企业在维持竞争优势的过程中，必须深刻认识自身的资源和能力，并采取适当的措施。一般来说，企业经过一段时期的努力，建立起某种竞争优势，然后就处于维持这种竞争优势的态势，竞争对手开始逐渐做出反应；而后，如果竞争对手直接进攻企业的优势所在，或采取其他更为有力的策略，就会使这种优势受到削弱。

影响企业竞争优势持续时间的因素，主要有 3 个：

（1）建立这种优势需要多长时间？

（2）能够获得的优势有多大？

（3）竞争对手做出有力反应需要多长时间？

如果企业分析清楚了这 3 个因素，就可以明确自己在建立和维持竞争优势中的地位了。

3. SWOT 分析模型

3.1 SWOT 分析的含义

SWOT 分析法又称为态势分析法，它是由旧金山大学的管理学教授于 20 世纪 80 年代初提出来的。SWOT 四个英文字母分别代表：优势（Strength）、劣势（Weakness）、机会（Opportunity）、威胁（Threat）。

所谓 SWOT 分析，就是将与研究对象密切相关的各种主要内部优势、劣势和外部的机会和威胁等，通过调查列举出来，并依照矩阵形式排列，然后用系统分析的思想，把各种因素相互匹配起来加以分析，从中得出相应的结论。SWOT 分析法常常被用于制定集团发展战略和分析竞争对手情况。在战略分析中，它是最常用的方法之一。S、W 是内部因素，O、T 是外部因素。按照企业竞争战略的完整概念，战略应是一个企业“能够做的”（即企业的优势与劣势）和“可能做的”（即环境的机会和威胁）之间的有机组合。

从整体上看，SWOT 可以分为两部分：第一部分为 S、W，主要用来分析内部条件；第二部分为 O、T，主要用来分析外部条件。利用这种方法可以从中找出对自己有利的、值得发扬的因素，以及对自己不利的、要避开的东西，发现存在的问题，找出解决的办法，并明确以后的发展方向，为领导者和管理者做决策和规划提供依据。

3.2 SWOT 分析步骤

SWOT 分析法常常被用于制定集团发展战略和分析竞争对手情况。在战略分析中，它是最常用的方法之一。进行 SWOT 分析，主要有以下几个步骤。

3.2.1 分析环境因素

运用各种调查研究方法，分析出公司所处的各种环境因素，即外部环境因素和内部环境因素。外部环境因素包括机会因素和威胁因素，它们是外部环境对公司的发展有直接影响的有利和不利因素，属于客观因素；内部环境因素包括优势因素和弱点因素，它们是公司在其发展中自身存在的积极和消极因素，属于主动因素。

优势，是公司的内部因素，具体包括：有利的竞争态势、充足的财政来源、良好的企业形象、过硬技术力量、规模经济、良好的产品质量、稳定的市场份额、成本优势、广告攻势等。

劣势，也是公司内部因素，具体包括：设备老化、管理混乱、缺少关键技术、研究开发落后、资金短缺、经营不善、产品积压、竞争力差等。

机会，是公司的外部因素，具体包括：新产品、新市场、新需求、外国市场壁垒解除、竞争对手失误等。

威胁，也是公司的外部因素，具体包括：新的竞争对手出现、替代产品增多、市场紧缩、行业政策变化、经济衰退、客户偏好改变、突发事件等。

3.2.2 构造 SWOT 矩阵

将调查得出的各种因素根据轻重缓急或影响程度等排序，构造 SWOT 矩阵。

在此过程中，将那些对公司发展有直接的、重要的、大量的、迫切的、久远的影响因素优先排列出来，而将那些间接的、次要的、少许的、不急的、短暂的影响因素排列在后面。

3.2.3 制订行动计划

在完成环境因素分析和 SWOT 矩阵的构造后，便可以制订出相应的行动计划。制订计划的基本思路是：发挥优势因素，克服弱势因素，利用机会因素，化解威胁因素；考虑过去，立足当前，着眼未来。运用系统分析的综合分析方法，将排列与考虑的各种环境因素相互匹配起来加以组合，得出一系列公司未来发展的可选择对策。

【同步案例】

沃尔玛（Wal-Mart）SWOT 分析

1. 优势 Strength

沃尔玛是著名的零售业品牌，它以物美价廉、货物繁多和一站式购物而闻名。沃尔玛的销售额在近年内有明显增长，并且在全球范围内不断进行扩张（例如，它收购了英国的零售商 ASDA）。

沃尔玛的一个核心竞争力是由先进的信息技术所支持的国际化物流系统。在该系统支持下，每一件商品在全国范围内每一间卖场的运输、销售、储存等物流信息都可以被清晰地看到。信息技术同时也提高了沃尔玛的采购效率。

沃尔玛的一个焦点战略是人力资源的开发和管理。拥有优秀的人才是沃尔玛在商业上成功的关键因素。为此沃尔玛投入时间和金钱对优秀员工进行培训并建立忠诚度。

2. 劣势 Weakness

沃尔玛建立了世界上最大的食品零售帝国。尽管它在信息技术上拥有优势，但因为巨大的业务拓展，可能导致其对某些领域的控制力不够强。

因为沃尔玛的商品涵盖了服装、食品等多个部门，因此它在适应性上可能比专注于某一领域的竞争对手更加存在劣势。

该公司是全球化的，但是目前只开拓了少数几个国家的市场。

3. 机会 Opportunity

沃尔玛采取收购、合并或者战略联盟的方式与其他国际零售商合作，专注于欧洲或者大中华区等特定市场。

沃尔玛的卖场当前只开设在少数几个国家内。因此，拓展市场（如中国，印度）可以带来大量的机会。

沃尔玛可以通过新的商场地点和商场形式来获得市场开发的机会。更接近消费者的商场和建立在购物中心内部的商店可以使过去仅仅是大型超市的经营方式变得多样化。

沃尔玛的机会存在于对现有大型超市战略的坚持。

4. 威胁 Threat

沃尔玛在零售业的领头羊地位使其成为所有竞争对手的赶超目标。

沃尔玛的全球化战略使其可能在其开展业务国家遇到政治上的问题。

多种消费品的成本趋向下降，原因是制造成本的降低。造成制造成本降低的主要原因是生产外包转向了世界上的低成本地区。这导致了价格竞争，并在一些领域内造成了通货紧缩。恶性价格竞争是一个威胁。

【习题与思考题】

（一）单项选择

1. 企业的营销活动不能脱离周围环境而孤立地进行，企业营销活动要主动地去（　　）。

A. 适应环境　　B. 征服环境　　C. 改造环境　　D. 控制环境

2. 某位顾客在选购 29 英寸纯平面电视时，在长虹、康佳、创维、TCL、海尔、韩信之间进行选择，最终选定海尔，则这些公司之间是（　　）关系。

A. 愿望竞争者　　B. 属类竞争者

C. 品牌竞争者　　D. 产品形式竞争者

3. 影响汽车、住房以及奢侈品等商品销售的主要因素是（　　）。

A. 个人可支配收入　　B. 可任意支配收入

C. 个人收入　　D. 人均国内生产总值

4. 威胁水平高且机会水平也高的业务是（　　）。

A. 理想业务　　B. 冒险业务　　C. 成熟业务　　D. 困难业务

5. 人口老龄化对（　　）企业来说是一种机会。

A. 化妆品　　B. 娱乐　　C. 保健品　　D. 运动服

6. 企业经过努力可以程度不同地加以影响和控制的是（　　）。

A. 宏观环境因素　　B. 微观环境因素

C. 宏观环境中的一些因素　　D. 微观环境中的一些因素

7. 市场营销活动的最终归属是（　　）。

A. 消费者　　B. 生产者　　C. 市场　　D. 人

8. 不属于宏观环境因素的是（　　）。

A. 人口环境　B. 经济环境　C. 竞争　D. 技术环境

9. (　　) 主要指一个国家或地区的民族特征、价值观念、生活方式、风俗习惯、宗教信仰、伦理道德、教育水平和语言文字等的总和。

A. 社会文化　B. 政治法律　C. 科学技术　D. 自然资源

10. (　　) 指人们对社会生活中各种事物的态度和看法。

A. 社会习俗　B. 消费心理　C. 价值观念　D. 营销道德

（二）多项选择

1. 物质自然资源是指自然界提供给人类的各种形式的物质财富，一般可分为（　　）。

A. 无限资源　B. 可以更新的资源
C. 有限但可以更新的资源　D. 有限但不可再生的资源
E. 再生资源

2. 企业的营销环境中，属于经济环境的有（　　）。

A. 经济发展阶段　B. 地区与行业的经济发展
C. 购买力水平　D. 家庭状况的变化
E. 环境保护、资源开发利用方面的法律

3. 辅助商辅助执行中间商的某些职能，为商品交换和物流提供便利，但不直接经营商品。以下属于辅助商的是（　　）。

A. 商人中间商　B. 运输公司
C. 银行　D. 保险公司
E. 广告公司

4. 科学技术的迅速发展和应用对营销组合策略的产品策略的影响表现在（　　）等方面。

A. 新产品开发的时间在缩短　B. 产品价格升高
C. 产品更新换代加快　D. 产品竞争加剧
E. 生命周期在缩短

5. 微观环境指与企业紧密相连，直接影响企业营销能力的各种参与者。其中包括（　　）。

A. 企业本身　B. 市场营销渠道企业
C. 顾客　D. 竞争者
E. 公众

（三）思考题

1. 简析企业分析市场营销环境的意义。
2. 市场营销环境有哪些特征？
3. 市场营销活动与市场营销环境有什么关系？
4. 简述宏观营销环境分析的内容。

5. 简述微观营销环境分析的内容。
6. 简述企业内部环境分析的内容。
7. 举例说明科学技术的发展对市场营销组合有什么影响？
8. 什么是 SWOT 分析？如何应用 SWOT 分析工具对企业进行环境分析？

【案例阅读与分析】

中国电信的 SWOT 分析

在过去的几年里，中国电信的新闻热点、焦点不断。电信资费的调整、中国电信的拆分与重组令人瞩目。新的一年，中国电信又将上演一场“与狼共舞”的惊险剧目。面对激烈的市场竞争，对中国电信进行 SWOT 分析，也许能让大家对中国电信未来的发展有一个清醒的、客观的认识。

1. 中国电信的优势和劣势分析

自 20 世纪 80 年代中期起，中国电信经历了近 30 年的高速发展，已经形成了规模效益。尽管此间经历了邮电分营、政企分开、移动寻呼剥离、分拆重组等一系列的改革，但在中国的电信业市场上，中国电信仍具有较强的竞争和发展优势。主要表现在客户资源、网络基础设施、人才储备、服务质量等方面。

（1）在中国电信业市场引入竞争机制后，中国电信与中国移动、中国联通、中国网通等运营商展开激烈竞争。中国电信南北分拆后，在保留原有大部分固定电话网和数据通信业务的同时，继承了绝大部分的客户资源，保持了良好的客户关系，在市场上占有了绝对的优势。庞大的固定电话用户及数据通信用户为中国电信发展业务，增加收入奠定了良好的基础。

（2）中国电信基础网络设施比较完善。改革开放 30 多年来，中国电信已建成了覆盖全国，以光缆为主、卫星和微波为辅的高速率、大容量、具有一定规模、技术先进的基础传输网、接入网、交换网、数据通信网和智能网等。同时 DWDM 传输网、宽带接入网相继建设，数据通信网络和智能网不断扩容。中国电信的网络优势已经成为当前企业发展的核心能力，同时具备了向相关专业延伸的基础和实力。

（3）中国电信在发展过程中培养和储备了一大批了解本地市场、熟悉通信设备的电信管理和技术能力较强、结构合理的管理和专业人才。同时中国电信还积累了大量丰富的运营管理经验，拥有长期积累的网络管理经验、良好的运营技能和较为完善的服务系统。

（4）中国电信拥有日趋完善的服务质量保障体系。中国电信成立了集团客户服务中心，为跨省市的集团客户解决进网需求；中国电信还建立了一点受理、一站购齐的服务体系，最大限度地方便用户；紧接着中国电信推出了首问负责制，解决了企业在向用户提供服务过程中的相互扯皮、相互推诿的问题；另外，中国电信还设立了服务热线（10000）、投诉热线（180）等，建立了与用户之间的沟通服务，提供互动式服务。

虽然中国电信具有一定的发展优势，但我们应该辩证地看待这些优势。辩证法告诉我们，优势和劣势都是相对的，即在一定的条件下，优势很可能就转变成劣势。中国电信虽然拥有丰富的客户资源、完善的网络设施以及大量的储备人才，但缺乏现代企业发展所必需的战略观念、创新观念、人力资源开发管理、人文环境建设以及与此相适应的市场制度环境。业内人士认为，中国电信拥有资源优势，但却缺乏资源运作优势。一旦运作不慎，优势很可能就转变成劣势。目前，中国电信的劣势主要表现在以下几方面。

（1）企业战略管理与发展的矛盾。一方面是企业决策层只重视当前战术和策略，忽视长远战略，湮没在日常经营性事物中，不能统观大局；另一方面是企业缺乏应对复杂多变环境的企业运作战略策划人才。这个问题是当前实现企业持续发展、保持长久竞争优势的核心问题。

（2）企业内部创新与发展的矛盾。面向计划经济的职能化业务流程、管理模式、组织模式已经呈现出与快速发展的不适应，并逐步成为制约电信企业参与全球化竞争的主要因素。ERP、管理和组织模式的改革创新以及企业特色人文环境的建设是实施企业发展战略应考虑的焦点问题。

（3）中国电信现有的基础设施不能为用户提供特色服务。中国电信虽然拥有比较完善的网络基础设施，但这大都不是根据市场的实际需要建设的，而是为了满足普遍服务的需要。

（4）拆分让中国电信由主体电信企业降级到一个区域性的电信企业。新中国电信的主要阵地将固守在南方市场，而北方市场将由新中国网通占领。即使受到拆分影响，中国电信的实力仍然最强，只是苦于无全国网络，无法开展全国性的业务。

2. 中国电信的机会和威胁分析

我国国民经济的快速发展以及加入 WTO 的国情，为我国的信息化建设和通信发展提供了前所未有的发展机遇，同时也为中国电信提供了巨大的机会。主要表现在以下几个方面。

（1）国民经济的持续快速发展，形成了潜力巨大的市场需求，为中国电信提供了更大的发展空间。本地经济比较优势的重新配置资源所带来的巨大收益将进一步增强当地经济实力，而且入世将推动外资的引进和内需的拉动。入世后各地将极大改善投资环境，法律透明度提高和国民待遇的实现将吸引大量外来资本，本地企业实力将得到提高和增强。企业电信消费水平随之提高。劳动力市场结构的调整和转移必然带来社会人员的大量流动，同时拉动巨大的通信需求，话务市场将进一步激活。

（2）电信业法律法规不断健全完善。电信业将进入依法管理的新阶段，为中国电信的发展创造了公平、有序的竞争环境。随着电信业法制的健全，政府的经济职能将发生根本的转变，政府会把企业的投资决策权和生产经营权交给企业，让企业经受市场经济的考验。这意味着政府将给中国电信进一步松绑，给予其应有的自主权，这有利于中国电信按市场经济规律运作。

（3）中国政府大力推进国民经济和社会信息化的战略决策，为中国电信的发展创造了历史性的机会。“三大上网工程”（政府上网、企业上网、家庭上网）造就了我国消费能力强劲的信息产业市场，为我国信息产业市场创造良好环境的同时，也使我国成了全球最大的信息产业市场之一。

（4）中国加入 WTO 后电信市场逐步对外开放，将加快企业的国际化进程，有利于企业的经营管理、运作机制、人才培养与国际接轨。同时可促进中国电信借鉴国外公司的管理经验，积极地推进思维、技术、体制创新，提高产品档次，降低成本，完善服务质量，改进营销策略，增强核心竞争力。

（5）电信市场潜力巨大。首先，我国经济发展不平衡，地区之间、消费层次之间的差异决定了电信需求的多层次和多样化，而通信技术的飞速发展，促进电信企业的网络升级换代和业务的推陈出新，在固定电话网与计算机通信的融合点上开发新业务潜力巨大，激发出新的消费需求。因而，从总体上看，我国电信市场孕育着巨大的需求潜力。其次，从固定电话看，中国电信平均主线普及率远低于发达国家平均水平。主线收入、盈利水平和市场规模也与发达国家平均水平相差甚远，发展的空间和潜力仍旧巨大。最后，从中国电信的其他业务看，互联网和固网智能网业务的市场规模和盈利能力将随着企业外部环境层次的提高而不断扩大。

（6）移动牌照的发放。目前中国拥有三个综合电信运营商，经营固定、移动、数据和其他各种基础电信业务。移动通信领域是潜力最大，也是竞争最激烈的通信领域，其注定将成为各电信企业的必争之地。中国电信拿到移动牌照后，移动领域将成为中国电信的又一主营业务。

正所谓机会与威胁同在。任何事件的影响都是相对的，中国电信在迎接巨大机会的同时也将面临巨大的威胁，具体表现在以下几个方面。

（1）电信市场竞争格局由局部转向全面、简单转向多元。首先，在竞争趋势方面，国内市场竞争将由价格竞争向核心能力创新竞争过渡。在过渡期间，市场份额的抢夺将成为市场跟随者的发展重点。其次，入世后的国际资本竞争压力也将逐步增大。国外电信运营商将通过兼并、联合和收购等方式实现全球服务化的速度不断加快。中国电信市场的 ICP、EMAIL、数据库、传真、视频会议等增值业务首当其冲地受到较大冲击，这会对电信企业的稳定增长产生影响。

（2）中国电信人才流失较为严重。国内外许多公司采用高薪、高福利等政策吸引中国电信人才，造成中国电信人才严重流失。这一现象至今仍未得到解决。人才的流动是竞争的必然结果，是关系到中国电信生存发展的关键问题。因此，如何体现人才价值、发挥人才潜能，是中国电信必须正视的一个问题。

(3) 非对称管制对中国电信的影响。中国电信在经营许可、互联互通、电信资费、电信普遍服务等方面受到相对严格的行业管制。在目前的中国电信市场上，管制的不平等已经制约了中国电信的发展，在日趋激烈的电信市场竞争形势下，不尽快进行改革，中国电信只有“死路”一条。新中国电信公司不久后也将通过上市进行机制转换，实现与中国联通、中国移动相同的机制平台，从而开展有效的公平竞争。

思考题

1. 在电信市场环境中，你认为中国电信最大的市场机会在哪里？说明理由。
2. 通过 SWOT 分析，你认为中国电信的发展方向是什么？

【实训题】

实训性质 专业技能训练

实训目标 通过训练，了解常见的信息收集途径与基本方法；锻炼学生的信息收集、整理和分析能力。

实训内容 1. 针对身边某企业进行宏观和微观环境的观察记录；

2. 了解该企业的相关资料，对该公司的外部环境进行分析；

3. 根据资料分析给该公司提出经营策略的改进建议。

实训准备 学生事先通过各种媒体对目标企业进行宏观认识；教师事先设计实训的详细操作方案、讲解训练的要求和目标。

实训流程 组建学生团队→团队分工→资料收集与汇总→团队认证→以团队为单位提供调研报告。

实训要点 教师注意控制时间及课堂氛围，考核关注资料分析处理的质量及方案的可行性、小组分工协作及任务完成的时间等。

项目三

消费者购买行为分析

【学习目标】

知识目标

1. 了解消费者的含义和类型。
2. 掌握消费者行为的含义和特征。
3. 了解消费者购买的动机类型。
4. 掌握集团消费者的动机。

能力目标

能运用消费者购买行为对市场营销的影响来制订有效合理的计划，从而提高消费者的购买力。

任务一　消费者市场及购买行为

【引导案例】

十分有趣的消费者行为

一天早上，你看到了你的同事手里拿着一款新型的“智能手机”，刚好是你喜欢的那种，你当时产生了许多不同的想法。以下的几种想法，哪种是你的呢？

为她感到高兴；

很想下午就去购买这款手机；

因为她在炫耀而产生一种厌恶的感觉；

决心不买这款手机，因为你不想与她相同；

有点自卑，因为自己还没有能力购买；

……

【引例分析】

这一案例表明，人类的行为可以简单地归纳为刺激与反应的过程。作为最高等生物的人类，具有最复杂的刺激与反应系统。作为营销者，你的使命就是改变消费者的行为。上面描述的心理反应与过程发生的时间仅为0.2～1s。不同的个体可能产生完全不同的反应。每天每一个消费者要处理数以万计的各种信息，并做出相应的反应。

消费者行为似乎非常不可捉摸，但实际上是有规律可循的。消费者行为有时是那么的不理性，但有时又有很大的理性成分。什么是消费者行为？消费者行为受哪些因素的影响？对消费者行为的研究有什么意义，对市场营销工作有何价值？消费者行为研究的基本思路和框架好是什么？本章将系统地回答上述问题。

1. 消费者的含义与消费者类型

1.1 消费者的含义

对于每个人来说，消费者往往是既熟悉又陌生的。熟悉的是，我们每一个人都是消费者，每时每刻都在消费，而且每一次的消费行为看上去似乎都是那么简单、平淡；陌生的是，消费者有如此复杂的心理和行为。有时候一种心理或行为反应发生之后，连我们自己都无法弄懂。

消费者是指为了满足生产或生活需要而获取、使用或消费各种产品或服务的个人或组织。其中，获取、使用或消费产品或服务的消费者既可以是个体或家庭，也可是工商企业、政府机关和非营利组织等。获取、使用或消费产品或服务的目的，既可能是为了满足生活性的需要，也可能是出于满足生产性需要的目的。本书所研究的消费者主要是指因生活性需要而获取、使用或消费各种产品或服务的个人。

人从呱呱坠地之日起，就开始消费某些社会产品，成为社会的一员，成为一名消费者。在人的一生中，要消费许许多多的物质产品和非物质产品。对这些产品的消费，有的是基于生理的需要，即为了维持自身生存、繁衍后代所必需，有的则是基于享受、发展等社会性需要。基于生理需要的消费是一种本能性消费，它是人类全部消费活动的基础；基于享受、发展需要的消费，则是一种社会性消费，它源于但又高于本能性消费。随着社会经济的发展，无论是本能性消费，还是社会性消费，其消费对象越来越丰富多彩，由此使消费者在消费过程中得以更充分地体现自己的个性。

1.2 消费者的类型

1.2.1 按购买行为角色分类

根据消费者购买行为中的角色，可以将消费者分为5种类型，即倡导者、决策者、影响者、购买者和使用者。

（1）倡导者。消费活动的倡导者，即本人有消费活动的需要或意愿，或者认为他人有进行某种消费活动的必要，或者认为其他人进行了某种形式的消费活动之后可以产生他所希望的消费效果，他要倡导别人进行某种形式的消费，这种人即属于消费的倡导者。

（2）决策者。决策者即做出最终购买决定的人。在家庭消费之中，决策者一般是该商品的直接消费者或家庭中的权威性角色（有的家庭是丈夫权威型，有的家庭是妻子权威型，还有的家庭是子女权威型），或者是家庭中经济收入的主要来源者。当然家庭消费活动中，谁是最终的决策者还要依据不同的商品而定。商品的特点不同，决定购买该商品的人也可能不同。在组织消费中，消费决策者一般是组织消费的主要负责人和领导人，或业务执行人员。

（3）影响者。消费的影响者，是以各种信息形式影响消费活动进行的一类人员，有主动影响者和非主动影响者之分。对消费行为构成影响的人员很多，主动影响者包括家庭成员、邻居、同事、售货员、各种广告宣传中的广告模特等；非主动影响者包括名人、明星，甚至萍水相逢的过路人等。

（4）购买者。商品的购买者即直接购买商品的人，是消费行为过程中主要的消费角色。在日常生活中，毕竟为自己购买商品的人占多数，为他人购买商品的人只占少数，所以制定种种营销策略必须以商品的直接购买者为主要对象。

（5）使用者。商品的使用者即消费该商品并得到商品使用价值的人。随着商品供应的日益丰富以及人们对商业服务质量的要求越来越高，对商品使用者的研究越来越引起广泛重视。在我国，人们的消费行为具有很大的社会相关性。一个人的消费行为既受他人的影响，也受他人的注意，甚至被他人仿效、评价和议论。因此商品的使用者会有很多消费心理体会，这些体会对于一定的消费行为有极大的影响。

1.2.2 按消费者购买时间的先后分类

根据消费者购买商品时间的先后，可以将消费者分为率先消费者、早期消费者、后期消费者和守旧者。

（1）率先消费者。这部分消费者求新、求奇、求美的心理需要强烈，并富有创新和冒险精神；收入水平、社会地位和受教育程度较高，对风险有较强的承受能力；大多为年轻人，交际广泛且信息灵通。他们对外界事物的反应比较灵敏，思想比较开放和活跃，许多人追求时髦，喜欢表现得与众不同。他们较容易接受广告和商品宣传的影响，能较快地做出购买决策。

（2）早期消费者。这类消费者中年轻人居多。他们收入状况较好，家庭负担轻松，思想比较活跃。许多人对新事物感兴趣，好动，喜欢模仿和赶潮流。他们较多注意一些社会知名人士和地位较高的人，力求仿效他们的生活方式和消费行为。他们在购买中一般较少计划，冲动性购买较多。

（3）后期消费者。这类消费者年龄较大，收入一般，或家庭负担重，特别是一些“上有老，下由小”的中年人，其中也有一些收入状况较好、负担较轻的老年人。这类消费者社会生活经验比较丰富，阅历较广，主观性较强。他们的购买活动较少受广告和商品宣传的影响，购买物品比较慎重，较多计划性购买，较少冲动性购买，购买商品看重商品的内在质量和实用性。当一项产品投入到市场中时，他们一般不急于立即购买，而较多持观望态度。但是，一旦产品的优点和使用价值被确认之后，他们就会毅然地购买。

（4）守旧者。这类消费者年龄较大，收入较低，文化程度也较低。他们的思想比较保守，传统观念较强，不喜欢变化，常常因循守旧。他们的消息比较闭塞，对外界事物反应比较迟缓。对新投入市场的产品常常怀有一种戒备心理，疑虑心较重，害怕吃亏上当，不愿冒险。在购买过程中常常犹豫观望或反复比较，决策过程较长。

1.2.3 按消费者心理和购买方式的不同分类

（1）计划型消费者。这种类型消费者的购买活动，目的性和计划性都很强。通常，他们在购买前就已经对需要购买的商品名称、型号、规格、样式等做了比较明确的计划。他们很少有非计划的开支。

（2）习惯型消费者。这类消费者传统观念较强，对外界事物的反应不太强烈，注意力比较稳定，较少受时尚风气的影响。一般忠于自己熟悉的商品、品牌和经销商，选择商品和购物地点具有定向性、重复性，或者长期购买某个品牌的商品，或者长期惠顾某家商店。

（3）冲动型消费者。这类消费者对新事物十分敏感，对新产品很感兴趣，个性心理反应敏捷，易受外部刺激的影响，情绪容易激动，想象力丰富，审美能力较强。购买目的不明显，常常因被广告、商品陈列等因素刺激而购买商品，以直观感觉为主，常常即兴购买。他们不太讲究商品的实用和价格等，不愿反复比较，能快速做出购买决定。

（4）随意型消费者。这类消费者对商品没有固定的偏好，不讲究商品的厂家和品牌，往往随机购买。这类消费者生活适应能力较强，在消费上重视现实消费条件和水平，不太苛求，容易与环境相融，在购买行为上较随便，只要满足需要就行。

2. 消费者行为

2.1　消费者行为的定义

恩格尔认为，消费者行为是指消费者为获取、使用、处置消费物品所采取的各种行为以及先于决定这些行动的决策的过程。

这种定义强调消费者行为是一个连续的过程。对消费者行为的理解，不仅需要了解消费者是如何获取产品与服务的，而且需要了解消费者是如何消费产品，以及产品在用完或消费之后是如何被处置的。因此，研究消费者行为，既应调查、了解消费者在获取产品、服务之前的评价与选择活动，也应重视他们在获取产品后对产品的使用和处置等活动。只有这样，对消费者行为的理解才会趋于完整。

2.2　消费者行为的特征

2.1.1　多样性

消费者行为的多样性，表现为不同消费者在需求、偏好，以及选择产品的方式等方面各有侧重、互不相同。同一消费者，在不同的时期、不同的情境、不同产品的选择上，其行为均呈现出很大的差异性。

2.1.2　复杂性

体现在它受很多内、外部因素的影响，而且其中很多因素既难识别，又难把握。很多人都承认，消费者行为均受动机的驱使，但每一行为后的动机往往是隐藏和复杂的。不仅如此，消费者行为还受各种文化的、社会的、经济的、个体的因素影响，而且这些因素对消费者行为的影响有的是直接的，有的是间接的，有的是单独的，有的则是交叉或交互的。

2.1.3　可诱导性

人们在对消费者行为的研究中发现，消费者行为是可以调节和诱导的。也就是说，通过企业营销活动的努力，人们的消费需求、消费行为可以发生变化和转移。潜在的欲望可以变为明显的冲动，未来的需求可以变成现实的消费。例如，广告宣传可能引导消费，创造流行。

2.3　消费者行为与市场营销

2.3.1　消费者行为研究对营销决策的意义

为了在竞争激烈的环境中求得生存，企业必须比竞争者更多地为目标客户提供价值。对顾客而言，价值是其从整体产品中获得的各项利益扣除各种获取费用后的余额。例如，拥有一辆汽车会带来一系列的利益，这些利益包括交通上的便利、形象、地位、喜悦、舒适等。然而，为获得这些利益，需要支付购置费、汽油费、保险费、保养费与停车费，还要承受由于车祸而受伤的风险，以及环境污染、交通堵塞等一系列的困扰。表 3 –1 –1 充分说明，理解消费者是营销决策者制定营销策略的关键要素。

表 3 –1 –1 营销策略制定中的消费者问题

策略要素	消费者问题
市场细分	哪些消费者是产品的主要市场； 应该根据哪些消费者特性来细分产品市场
产品	消费者目前使用什么产品； 消费者从这一产品上可以获得哪些利益
促销	哪些促销手段可以影响消费者购买和使用产品； 对产品来讲，哪些广告最有效果
定价	在不同的目标市场中，价格对消费者的重要程度如何； 价格调整对购买行为有哪些影响
分销	消费者在哪里购买这一产品； 不同的分销系统是否可以改变消费者的购买行为

3. 影响消费者购买行为的因素

分析影响消费者购买行为的因素，对于企业正确把握消费者行为，有针对性地开展市场营销活动，具有极其重要的意义。消费者的购买行为取决于他们的需要和欲望，而人们的需要和欲望以至消费习惯和行为，是在许多因素的影响下形成的，主要包括文化因素、社会因素、个人因素和心理因素。这 4 类因素对消费者购买的行为产生不同程度的影响。影响最深远的是文化因素，它影响社会的各个阶层和家庭，进而影响每个人及其心理过程。影响最直接的、具有决定性的因素，是个人及其心理特征。

影响消费者购买行为的因素如图 3 –1 –1 所示。

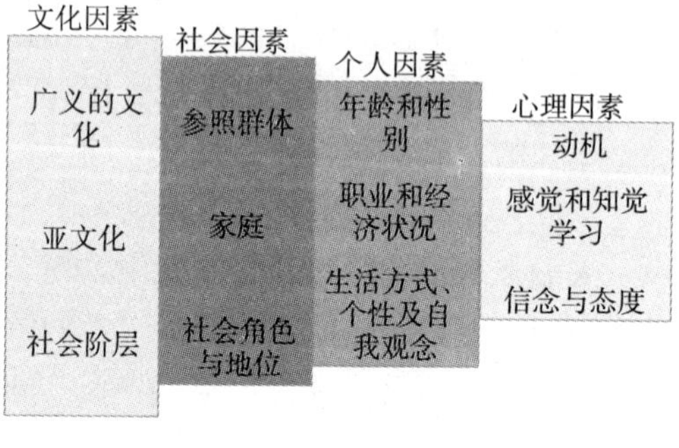

图 3 –1 –1 影响消费者购买行为的因素

3.1 文化因素

文化属于营销环境因素之一。营销学认为，文化背景不同，消费者的需求及购买习惯也不同。一般来说，文化程度高的消费者，对商品的格调要求就比较高，相反亦然。

而且，有些西方人认为美的商品，东方人认为是丑的。这说明文化使人们建立起来一种审度事务的观念，从而影响消费者的购买行为。

每个社会的文化又可以分为若干不同的亚文化群。所谓亚文化群就是在较大社会集团中的较小团体。如民族亚文化群、宗教亚文化群、种族亚文化群、地区亚文化群等。

亚文化群共同遵守许多较大的文化，但也有自己独特的信仰、态度和生活方式，也会导致消费者购买行为的差异。企业在选择目标市场和制定营销决策时，必须注意文化差异以及由此导致的消费者购买行为的差异。

3.2　社会因素

营销学认为，与消费者发生直接、间接关系的其他个人或群体，如家庭、亲友、同事、邻居、社会团体、社会名流、明星等，都会对消费者的购买行为发生程度不同的影响。其中家庭的影响最大。人们的价值观、审美观、爱好和习惯多半都是在家庭的影响下形成的。企业应善于利用消费者的社会联系来影响其购买行为。

3.3　个人因素

在文化、社会等诸因素都相同的情况下，每个消费者的购买行为仍然会有很大的差异，这是由于年龄、职业、收入、个性和生活方式等个人因素的不同而造成的。

3.4　心理因素

消费者的购买决策还要受到某些心理过程的影响，其中比较重要的是动机形成过程。按社会心理学的一般规律，人的行为是受动机支配的。而动机是由需要引起的。当人的某种需要未得到满足，或受到外界某种事物的刺激时，就会处于某种紧张状态，引起某种动机，由动机而导致行为。

4. 消费者的购买决策过程

消费者的购买决策过程可以明显地分为 5 个阶段，如图 3 – 1 – 2 所示。

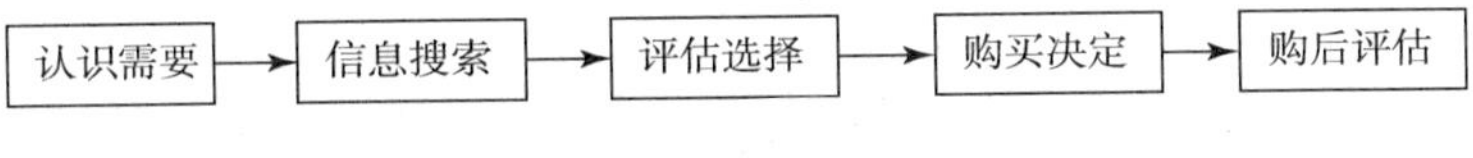

图 3 – 1 – 2　消费者购买决策过程

4.1 认识需要

消费者首先要认识到自己需要某种商品的功能后，才会去选择和购买，因此，认识需要是消费者购买决策过程中的第一个阶段。在这个阶段里，消费者认识到自己的现实状态与理想中的状态的差距，所以就想消除这个差距。许多因素都可以使人们认识到自己的需要。当人们看到冰箱里空了，就会去买蔬菜、水果、饮料等来补充它，甚至空了的酱油瓶和醋瓶也会引起人们认识到需要一瓶新的酱油和一瓶醋。正是因为许多因素都可以激发人们的认识需要，因此进行市场营销的企业可以通过广告来激发人们对新产品的需要，从而使他们放弃那些老的产品或者是在市场上已经没有竞争力的产品。

4.2 信息搜索

消费者认识到自己的需要以后，便会自动地进入购买决策过程中的另一个阶段。当然，对于反复购买的商品，消费者会越过信息搜索阶段，因为所需信息已被消费者通过过去的搜索而掌握。另外，对于一个消费者来说，越贵的商品越能使消费者重视信息搜索。

信息的外部来源有多种。

（1）个人来源。亲戚和朋友是典型的外部信息来源，在与亲朋好友的交谈中，人们会获得关于商品的知识和信息，并且有相当一部分的消费者喜欢接受别人的建议及购物指南，尽管介绍商品的人的认识或消息来源有时也不十分准确。

（2）公共来源。公共来源的范围较广，可以是政府或其他组织的评奖，也可以是报纸或杂志中关于产品的评论与介绍，还可以是广播电台或电视台组织的有关商品的节目。

（3）商品来源。商品来源包括产品广告、推销员的介绍、商店的陈列或产品包装上的说明等，不过这些途径的信息对消费者来讲有时会有先天性的偏差，消费者可以同意或相信，也可以提出问题或根据自己的经验做其他评论。

4.3 评估选择

（1）品牌子集。所谓品牌子集是指消费者根据某种标准所选择的限定范围内的商品品牌。评估选择只在消费者的品牌子集中进行，这个子集并不包括该类产品的所有品牌。

（2）决定性因素。在消费者评价与选择的标准中，通常会有一项是促成消费者决策的主要因素，这项因素被称为决定性因素。决定性因素依商品的种类和消费者的感觉、生活方式、态度、需要等诸多方面的因素而变化。

例如在一位公司的高级职员要买一块与他的地位相称的手表时，他一般会去买欧米茄牌（OMEGA）的，这时的品牌就是他评价与选择的决定性因素。假如一位爱吃辣椒的消费者买零食，那么带辣味儿的食品就是他的首选食品，于是他可能会买带辣味儿的锅巴或虾条，至于说品牌，则不是他关注的要点。有时决定性因素并不止一个，可以是两个或多个同样重要的因素。对企业来说，使某种商品具有独一无二的特色并不是工作的全部，要紧的是这个特色必须与消费者眼里的决定性因素结合起来，这样才能吸引消费者并满足消费者的迫切需要。实际上这种思想已经被许多企业所利用。洗涤剂的去污能力、卫生巾的防侧漏、电视录像一体机的便利、抗过敏药的无嗜睡性等，都是这方面的例子。

4.4　购买决定

消费者经过搜索信息对产品进行了评价与选择后就会做出购买决定。当然，消费者也可能因为评价与选择过程中的问题推迟或取消购买的决定，这时消费者购买的决策过程处于停滞状态。参与营销的企业不可能对消费者的购买决定做任何工作，因为消费者一旦做出购买决定，余下的只是在商店或其他什么地方完成交易，也就是付款、提货或安排交货地点等事宜。

4.5　购后评估

将商品买回家以后，消费者的购买决策过程还没有终止，因为在最初使用商品的过程中，消费者会以购前的期望为标准来检查与衡量自己买回来的商品，为的是看看有没有什么问题或不满意的地方。

消费者的期望与消费者所购产品间的差异称为双向差异。双向差异的校正主要由进行营销的企业方面来执行，例如检查产品说明有无给消费者以正确的指导，广告内容有无超现实的方面，产品制造方面是否尚存在缺陷等。另一方面，对技术要求较高的产品，企业对消费者进行专门指导和培训是十分重要的，这一做法已被许多计算机公司和软件公司所采用。购买动机是引导顾客将购买活动指向一定目标，以满足需要的购买意愿和冲动。

任务二　组织市场及其购买行为

【引导案例】

促销员促销有道

一对年轻夫妇在逛商城。促销员远远就看见他们在看 MD 电磁炉，不知道因为什么原因没买。当他们走到 SP 柜台前时，听那妇女说 SP 的也不错，促销员马上就接话说："对呀，了解一下吧，不用看其他的，你看一下 SP 的赠品就知道了。你看这黄色的搪瓷汤锅，没有一个牌子的电磁炉会送给您的。他们做不出来还买不起吗？为什么他们不敢送，因为他们的电磁炉受热不均匀，用了这个搪瓷层会掉的。SP电磁炉就不一样了，传热均匀，可以放心地使用。多用富含铁元素的锅，尤其对女性身体好，补血；价格也不贵，399元，还有SP原装的汤锅配。要一个吧。”男士转头悄悄问妻子：“那就要这个吧？”妻子微笑默认。

【引例分析】

这个案例中，购买决策者是女性顾客。女性顾客的购买行为受直观感觉和情感影响很大，符合心意的，就会购买。案例中的顾客是一对夫妇，丈夫的态度对女顾客的消费行为也有极大的影响作用。男性是较为理性的。促销员强调赠品锅具具有补铁补血的功效，是在侧面引导男顾客让女顾客下决策。促销员成功的关键就是抓住了男性和女性的消费心理。

1. 组织市场的类型和特点

1.1 组织市场的含义

组织市场是由各种组织机构形成的对企业产品和服务需求的总和。

1.2 组织市场的类型

组织市场主要包括：生产者市场，中间商市场，非营利组织市场，政府市场。

生产者市场指购买产品或服务用于制造其他产品或服务，然后销售或租赁给他人以获取利润的单位和个人。

中间商市场也称为转卖者市场，指购买产品用于转售或租赁以获取利润的单位和个人，包括批发商和零售商。

非营利组织市场是指为了维持正常运作和履行职能而购买产品和服务的各类非营利组织所构成的市场。

政府市场指为了执行政府职能而购买或租用产品的各级政府和下属各部门。

1.3 组织市场的特点

（1）购买者比较少，购买数量大，购买者地理位置相对集中。

（2）有派生需求，需求弹性小，需求波动大。

（3）由专业人员采购，多人决策，直接采购，互惠购买，租赁。

2. 影响组织购买决策的主要因素

（1）环境因素。指企业外部因素的影响。

（2）组织因素。指企业自身的采购目标、政策、程序、组织结构和内部工作制度等对购买行为的影响。

（3）人际因素。通常指企业中的人事关系对购买行为的影响。生产资料的购买，常常由企业各层次不同部分组成的一个“采购核心”所决定。“采购核心”中一般有使用者、影响者、采购者、决策者及控制者。

（4）个人因素。所有组织的购买行为都是在有组织的相互影响的基础上产生的一种个人行为。参与购买决策的个人，在购买决策中又难免受个人情感的影响，个人情感又是由购买者个人年龄、收入、受教育程度、职位、性格及对待风险的态度所影响、决定的。因此，生产资料营销活动的对象应当是具体决策的参加者，而不应当笼统地看成一个企业。

3. 组织购买行为过程

3.1　组织购买的参与者

生产者购买要比消费者购买复杂得多。通常，涉及以下成员：

（1）使用者。指因实际使用需求而购买某种产品的人员。使用者往往首先提出购买某种所需产品的建议，然后提出购买产品的品种、规格和数量。

（2）影响者。企业内部和外部直接或间接影响购买决策的人员。他们通常协助决策者决定购买产品的品牌、品种、规格。企业技术人员是最主要的影响者。

（3）采购者。在企业中组织采购工作的专业人员。在较为复杂的采购工作中，采购者还包括那些参与谈判的公司人员。

（4）决定者。企业中拥有购买决定权的人。在标准品的例行采购中，采购者常常是决定者；而在较复杂的采购中，企业领导人常常是决定者。

（5）信息控制者。在企业外部和内部能控制市场信息流到决定者和使用者那里的人员，如企业的采购代理商、技术人员和秘书等。

企业营销必须了解生产者购买的具体参与者，尤其谁是主要的决策者，以便采取适当措施，影响有影响力的重要人物。

3.2　生产者购买决策的主要阶段

由于生产者购买类型的不同，购买决策过程也有所不同。直接重购的决策阶段最少；修正采购的决策阶段多些；全新采购的决策阶段最长，要经过以下 8 个阶段。

（1）认识需要。认识需要是由两种刺激引起的：内部需要；外部刺激。

（2）确定需要。对标准品按要求采购；对复杂品，采购人员要和使用者、工程师共同研究确定。

（3）说明需要。专家小组对所需品种进行价值分析，做出详细的技术说明。目的是以最少的资源耗费，生产出或取得最大功能，以获得最大的经济效益。价值分析公式：

$$V = F/C$$

其中，V——价值；

F——功能（指产品的用途、效用、作用）；

C——成本。

通过价值分析在生产性能、质量、价格之间进行综合评价，有利于选择最佳采购方案。

（4）物色供应商。全新采购需要花较多时间物色供应商。采购人员既可以利用工商名录或其他资料查询供应商，也可以向其他企业了解供应商的信誉。

（5）征求建议。邀请供应商提出建议或提出报价单。如果采购复杂的、价值高的产品，可要求每个潜在的供应商都提交详细的书面建议或报价单。

（6）选择供应商。对供应商提出评价和选择建议，以选择最具吸引力的供应商。通常从主要供应者处采购所需要的 60%，另外 40% 则分散给其他供应商。

（7）正式订货。通过商务谈判达成协议，给选定的供应商发出最后采购订单，写明所需产品的规格、数量、交货时间、退款政策、担保条款、保修条件等。在商务活动中，对信誉可靠的产品供应商，往往可以订立“一揽子合同”（又叫无库存采购计划），和该供应商建立长期供货关系。

（8）检查合同履行情况。向使用者征求意见，了解他们对购进产品是否满意；检查和评价各个供应商履行合同的情况，然后根据检查和评价结果，决定以后是否继续向某个供应商采购。

【同步案例】

莉莉要告别大学生活开始上班了，她认为自己需要一套合适的衣服来开始新的生活。她首先去了“白领之家”，仔细观察后她觉得那些整齐的工作套装好像是她的大姐经常穿的；之后她走进了一间叫“司琪”的店，虽然她很喜欢那些文静中透着活泼的风格，但试了几件又觉得学生味太重；最后她在一家叫“美国丽人”的店里看到了一件类似电影中金喜善穿的米色职业装，想起她的米黄色手袋，觉得这正是她所寻找的！

思考题

试分析莉莉的购买过程。

【习题与思考题】

（一）单项选择

1. 商品的（　　）即是消费该商品并得到商品使用价值的人。

A. 决策者　B. 倡导者　C. 购买者　D. 使用者

2. （　　）是为了满足生产或生活需要而获取、使用或消费各种产品或服务的个人或组织。

A. 营销者　B. 影响者　C. 消费者　D. 政府机关

3. 消费者行为是一个（　　）。

A. 感知过程　B. 互动过程　C. 认知过程　D. 销售过程

4. 消费者行为表现互不相同，各有侧重。这是消费者行为的（　　）。

A. 差异性　B. 变化性　C. 复杂性　D. 多样性

5. 企业用广告宣传引导消费，创造流行，这是消费者行为的（　　）。

A. 社会性　B. 可诱导性　C. 文化性　D. 经济性

6. 文化、社会、个人和心理是影响消费者行为的（　　）。

A. 四个层次　B. 周期阶段　C. 主要因素　D. 个体因素

7. 影响消费者行为的内部因素属于（　　）。

A. 文化与亚文化　B. 消费者的需要与动机

C. 消费者的态度　D. 学习与记忆

8. 求新、求奇、求美的心理需求强烈属于（　　）消费者。

A. 习惯型消费者　B. 早期消费者

C. 率先消费者　D. 冲动消费者

9. 消费者的购买动机会随着（　　）变化。

A. 商品降价　B. 商品提价　C. 购买需求　D. 购买心理

10. 长期购买某种商品，或长期惠顾某家商品的消费者属于（　　）。

A. 随意消费者　B. 习惯消费者　C. 计划消费者　D. 守旧者

（二）多项选择

1. 影响消费者购买因素有（　　）。

A. 文化　B. 个人　C. 社会　D. 心理

2. 人们的消费需求，消费行为是可以发生（　　）。

A. 变化　B. 转移　C. 冲动　D. 转变

3. 消费者信息的来源有（　　）。

A. 个人来源　B. 公共来源　C. 商品来源　D. 广告来源

4. 不是消费者消费的主要目的的是（　　）

A. 生活上得到满足　　B. 消费产品
C. 精神上得到享受　　D. 使用服务

5. 消费者行为的特征是（　　）。
A. 可诱导性　B. 变化性　C. 多样性　D. 复杂性

6. 以下情况下，属于购买行为角色的有（　　）。
A. 倡导者　B. 购买者　C. 使用者　D. 影响者

7. 消费者行为的影响因素有（　　）。
A. 消费者行为　B. 个体因素　C. 消费者动机　D. 社会因素

8. 制定营销策略的关键要素有（　　）。
A. 价格　B. 分销　C. 促销　D. 产品

9. 按消费者心理和购买方式不同消费者分为（　　）。
A. 守旧者　　B. 计划型消费者
C. 冲动型消费者　　D. 购买型消费者

10. 率先消费者追求（　　）。
A. 求美　B. 求新　C. 求廉　D. 求奇

（三）思考题

1. 消费者的含义与类型是什么？
2. 消费者的类型中决策者有哪些？
3. 消费者行为的含义是什么？
4. 消费者行为研究对营销决策的意义？
5. 影响消费者购买行为的因素有哪些？

【案例阅读与分析】

肯德基快餐店里为什么要设小型儿童游乐场所

作为世界首屈一指的快餐连锁集团，肯德基近年来在全球各地市场受到了多方面的挑战。肯德基主打成年人市场与小孩和家庭路线，“迎合妈妈和小孩”。每到周末就能看到肯德基里面人山人海的场面，尤其是在免费的儿童游乐场所，孩子们玩得不亦乐乎。

思考题

1. 肯德基快餐店里设小型儿童游乐场所的原因是什么？结合消费者行为来解释。
2. 分析在肯德基快餐店的消费行为中，家庭里的哪个成员对消费决策影响最大。

【实训操作】

实训项目　某产品营销策略制定中的消费者行为分析。

实训目标　掌握在产品营销策略制定中对消费者行为进行分析的基本技能。

实训内容　对某产品的消费者行为进行分析，为其营销策略的制定提供指导。

实训要求　1. 教师帮助学生明确消费者行为分析在营销策略制定中的重要地位和作用。

2. 学生选择好某一种或某一类产品。

3. 学生通过观察或调查，了解消费者在选择某产品中的真实行为表现。

4. 老师对学生消费者行为分析结果进行点评。

实训步骤　1. 选定某一种或某一类产品。

2. 分析消费者选购该产品时的行为表现。

3. 根据上述分析结果，提出营销策略方案或改进建议。

组织形式　以班级学习小组为单位，每小组开展消费者行为分析，并得出相应的营销结论。

考核要点　产品选择的典型性，分析方法的合理性，分析结论的正确性，营销策略方案或改进建议的合理性和可行性。

项目四

市场营销调研

【学习目标】

知识目标

1. 了解市场营销调研的含义和作用。
2. 掌握市场营销调研的方法和技巧。
3. 掌握市场营销调研报的告撰写方法。

能力目标

1. 能进行市场调研。
2. 能运用市场调研的方法和技巧。
3. 能撰写市场营销调研报告。

任务一　市场营销调研

【引导案例】

美国的航空客运业一直存在着激烈的竞争。美国航空公司虽然是全美最大的航空公司之一，但是也必须为获取优势而不断地提供服务新招，以满足航空旅客的需要。为此，管理者们聚在一起出谋划策，其中一位经理建议在离地面 30 000 英尺高度的飞机上向乘客提供电话服务。针对这一构想，公司展开了市场调查研究工作。提出此建议的市场营销部经理先进行了一些初步的研究，从一家大型电信公司那里获悉每一航程此项装置的成本约 1 000 美元。如果每次通话收费 25 美元，则每次航程起码要有 40 人利用机上电话，航空公司才能达到盈亏平衡点。接下来，营销部门的任务就是调查旅客对这项新服务的反应。这对决策者来说才最有价值。通过调查得知这项服务会加强公众心目中美国航空公司是一个革新性、创造性公司的形象，但公司为此每航程约需支付 200 美元。由此看来，在飞机上提供电话服务似乎只增加了成本，而不大会增加长期收入，因此现阶段建议暂不实施飞机上的电话服务项目。

【引例分析】

这一案例表明，并不是每一次商机都能够创造巨大财富。由于市场环境在不断变化，我们在面对每一次商业活动时都应该进行详细的市场营销调研。本章将系统地阐述市场调研及市场调研的技巧和方法并介绍撰写市场调研报告的方法。

市场营销调研是市场竞争中的一种重要手段。市场营销调研是指针对企业特定的营销问题，采用科学的研究方法，系统地、客观地收集、整理、分析、解释和沟通有关市场营销各方面的信息，为营销管理者制定、评估和改进营销决策提供依据。

1. 市场营销调研的概念

市场营销调研，即市场营销调查与研究的简称，是指个人或组织为某一个特定的营销决策问题而进行的收集、记录、整理、分析、研究市场的各种状况及其影响因素，并由此得出结论的系统活动过程。市场营销是以市场和消费者需求为基础而开展的经营活动。科学地认识市场和消费者，准确地把握市场和消费者的实际情况是市场营销的出发点。为了了解和掌握市场和消费者的实际情况，市场营销调研就成了市场营销活动一个必不可少的、最基本的环节。

2. 市场营销调研的作用

现在，国外很多成熟的企业都有自己完善的营销调研机构和体系。在他们看来，企业没有开展营销调研就进行市场决策是不可思议的。在美国，73%的企业设有正规的市场调研部门，负责对企业产品进行调查、预测、咨询等工作，以及在产品进入每一个新市场之前对其进行营销调查。

虽然很多大企业的市场调研费用往往占到销售额的6%，但是营销调研成果却给企业带来了千百倍的回报。相反，企业不重视市场调研，盲目生产，受到市场规律无情惩罚的也不乏其例。令人遗憾的是，我们许多企业管理者对市场调研的意识淡薄，认为市场调研的费用只是一项支出，而不是一项必要的投入。不少企业只重视搞新产品开发，对市场调研却不重视或调查不够细致，仅凭个人经验，对市场做直观、感性的判断，使项目匆匆上马，结果成功率较低。有效的营销调研使企业获益匪浅，其作用可综述为：

2.1　有利于制订科学的营销规划

企业只有通过营销调研，分析市场、了解市场，才能根据市场需求及其变化、市场规模和竞争格局、消费者意见与购买行为、营销环境的基本特征等，科学地制订和调整企业营销规划。

2.2 有利于优化营销组合

企业可以根据营销调研的结果，分析研究产品生命周期，制订产品生命周期各个阶段的营销策略组合，制订企业开发新产品计划；企业可以根据消费者对现有产品的态度，改进现有产品，开发新用途，设计新产品；可以通过测量消费者对产品价格变动的反应，分析竞争者的价格策略，确定合适的定价；可以通过了解消费者的购买习惯，确定合适的销售渠道；可以通过掌握消费者心理变化，改进企业促销方式。

2.3 有利于开拓新的市场

通过市场调研，企业可发现消费者尚未满足的需求，测量市场上现有产品满足消费需求的程度，从而不断开拓新的市场。

3. 市场营销调研的研究内容

（1）市场需求研究。包括分析预测市场需求规模、测算产品或服务的各品牌的市场占有率及其动态变化、了解产品或服务的市场特点及变化趋势等。

（2）消费者行为研究。包括基本人文特征：6W 和 2H（who，what，why，when，where，how much，how），购买行为（顾客购买前和购买后的行为，实际行动，决策心理活动）。

（3）产品研究。包括产品改进（改进性能、扩大用途、创造新市场）和新产品的研制与开发（产品概念测试研究、消费者对产品概念的理解、属性的评价、新产品的市场前景及相关政策）。

（4）广告研究。包括广告测试，媒体调查，广告前后态度行为调查，媒体行为和习惯调查。

（5）价格研究。包括产品的比价研究，差价研究，消费者的价格敏感度研究，新产品定价研究。

（6）营销环境研究。包括微观环境研究（企业内部、营销渠道企业、顾客、竞争者、社会公众）和宏观环境研究（人口、经济、自然、技术、政法法律、社会文化环境等）。

（7）竞争者研究。包括顾客需求，竞争者的动向，利用合法手段和技术收集竞争的情报和信息。

（8）顾客满意度研究。包括顾客满意的决定因素和各因素的满意度水平研究。

（9）企业责任。包括消费者权益研究，产品或服务的生态影响和营销道德研究，广告和促销活动的法律限制和道德界限研究。

4. 市场调研的原则

（1）准确性原则。要如实、准确地记录信息，不得随意捏造和删改信息。

（2）时效性原则。要在尽可能短的时间内完成调查以保证信息的及时、新颖。

（3）全面性原则。要全面系统地收集有关市场信息。

（4）经济性原则。要对调查项目进行成本—效益核算，根据人力、物力、财力和时间合理设计调查方案。

5. 市场营销调研的分类

5.1　探索性调查

探索性调查是为了使问题更明确而进行的小规模调查活动。这种调查特别有助于把一个大而模糊的问题表达为小而准确的子问题，并识别出需要进一步调研的信息。比如，某公司的市场份额去年下降了，但公司无法一一查知原因，这时就可用探索性调查来发掘问题：是经济衰退的影响？是广告支出的减少？是销售代理效率低？还是消费者的习惯改变了，等等。总之，探索性调查具有灵活性的特点，适合于调查那些我们知之甚少的问题

5.2　描述性调查

描述性调查是为了寻求对“谁”“什么事情”“什么时候”“什么地点”这样一些问题的回答。它可以描述不同消费群体在需要、态度、行为等方面的差异。描述的结果，尽管不能对“为什么”给出回答，但可作为解决营销问题所需的全部信息。比如，某商店了解到该店67%的顾客主要是年龄在18～44岁之间的妇女，并且她们并经常带着家人、朋友一起来购物。这种描述性调查提供了重要的决策信息，使该商店特别重视直接向妇女开展促销活动。

5.3　因果性调查

因果性调查是调查一个因素的改变是否引起另一个因素改变的研究活动，目的是识别变量之间的因果关系。如判断预期价格、包装及广告费用等对销售额是否有影响。这项工作要求调研人员对所研究的课题有相当的知识，能够判断一种情况出现了，另一种情况会接着发生，并能说明其原因所在。

5.4 预测性调查

预测性调查是通过收集、分析、研究过去和现在的各种市场情报资料，运用数学方法，估计一定时期内市场对某种产品的需求量及其变化趋势。由于市场情况复杂多变，不易准确发现问题和提出问题。因此，在确定研究目的的阶段，可进行一些情况分析。

例如，房地产公司发现近期的广告没有做好，造成消费者视线转移。为此便可做若干假设，例如："消费者认为该公司房屋设计方案较差，不如其他房地产公司广告所讲的方案。""售房的广告设计太一般""消费者认为该房屋的四周环境不够理想。"，等等。拟定假设的主要目的是限制研究或调查的范围，以便使用今后收集到的资料来检验所做的假设是否成立。

任务二　市场营销调研的方法与技巧

【引导案例】

20 世纪 80 年代，可口可乐在饮料市场的领导者地位受到了挑战。可口可乐的销售量增长速度从每年递增 13% 下降到只有 2%，其原因是竞争对手百事可乐来势汹汹。它推出了"百事新一代"的系列广告，将促销的锋芒直指饮料市场最大的消费群体——年轻人。

为了阻击竞争对手，1980 年，可口可乐公司秘密进行了代号为"堪萨斯工程"的市场调查行动。它出动了约 2 000 名市场调查员在 10 个主要城市调查顾客是否愿意接受一种全新的可口可乐。

【引例分析】

这个案例表明，由于市场环境在不断变化，企业对传统产品进行群体制定时还应该掌握市场调研的方法与技巧，并且要灵活使用，以帮助企业应对多变的市场。

1. 市场营销调研的步骤

1.1 确定调研目的

市场营销调研，目的是通过各种方法搜集必要的资料，并对其加以分析和整理，得出一定的结论，为企业决策者提供决策依据。调研第一步必须认真确定调研目的。

确定市场营销调研的目的并不是十分容易的。通常可将调研的目的分成3类：

（1）探索性调研。即为了探索问题的性质、大小或为求得解决问题的思路所做的调查研究。

（2）描述性调研。即对市场及企业市场营销各种要素进行定量的描述。如电视机生产企业对明年国内市场的具体需求量大小进行调研，调研方法多采用定量的方法。

（3）因果性调研。对市场营销众多因素的相互因果关系进行调查研究。如销售量与促销费用、价格有因果关系。在确定了这样的关系后，就可在具体销售指标要求下，正确估算促销费用。

1.2　确定搜集资料的来源和方法

企业可以利用和主动寻找许多资料来源。资料可分为：第一手资料，即企业为调查某问题而收集的原始资料；第二手资料，即已存在的且为调查某问题而收集的资料。第二手资料有：内部资料，如公司的资产负债表，损益表，销售报告，存货记录等；政府文件，如统计年鉴，行业资料统计等；期刊和资料，如专业杂志，消费者杂志的调查资料；专业信息公司资料，如美国的 A. C. 尼尔逊公司，国内的零点调查公司都拥有各种专项资料出售。

一般来说，第一手资料获取成本高，但资料适用性强，第二手资料则相反。调查第一手资料的方法有调查法、观察法和实验法。

1.3　收集资料

由于科学技术，尤其是电子技术突飞猛进的发展，许多传统的信息收集方法已为先进、迅速、准确、及时的电子方法所代替。如借助光学扫描仪，可以对出售商品上的条形码进行阅读识别记录；商品库存等重要信息可通过专用或原有电信网络传送到全国统一的信息中心并对配送中心等输出送货指令，从而提高工作效率和企业的经济效益。

1.4　分析资料

企业运用市场营销分析系统中的统计方法和模型等对收集的信息加以编辑、计算、加工、整理，去伪存真，删繁就简，最后用文字、图表、公式等将资料中潜在的各种关系、变化趋势表达出来。

1.5　提出调查结论，撰写调研报告

针对市场调研的问题，调研人员运用分析资料，提出客观的调查结论。通常

用调研报告的形式将市场调研结果呈送决策者。对于商业性市场调研公司来说，调研报告也是其递交客户的有关工作的主要结果。

2. 市场营销调研的方法

2.1 二手资料收集法

2.1.1 二手资料

二手资料指的是那些并非为正在进行的研究项目而是为其他目的已经收集起来的统计资料，通常可以快速地、低成本地获得这些数据。

2.1.2 二手资料的优缺点

优点：(1) 比较容易获得；

(2) 成本比原始资料低；

(3) 能被快速获得。

缺点：(1) 相关性差；

(2) 时效性差；

(3) 可靠性低

2.1.3 二手资料和原始资料的区别

二手资料与原始资料的区别如表 4-2-1 所示。

表 4-2-1 二手资料和原始资料的区别

比较项目	收集目的	收集程序	收集成本	收集时间
原始资料	为了当前的问题	复杂费事	较高	较长
二手资料	为了其他问题	简单容易	相对较低	相对较短

2.1.4 二手资料的来源与分类

二手资料分为内部资料和外部资料：

内部二手资料是指来自于正在为之进行市场研究的企业或组织内部的数据，它分为直接可用和需要整理的数据。

外部二手资料是指从企业外部获得的二手资料，它有三个来源：公开的资料、计算机数据库和辛迪加数据。

2.1.5 二手资料评价标准

二手资料评价标准如表 4-2-2 所示。

表 4-2-2　二手资料评价标准

标准	要点	说明
目的	为什么要收集这些数据	研究目的与当前研究的目的越一致，则数据的相关性越强
内容	研究的问题； 关键的变量； 研究的总体； 测量的单位	由此判断这些数据是不是当前需要的有用的信息，这是相关性评价的一个重要方面
方法	数据收集； 回答率； 问卷设计； 抽样方法； 样本规模； 现场工作； 数据分析	研究方法的考察是判断数据的可靠性的主要依据
来源	数据收集者的专业水平、行业内的知名度和声誉	判断数据可靠性的重要的外部线索
时间	何时收集的数据	数据越新时效性越强

2.2　传统的电话访问

传统的电话访问就是按照样本名单，选择一个调查者，拨通电话，询问一系列的问题。调查员按照问卷，在答案纸上记录被访者的回答。调查员集中在某个场所或专门的电话访问间，在固定的时间内开展电话访问工作。现场有督导人员进行管理。调查员都是经过专门训练的，一般以兼职的大学生为主。

2.3　计算机辅助电话访问（CATI）

在发达国家，特别是在美国，集中在某一中心地点进行的计算机辅助电话访问比传统的电话访问更为普遍。目前在国内有少数调查公司采用。计算机辅助电话访问使用一份按计算机设计方法设计的问卷，用电话向被调查者进行访问。计算机问卷可以利用大型机、微型机或个人用计算机来设计生成，调查员坐在 CRT 终端（与总控计算机相连的带屏幕和键盘的终端设备）对面，头戴小型耳机式电话。CRT 代替了问卷、答案纸和铅笔。通过计算机拨打所要的号码，电话接通之后，调查员就读出 CRT 屏幕上显示出的问答题并直接将被调查者的回答（用号码表示）用键盘记入计算机的记忆库之中。计算机会系统地指引调查员工作。在 CRT 屏幕上，一个问答题只出现一次。计算机会检查答案的适当性和一致性。数据的收集过程是自然的、平稳的，而且访问时间大大缩减，数据质量得到了加强，数据的编码和录入等过程也不再需要。由于回答是直接输入计算机的，关于数据收集和结果的阶段性的和最新的报告几乎立刻就可以得到。

2.4 入户访问

入户访问指调查员到被调查者的家中或工作单位进行访问，直接与被调查者接触。然后或是利用访问式问卷逐个问题进行询问，并记录下对方的回答；或是将自填式问卷交给被调查者，讲明方法后，等待对方填写完毕或稍后再回来收取问卷的调查方式。这是目前国内最为常用的一种调查方法。调查的户或单位都是按照一定的随机抽样准则抽取的，入户以后确定访问对象也有一定的法则。

2.5 拦截访问

拦截访问是指在某个场所（一般是较繁华的商业区）拦截在场的一些人进行面访调查。这种方法常用于商业性的消费者意向调查中。拦截面访的好处在于效率高。但是，无论如何控制样本及调查的质量，收集的数据都无法证明对总体有很好的代表性。这是拦截访问的最大问题。

2.6 小组（焦点）座谈

小组（焦点）座谈（Focus Group）是由一个经过训练的主持人以一种无结构的自然的形式与一个小组的被调查者进行交谈。主持人负责组织讨论。小组座谈法的主要目的，是通过与一组从调研者所要研究的目标市场中选择来的被调查者交谈，获取一些对有关问题的深入了解。这种方法的价值在于常常可以从自由进行的小组讨论中得到一些意想不到的发现。

2.7 深度访谈法

深度访谈法是一种无结构的、直接的、个人的访问方法。在访问过程中，一个掌握高级技巧的调查员深入地访谈一个被调查者，以揭示其对某一问题的潜在动机、信念、态度和感情。比较常用的深度访谈技术主要有三种：阶梯前进、隐蔽问题寻探以及象征性分析。深度访谈主要也是用于获取对问题的理解和深层了解。

2.8 投影技法

投影技法是一种无结构的非直接的询问形式，可以鼓励被调查者将他们对所关心问题的潜在动机、信仰、态度或感情投射出来。在投影技法中，并不要求被调查者描述自己的行为，而是要他们解释其他人的行为。在解释他人的行为时，被调查者就间接地将他们自己的动机、信仰、态度或感情投影到了有关的情景之中。因此，通过分析被调查者对那些没有结构的、不明确而且模棱两可的“剧本”的反应，就可以揭示他们的态度。剧情越模糊，被调查者就越会更多地投影他们的感情、需要、动机、态度和价值观，就像在心理咨询诊所中利用投影技法来分析患者的心理那样。和心理学中的分类一样，投影技法可分成联想技法、完成技法、结构技法和表现技法。

2.9　调查问卷法

2.9.1　调查问卷的概念

调查问卷又称调查表，是调查者根据一定的调查目的和要求，按照一定的理论假设设计出来的，由一系列问题、调查项目、备选答案及说明所组成的，向被调查者收集资料的一种工具。

2.9.2　调查问卷的基本结构

调查问卷说明信、调查内容和结束语构成。

2.9.3　问卷设计过程

（1）确定所需信息；

（2）确定问卷的类型；

（3）确定问题的内容；

（4）确定问题的类型；

（5）确定问题的措辞；

（6）确定问题的顺序；

（7）问卷的排版和布局；

（8）问卷的预试；

（9）问卷的定稿；

（10）问卷的评价。

2.9.4　问卷问题的形式

问卷问题的形式有开放式、封闭式。

（1）开放式问题：也称自由问答题。只提问题或要求，不给具体答案，要求被调查者根据自身实际情况自由作答。

优点：在开放式问题中，被调查者的观点不受限制，便于深入了解被调查者的建设性意见、态度、需求等；可以为研究者提供大量、丰富的信息；对开放式问题回答的分析有时候能够作为解释封闭式问题的工具。

缺点：难以编码和统计；存在访问点误差。

（2）封闭式问题：一般给定备选答案，要求被调查者从中选择，或者给定“事实性”空格，要求如实填写。

优点：避开了开放式问题的缺点。

2.9.5　态度测量

在市场营销中，对消费者的意见、态度、偏好以及其他有关特征的测量，习惯上称为态度测量。

2.9.6 量表

基本的测量量表有四种：类别量表、顺序量表、等距量表、等比量表。

3. 市场营销调研的技巧

3.1 明确调研目标

进行市场调研时，首先要明确市场调研的目标。按照企业的不同需要，市场调研的目标有所不同。企业制定经营战略时，必须调查宏观市场环境的发展变化趋势，尤其要调查所处行业未来的发展状况；企业制定市场营销策略时，要调查市场需求状况，市场竞争状况，消费者购买行为和营销要素情况；当企业在经营中遇到了问题时，应针对存在的问题和产生的原因进行市场调研。

3.2 设计调研方案

实地调研的技巧，是指具体运用实地调研的方法去实现调研目的时所必须掌握的手段或要领。实地调研的技巧主要表现在设计问卷、人员走访和抽样选择具有代表性的实地走访对象等3个方面。

调查问卷是进行实地调研必备的基本工具。设计一份高质量的调查问卷，对获取全面准确的调查资料有很大的帮助，而且，往往是能否实现调查目标的关键。

设计调查问卷的目的是为了更好地搜集资料。一份高质量的调查问卷起码应符合如下条件：

（1）问题简明扼要，并且全面地包括了所有应该提出的问题；

（2）保证能获得对方答复；

（3）不涉及与调查问题无关的一切枝节事项；

（4）方便对方毫无拘束地提供他所知道的一切信息；

（5）包含有适当数量的过滤性问题，以便于验证对话人所提供的情况是否符合本人身份；

（6）便于评议、分析和综合说明。

设计调查问卷是一项技术性很强的工作，要求市场调查人员必须具有丰富的学识和实践经验，有清醒的头脑和耐久的毅力，不但要对调查项目的要求有深刻的理解，而且还要有综合提出问题的能力。这样，才能设计出一份高水平的调查问卷，并能运用它向有关调查走访对象查询所需要的调查资料。

按照人们一般思维逻辑，设计调查问卷的基本工作程序应该包括下列步骤：

（1）具体列出实地调查需要搜集的资料；

（2）列明需要提出的系列问题，只要对方答复这些问题，就能得到所需要的调查资料；

（3）将问题按一定的逻辑顺序排列；

（4）选择代表性商业企业，预先对问卷设计进行测试，看是否得当；

（5）检查测试结果，看对方回答问题的质量和所提供的内容的条理性；

（6）对拟定的问卷根据实际情况做必要的修改。

调查问卷一般不宜过于冗长，问题的数量也应尽量减少到最低限度。另外，对问题的构思、分类和控制、排列等问题，也应予以周密考虑。

任务三　市场营销调研报告的撰写

【引导案例】

某大型折扣连锁店的经理们仓促地认为商店销售额的下降是由于广告不当引起的，于是他们下令调查公司的广告。当调查结果显示广告在信息内容和吸引目标顾客方面都没有问题时，他们感到困惑了。最终发现原来是因为连锁店没有能够提供广告中承诺的价格、产品和服务。

【引例分析】

作为企业管理层，他们发现企业的问题症候并不仅仅是依靠自己的调研得知的，更多的是依靠员工进行调研后，所撰写的调研报告而所得知的。

1. 市场调研报告的写作要求

评价营销研究报告的一个基本标准是与读者的沟通程度。读者不仅是准备报告的原因，而且是评价其是否成功的标准。这意味着报告必须是为读者所特制的，必须考虑读者的背景、兴趣、所处的环境以及他们将如何使用报告。撰写调研报告的困难在于报告必须先为多种读者而作，市场营销主管可能与生产主管对报告的讨论有不同的技术要求和兴趣层次。这里没有现成的方法可以解决“多个领导”的问题。研究人员必须充分认识到各种不同的潜在的可能性均会发生，因此必须用大量的技巧去使之得到统一。这就要求有时需要准备几个报告，而且一个报告必须以技术和非技术两方面去满足需要不同的读者，同时也有一定的写作标准。

2. 图表格式的要求

在调研报告正文中使用统计表和统计图可以对讨论的数据进行高度简明的概

括和形象的描述，以展示变量所具有的规模、速度、趋势和变量的分布态势、变量间的对比关系和共变关系。恰当地运用统计图、表，并与文字相配合，可以最大限度地发挥调查所得资料的论据和论证作用。附录中所编写的统计表中的内容，是对正文所列举数据，所作的推理和论证的有力补充。在撰写调研报告时，必须按规定的格式要求处理统计表、图的绘制和编排。

3. 市场调研报告的基本结构

尽管每一篇调研报告会因项目和读者的不同而有不同的写法，但调研报告的格式有通常的规定。一份完整的调研报告可分为3大部分：前文、正文、结尾。

3.1 前文

3.1.1 标题页和标题扉页

标题页包括的内容有：报告的题目，报告的提供对象，报告的撰写者和发布（提供）的日期。对于企业内部的调查，报告的提供对象是企业某高层负责人或董事会，报告撰写者是内设调查机构；对于社会调查服务，报告的提供对象是调查项目的委托方，报告的撰写者是提供调查服务的调查咨询公司。在后一种情况下，有时还需要写明双方的地址和人员职务。属于保密性质的报告，要一一列明报告提供对象的名字。特别正规的调研报告，在标题页之前还会安排标题扉页（封面），此页只写调研报告标题。

标题必须准确揭示调研报告的主题。调研报告可以采用正、副标题形式。一般正标题表达调查的主题，副标题则具体表明调查的单位和问题。标题的形式有三种：

（1）直叙式标题。是反映调查意向的标题。例如："关于电视机市场的调研报告"，这种标题简明、客观。一般市场调研报告的标题多采用这种标题形式。

（2）表明观点式标题。是直接阐明作者的观点、看法或对事物的判断、评价的标题。例如："电视机削价竞争不可取"。

（3）提出问题式标题。是以设问、反问等形式，突出问题的焦点，以吸引读者阅读，并促使读者思考的标题。例如："××牌电视机为何如此畅销"。

3.1.2 授权信

授权信是由调查项目执行部门的上司给该执行部门的信，表示批准这一项目，授权给某人对项目负责，并指明可用于项目开展的资源情况。在许多情况中，汇报信会提及授权问题，这样也可以不将授权信包括在调研报告中。但是当调研报告的提供对象对授权情况不了解，或者他需要了解有关授权的详情时，由授权信提供这方面的信息则是必要的。

3.1.3 提交信

提交信是以调研报告撰写者个人的名义向报告提供对象个人写的一封信，表示前者将报告提交给后者的意思。在此信中，撰写者向报告提供对象汇报调查的情况和最一般的成果，其所用口气是个人对个人，因而可以不大受机构对机构的形式拘束，便于沟通双方的思想。在较为正规的调研报告乃至比其更正规的调研报告中，都应该安排提交信。当调研报告的正规性要求较低时，提交信可以从略。

3.1.4 目录

除了只有几页纸的调研报告之外，一般的调研报告都应该编写目录，以便读者查阅特定内容。目录包含报告所分章节及其相应的起始页码。通常只编写两个层次的目录。较短的报告也可以只编写第一层次的目录。需要注意的是，报告中的表格和统计图都要在目录中列明。

3.1.5 摘要

摘要不是报告正文各章节的等比例浓缩。它要写得自成一篇短文，既要概括调查成果的主要内容，又要简明，重点突出。摘要通常包含 4 方面内容：

（1）报告的目的。包括重要的背景情况和项目的具体目的。

（2）最主要的结果。有关每项具体目的的关键结果都须写明。

（3）结论。这指的是建立在发现结果基础上的观点和对于结果含义的解释。

（4）建议，或者提议采取的行动。

3.2 正文和结尾

3.2.1 引言

引言应对为何开展此项调查和它旨在发现什么做出解释。引言中包括基本的授权内容和相关的背景材料。这些内容和材料应该可以足够讲清楚为什么值得做这个项目。当然，不重要的历史情况应予略去。究竟写到什么程度就够了，这恐怕要看报告提交对象的需要。在介绍本项目旨在发现什么问题时，对于问题的表述可以采用在调查建议书中的提法。这里提到的每个问题在正文的部分都应该提供相应的结果。

3.2.2 调研方法

如何阐明所用的调研方法是一件不太轻松的事，因为对技术问题的解释必须能为读者所理解。对所使用的一些材料在这里不必详列，详细的材料可以放到附录中。

3.2.3 结果和局限性

结果在正文中占较大篇幅。这部分报告应按某种逻辑顺序提出，紧扣调查目的的一系列项目。结果可以以叙述形式表述，以使得项目更为可信，但不可过分吹嘘。在讨论中可以配合一些总括性的表格和图像，这可以避免枯燥无味的、不易建立起总括印象的大块文字叙述。然而详细和深入分析的图表宜放到附录中。完美无缺的调查是难以做到的，所以必须指出调研报告的局限性，诸如作业过程中的无回答误差和抽样程序存在的问题等。讨论调研报告的局限性是为了给正确的评价调查成果以现实的基础。

3.2.4 结论和建议

调研报告正文的最后部分是有关结论和建议。正如我们前面已经提及的，结论是基于调查结果的意见，而建议是提议应采取的相应行动。正文中对结论和建议的阐述应该比提要更为详细，而且要辅以必要的论证。

3.3 附录

任何一份太具有技术性或太详细的材料都不应出现在正文部分，而应编入附录中。这些材料可能只有某些读者感兴趣，或者它们与调查没有直接的关系，而只有间接的关系。附录通常包括的内容有：调查提纲，调查问卷和观察记录表，被访问人（机构单位）名单，较为复杂的抽样调查技术的说明，一些次关键数据的计算，较为复杂的统计表和参考文献等。

典型案例

宅急送物流服务客户满意度调查分析报告（正文）

一、调查背景与企业介绍

随着经济全球化和信息技术的迅速发展，以及企业生产资料的获取与产品经营的日趋扩大，社会生产、货物流通、商品交易及其管理方式正在并将继续发生深刻改革。物流行业应运而生。在现代化大生产环境下物流行业已经成为促进经济增长的“第三利润源”和区域经济发展的重要产业的经济增长点。特别是随着我国加入 WTO，物流行业和分销服务业向国际市场全面开放，物流市场将会在一个高层次、高起点上展开激烈的竞争。目前，我国物流业发展迅速并取得了一些成绩，但与世界发达国家的物流发展水平还有一定差距，特别是在服务水平上的差距。

我们作为物流专业的学生更应深入了解自己所学的专业，因此选择了对宅急送的客户服务满意度进行调查。宅急送在全国拥有 480 余家全资分支机构，快递网络均为自建，业务覆盖全国大部分城市和地区，是国内领先的民营快递公司之一。截至 2004 年，宅急送总资产超过 2 亿元，员工 8 000 名，车辆 1 500 台，年货物量 3 200 万件，年递增率超过 65%，为“2003 年中国成长企业百强”第 4 名，“2004 年中国最具竞争力的物流企业”。

由于宅急送从事小件配送业务，更贴近于百姓生活，而且它拥有较高的信誉度，因此知道此企业的人相对要多些，也便于调查。我们采取问卷调查的形式，对宅急送客户满意度进行了调查及分析，从而进一步提升了物流服务的质量。

此次调查不仅可以锻炼我们的调查工作能力，培养团队合作精神，还可以让我们更加了解我们所学的物流专业的发展前景。

二、调查目的

为了深入了解物流行业以及从事物流行业人员的服务水平，了解消费者对物流服务业的需求，我们选择了对北京宅急送快运股份有限公司的客户服务度进行调查。通过我们的调查可以给宅急送的服务提供宝贵的意见，使宅急送的服务水平更加完善。

三、调查地点与方法

在北京通州区宅急送快运有限公司附近进行拦截式访问调查，调查对象为18岁以上的普通消费者。

我们共发送51份调查问卷，收回51份问卷，并对51份问卷进行统计，通过EXCEL汇总整理和分析，做成图标，形象地对调查数据做了描述与显示。

四、调查结果

对于致电宅急送物流能否得到明确的答复，大多数人选择了一般与容易，说明宅急送的服务态度已得到大家的肯定，如图4-3-1所示。

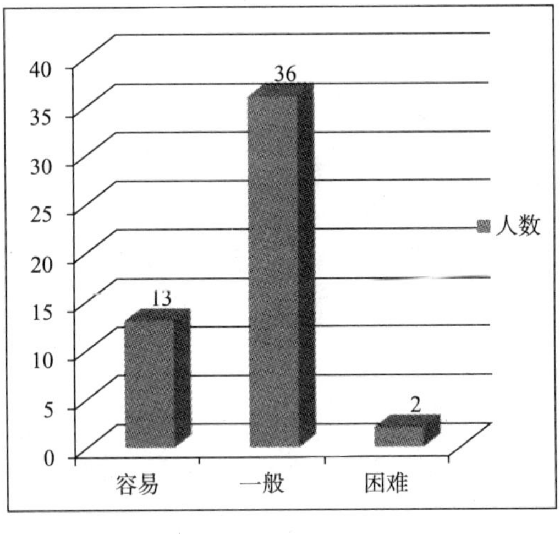

图4-3-1　宅急送的服务态度

通过调查统计，消费者对前台客服人员和查询员岗位不满意度最高。由此说明宅急送在客服人员的培训方面还要进一步加强，以使员工明确窗口服务对企业的重要性。

消费者对宅急送公司的企业形象总体感觉较好。如表4-3-1所示，被调查者中认为企业形象较好的占74.51%，认为非常好的占11.76%，认为一般的占7.84%，认为企业形象欠佳和非常不好的分别占3.92%和1.96%。由此可以看出宅急送在人们心目中已经树立了较好的企业形象，这有利于宅急送业务范围的扩大及其他业务的发展。

表4-3-1 宅急送的企业形象

企业形象	人数	比率/%
非常好	6	11.76
较好	38	74.51
一般	4	7.45
欠佳	2	3.92
非常不好	1	1.96

(1) 对于是否愿意继续使用宅急送的物流服务，由图4-3-2可知：在被调查的51人中，有5人不愿意继续使用，21人考虑是否继续使用，25人愿意继续使用。可以看出，大部分消费者愿意继续使用宅急送的物流．由此可以得出宅急送的客户群体相对稳定。

(2) 随着科技服务行业的发展，人们对物流的需求不断加大，从而促使很多物流企业迅速成长。宅急送作为诸多企业中较出色的运送小件货物的物流公司，人们又是通过怎样的渠道知道它的呢？由图4-3-3得知：在选择宅急送服务的渠道中，有34人通过网络查询，23人通过他人介绍，15人通过媒体宣传。

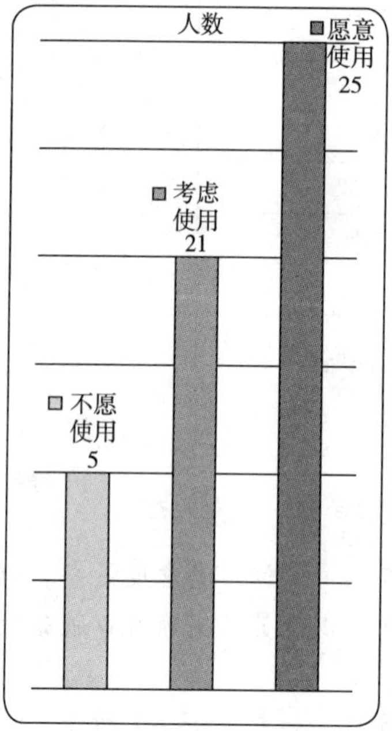

图4-3-2 是否愿意继续使用宅急送的物流服务

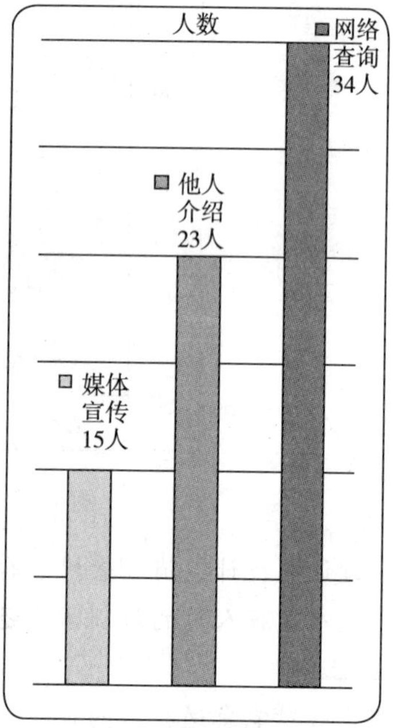

图4-3-3 选择宅急送服务的渠道

可以看出，大多数人是通过网络查询和他人介绍得知并使用宅急送的，而通过媒体宣传和其他渠道的只占了很少的部分。

(3) 在众多的物流企业中，消费者为何选择宅急送呢？由图4－1－4得知：在消费者选择宅急送的各种理由中，选择时速快的有39人，选择使用便捷的有36人，选择网络覆盖广和安全性高的有34人，选择价格合理和服务态度好的有32人。由此可以看出，宅急送在这6个方面做得都很好，选择的人数差距不大。也可以看出，在生活高速运转的需求下，人们更注重时效和便捷。

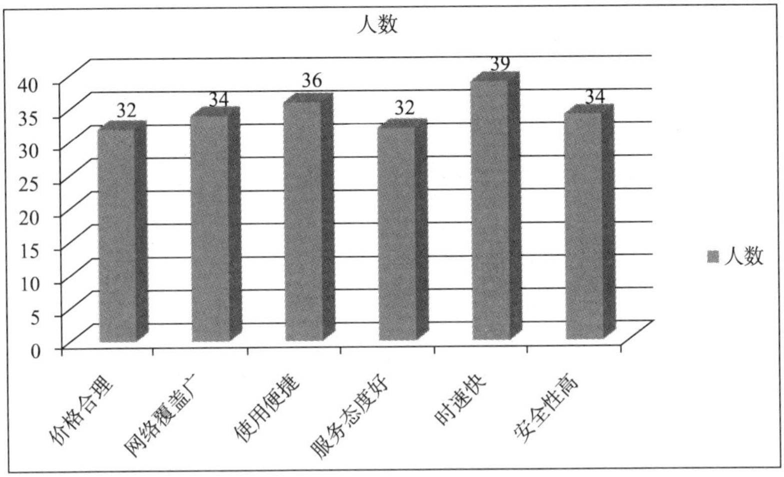

图4－3－4　选择宅急送服务的理由

(4) 宅急送的服务中又存在哪些问题呢？由图4－3－5得知：在关于宅急送服务的各种问题中，认为货物晚点的占31%，异常反馈不及时的占15%，发生丢失物件事故的占15%，发生物件破损事故的占14%，不涉及的占11%，服务中出现事故后解决慢的占10%，其他的占3%，服务态度不好的占1%。

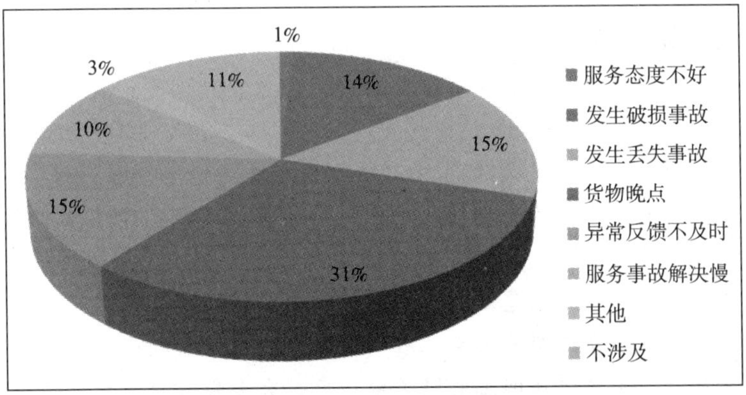

图4－3－5　宅急送的服务中存在的问题

由此可以看出，宅急送最应首先解决的问题是货物晚点。货物晚点也是每个物流企业的致命点，它关系到物流机体是否能准时运作。这也反映出了现代人们的时间就是金钱的价值观。

（5）在被调查者年龄方面，25～45 岁年龄段的访问者居多。这个年龄段的人乐于接受新事物，愿意配合调查工作，对物流服务行业接触的最多，有亲身体验，能较好地完成问卷调查工作。

（6）被访者的文化程度相对较高，以专科、本科以上学历的人最多。这类人乐于接受访问与其经常接触这些物流服务有关。

（7）被访者中以中、高等收入的人居多，如图 4－3－6 所示。他们的时间相对充裕，乐于接受我们的调查，而且平时也有经济能力接触和使用这些物流服务业务。

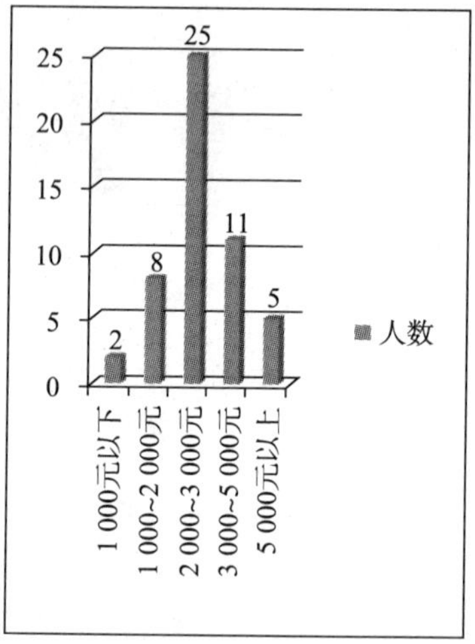

图 4－3－6　被调查者的收入分布

五、调查结论与建议

通过对北京宅急送快运股份有限公司客户满意度的调查，我们得到如下结论与建议。

宅急送的消费群体大多是专科以上学历的人员，这类人群的经济状况良好，收入稳定。如果宅急送能为他们提供更加良好的服务，稳定住这类消费群体，宅急送能得到稳定的发展。

通过调查，可以看出宅急送在人们心目中树立了较好的企业形象。这说明宅急送以良好的服务树立的企业形象已经被大多数人认可和接受。

还可以看出，宅急送在网上的服务更出色，大多数人更愿意通过网络联络宅急送服务。

在高速生活频率下，人们更注重时效和便捷。因此，人们才会选择宅急送，这很大程度上说明宅急送的货物运送速度快且便捷。

六、需要改善的有以下几方面

宅急送的使用群体还是相对闭塞的，应该拓展业务范围，让更多的人了解宅急送，认识宅急送，进而应用宅急送服务。

宅急送的相关业务人员的素质还有待逐步提高，客户对前台客服人员和查询岗位人员不满意度最高，希望宅急送能进一步加强培训工作。

通过调查，让消费者使用宅急送服务的渠道相对集中于网络，但在中国网络不还够普及的今天，宅急送应该多通过其他渠道加大宣传力度。比如：我们经常会在电视上看到 UPS 公司的广告，所以它们的知名度相对较高。如果像 UPS 这样宣传，就能让更多的人了解到宅急送的服务。

宅急送最大的问题就是货物晚点率比较高，反馈不够及时，这是所有第三方物流企业面临的同样艰巨的问题。宅急送在管理上要加强，要攻破这个难题，使宅急送有更快、更好的发展。

总之，虽然宅急送提出了"以客户服务为导向，以营运指导为核心"的战略方针，但凡事皆有漏洞，只有把漏洞补上，宅急送才能真正实现它的经营目标，在物流企业的竞争中才会立于不败之地。

【习题与思考题】

（一）选择题

1. 市场调研的功能主要包括（　　）
   A. 描述　B. 诊断　C. 销售　D. 预测
   E. 解释
2. 下列属于电话访问的局限性的有（　　）
   A. 先天性母体不完整性　B. 可以轻松判断信息的准确性
   C. 拒答率高　D. 没有视觉手段
   E. 调查内容经常有深度
3. 最常用的观察法有（　　）
   A. 电子扫描　B. 店内观察　C. 佯装购物者　D. 人员观察
   E. 与客户交谈
4. 基本的测量量表主要有哪几种（　　）
   A. 类别量表　B. 模拟量表　C. 顺序量表　D. 等距量表
   E. 等比量表
5. 以下内容属于调研报告中的主体部分的是（　　）
   A. 引言　B. 调查提纲　C. 目录
   D. 结果与结论　E. 调研目的

6. 市场调研的范围主要包括（　　）
A. 市场研究　B. 产品研究　C. 顾客行为研究　D. 广告研究
E. 价格研究
7. 下列关于探索性研究的特征描述错误的有（　　）
A. 结果用于管理决策　B. 大体定义出所需信息
C. 样本大、有代表性　D. 尝试性的
E. 检验假设
8. 下列属于邮寄访问的优点的有（　　）
A. 调查的范围相当广　B. 不需培训专门的调研人员
C. 拒答率高　D. 费用低
E. 匿名性好
9. 下列属于非概率抽样的有（　　）
A. 方便抽样　B. 判断抽样　C. 配额抽样　D. 整群抽样
E. 分层抽样
10. 以下内容属于调研报告中的前文部分的是（　　）
A. 引言　B. 调查提纲　C. 目录　D. 摘要
E. 授权信
11. 根据调查的方法和获得数据的性质，可把市场营销调研分为（　　）
A. 定性研究　B. 辨别问题的研究
C. 解决问题的研究　D. 定量研究
E. 探索性研究
12. 市场调研的功能主要包括（　　）
A. 描述　B. 诊断　C. 销售　D. 预测
E. 解释
13. 调查问卷的基本结构包括（　　）
A. 说明信　B. 填表说明　C. 调查内容　D. 结束语
E. 授权信
14. 调查问卷中的调查内容由哪几部分组成（　　）
A. 指导语　B. 说明信　C. 各类问题
D. 问题的编码　E. 问题回答方式

（二）简答题

1. 市场营销调研的作用是什么？
2. 选择测量量表时应考虑的基本因素是什么？
3. 实验所必须满足的基本条件有哪些？
4. 收集二手资料的基本要求是什么？
5. 市场营销调研的基本原则是什么？

6. 假设检验的基本步骤是什么？
7. 简要回答如何降低电话访谈调查中的无回应率。
8. 写出市场营销调研的程序。
9. 举例说明封闭式问题的种类，至少写五种。
10. 调研人员在做量表选择时应该考虑哪些基本的因素？

【案例阅读与分析】

西班牙白叶橄榄油制胜北京市场

2012年，作为南方春节食用油市场一枝独秀的橄榄油领导品牌——白叶牌初榨橄榄油从默默无闻到广为人知，销量同比增加了900%，仅仅历时两个多月，其成长速度令人吃惊。总结其经验，除了运用了恰当的战略战术之外，最重要的因素之一是前期的调研工作做得细致扎实，从而才能实现“在恰当的地点、恰当的时间、以恰当的价格、使用恰当的促销方式把恰当的商品或服务卖给恰当的人”。公司品牌总策划师提到企业取得胜利原因，除了进行品牌推广方面的工作外，他们还组建了专门的项目团队，对橄榄油现有渠道所占比例，白叶销售情况，促销效果，消费者主要接触媒介，产品情况竞争者情况等进行了定性调研，为下一步进行定量分析打下了基础；对聘请的市场调查人员进行了多场专业市场调研培训，并派出专人到各大主力超市跟踪检查调研员的工作情况，以保证数据的真实性和调研效果；同时，在现场，调研人员还通过观察顾客情绪，向售货员了解情况，找店主聊天等方式进一步积累市场信息。在调查结束后，当晚回到公司进行讨论，分析顾客消费动向，提出改进工作的新措施。在市场调研进行过程中，由于聘用的调查员素质较高，亲和力强，并承诺顾客会在后期给他们寄橄榄油赠品，因此能够顺利地留下被调查者的联系方式，方便了以后电话复访，从而尽可能地减少了市场调查的误差。

结论：白叶初榨橄榄油在市场取得的成功经验表明，市场调研作为管理者有效地利用和调动市场情报、信息的主要手段，是开展市场营销活动、打造企业品牌的基础，对产品的推广、品牌的建设起着关键作用，在很大程度上决定着企业的前途和未来。我们相信，随着全国市场推广活动的展开，橄榄油这一极具发展潜力的新型食用油必将引来更多消费者的关注，白叶品牌也将随着全国市场启动成长为全国性的橄榄油领导品牌。

问题：橄榄油在市场上取得了成功，现在公司决定开设橄榄油连锁店，现在请同学们进行制作一个市场调研问卷，要求如下：

1. 设计一份调查问卷，要求清晰、完整。
2. 在全国地区能否继续按照白叶的市场调研方法进行调研。
3. 能否对公司的调研方法进行优化。

【实训操作】

1. **实训项目** 现炒冰淇淋在校园市场是否受欢迎

2. **实训目的** 加深学生对市场调研的方法和技巧的使用，培养学生撰写市场调研报告的能力

3. **实训组织** 确定调查对象，编写调查内容，撰写调查报告

4. **实训考核** 调研报告的分析

项目五
识别市场

【学习目标】

知识目标

1. 了解市场定位的步骤以及如何细分市场。
2. 掌握企业有哪些目标市场战略可以采用。

能力目标

1. 能进行市场细分。
2. 会选择目标市场，科学定位市场。

任务一　有效市场细分

【引导案例】

宝洁公司品牌的市场细分及定位

宝洁公司（P&G）在洗衣粉市场上，通过利益细分，推出了多个品牌。许多品牌都有多种型号和配方，例如，你可购买大包装或小包装的普通型、无香型或漂白型的汰渍洗衣粉或液体汰渍。这些宝洁品牌在同一超市的货架上相互竞争。但是为什么宝洁公司要在一类产品中推出好几种品牌，而不是集中精力推出一种领导品牌呢？答案在于不同的人希望从购买的产品中获得不同的利益组合。以洗衣粉为例。人们使用洗衣粉是为使衣物洗得更干净，但是他们还想从洗衣粉中得到些其他的东西，如经济实用、溶解速度、漂白、柔软织物、新鲜的气味、强力或中性、泡沫丰富等。我们想从洗衣粉中或多或少地得到上述的每一种利益，只是对每种利益的侧重不同而已。对有些人而言，清洁和漂白最重要；对另一些人而言，柔软织物最重要；还有一些人则想要中性，有新鲜香味的洗衣粉。

【引例分析】

洗衣粉购买者中存在不同的群体或细分市场，每个细分市场寻求各自特殊的利益组合，宝洁公司开发了满足每个细分市场特殊需要的不同品牌。宝洁公司吸引了所有重要偏好群体中的消费者，大大超过了仅凭一种品牌所能得到的市场份额。

市场细分的概念是美国市场学家温德尔·史密斯（Wendell R. Smith）于1956年提出来的。所谓市场细分，就是根据消费者需求及购买行为的差异性，将整体市场细分为两个或两个以上的具有类似需求的消费者群体的过程。在企业营销体系活动中，市场调研、市场细分、目标市场选择及市场定位构成了企业营销体系的战略性4PS组合。通常我们把市场细分、目标市场选择和市场定位构成的策略组合称为目标市场营销模式（即STP模式，如图5－1－1所示）。

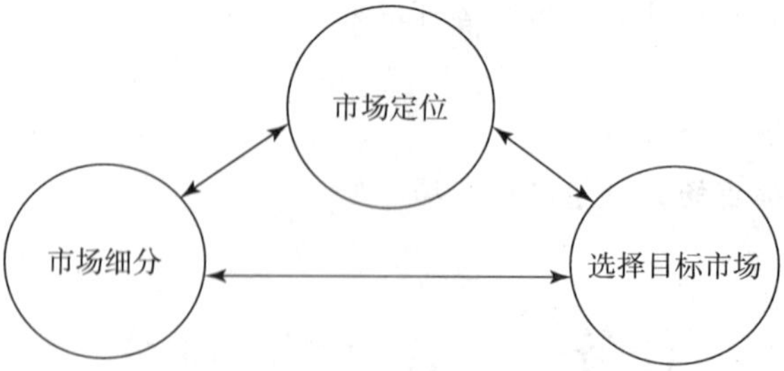

图5－1－1　目标市场模式图

1. 市场细分的概念

1.1　市场细分的含义

市场细分就是企业根据市场需求的多样性和购买者行为的差异性，将整体市场即全部顾客和潜在顾客，划分为若干具有某种相似需求特征的顾客群体，以便选择确定自己的目标市场。

1.2　市场细分的前提和作用

1.2.1　市场细分的前提

（1）市场行为的差异性及由此决定的购买者动机和行为的差异性，要求对市场进行细分。

（2）市场需求的相似性。

（3）买方市场的形成迫使企业要进行市场细分。

1.2.2　市场细分的作用

（1）有利于巩固现有的市场阵地。

通过市场细分充分把握各类顾客的不同需要，并投其所好地开展营销活动，就可以稳定企业的现有市场。这对于发展余地不大的成熟行业和不愿或不能转向新市场的企业来说意义尤其重大。

（2）有利于企业发现和捕捉新的市场营销机会，选择新的目标市场。

市场营销机会是已出现于市场但尚未得到满足的需求。这种需求往往是潜在的，一般不易被发现。运用市场细分的手段便于发现这类需求，并从中寻找适合本企业开发的需求，从而抓住市场机会，使企业赢得市场主动权。例如，我国服装市场竞争较激烈。通过市场细分可以看出，竞争激烈的主要是青年服装市场和儿童服装市场，老年服装市场却很冷清。于是有些服装企业把目标市场放在老年服装市场上，生产出各式各样的老年服装，结果大获成功。这些“空档”市场，都是企业的市场机会。

（3）有利于企业突出产品的卖点。

经常有人说：“全国各地都是我们企业的市场，所有的人都是我们的用户或者是潜在用户。”这句话听起来很有企业家的气魄，但它恰恰违背了“市场细分”这一营销的基本法则。适合于所有人的产品往往会令消费者犹豫观望，无所适从。

（4）有利于企业合理配置和使用资源。

通过市场细分，可以使企业集中将人、财、物和信息等资源条件投入到目标市场，形成经营上的规模效应。这一点对于实力不大的中小企业意义巨大。

（5）有利于回避力量雄厚的竞争对手。

在企业之间竞争日益激烈的情况下，通过市场细分，可以使小企业巧妙地避开力量雄厚的竞争对手，有利于发现目标消费群的需求特性，从而调整产品结构，增加产品特色，提高企业的市场竞争能力，有效地与竞争对手相抗衡。

2. 细分的依据

企业进行市场细分的基础，是导致顾客需求出现异质性、多元化的各种因素。他们使消费者、用户的需求、动机、行为千差万别、不尽相同，从而为市场细分提供了依据。

2.1　消费者市场细分的依据

细分消费者市场的基础，统而言之，有两大类型。一类是消费者的特征，如地理因素、人口因素、和心理因素等；一类是消费者的反映，主要有各种行为因素，如针对优缺点、适应场合或者品牌的反应来细分市场。

2.1.1 消费者的特征

（1）地理因素。

地理细分要求把市场划分为不同的地理区域，公司可以在一个区域经营或者是在所有区域经营，但要关注当地的差异，因为处在不同地理范围的消费者，会产生不同的需求和偏好，并对企业的产品及其他市场营销手段产生不同的反应。例如希尔顿酒店根据地域定制酒店房间和大堂，东北部的酒店时尚、富有都市风格，而西南部的酒店则具有乡村韵味。

地理细分是一种传统的市场细分标准，使用已久。应用较多的地理因素有：地理区域（如国家、地区、南方、北方、城市、乡村）、地形、气候、人口密度、生产力布局、交通运输和通信条件等。

（2）人口因素和经济因素。

地理因素相对来说是一种静态的因素，比较容易辨别和分析。但是，同一地理位置的消费者，需求差别可能也很大。因此，还可以从年龄、性别、家庭规模、受教育程度、家庭生命周期、收入、职业、教育、宗教信仰、社会阶层、种族及国籍等人口因素方面考察原因，进一步细分市场。

（3）心理因素。

用人口因素细分市场后，各个群体中的消费者仍有可能表现出较大差别的心理特征。因此，还可以依据消费者所属的社会阶层、生活方式和个性特点或价值观等心理因素，将其划分成不同的群体，以此来进行市场细分。

2.1.2 消费者的行为因素

（1）时机。

根据消费者产生需要、购买或使用产品的时机，将他们区分为不同群体。这种细分有助于企业扩展产品的使用范围。例如，橘汁通常是清凉解暑的饮料，如果企业尝试促使消费者在早餐时或其他季节饮用，便可扩大销售。

（2）追求的利益。

依据消费者通过购买、消费产品，期望得到的主要利益，进行市场细分。如购买手表，消费者追求的主要利益可能为物美价廉，也可能是显示身份。

（3）使用者情况。

可以依据使用者的情况，将消费者细分为未使用者、曾经使用者、潜在使用者、首次使用者及经常使用者。市场占有率较高的企业，喜欢将潜在使用者转变为实际使用者；小企业则注重稳定经常使用者，吸引竞争对手的曾经使用者和首次使用者。

（4）使用率细分。

依据产品的购买、使用或消费的数量，将顾客分为少量使用者、中量使用者及大量使用者。大量使用者虽然在消费者总人数中所占的比重较小，但购买、消费某种商品的比重却很大，并往往具有共同的人口及心理特征。

（5）品牌忠诚度。

还可以依据消费者对某一品牌产品的忠诚度对市场进行细分。每个企业都包含了比例不同的这样的 4 类消费群体：坚定的忠诚者，即矢志不渝地购买一种品牌的消费者；多产品的忠诚者，即忠诚于两三种品牌的消费者；转移型的忠诚者，即从偏爱一种品牌转换到偏爱另一种品牌的消费者；多变者，即对任何一种品牌都不忠诚。根据品牌忠诚度进行市场细分，可以发现问题，采取措施改进市场营销工作。应该注意的是，表面上的品牌忠诚度实际上可能反映出习惯、无差异性、低价格、高转换成本或没有其他品牌可选择等情况。

（6）购买者的准备阶段。

在任何时候，消费者都处于购买某种产品的不同准备阶段。有些人还不知道该种产品，有些人已知道，有些人已经了解，有些人产生了兴趣，有些人已有购买欲望，还有些人则打算购买，这些购买者有各自相应的数量，会使得企业设计营销规划时出现极大的差异。企业依此进行细分，则有利于针对不同购买阶段的消费者，采取相应的市场营销战略。

（7）热情程度。

依据消费者对产品的热情程度细分市场，比如将消费者分为持有热情、肯定、无所谓、否定、敌视等 5 种不同态度的顾客群体。例如：政治竞选活动中的工作人员根据选民的态度，决定在该选民身上应花费的时间。他们感谢热情投票者，并提醒他们投票，强化那些倾向于己方的人的积极态度，力图赢得那些不关心的选民的投票，不会花费时间尝试改变持否定和敌视态度的选民的决定。

典型案例

巴黎欧莱雅进入中国市场至今，以其与众不同的优雅品牌形象，加上全球顶尖演员、模特的热情演绎，向公众充分展示了“巴黎欧莱雅，你值得拥有”的理念。目前已在全国近百个大中城市的百货商店及超市设立了近 400 个形象专柜，并配有专业美容顾问为广大中国女性提供全面的护肤、彩妆、染发定型等相关服务，深受消费者青睐。回顾上述业绩，其成功的关键在于欧莱雅公司独特的市场细分策略。

首先，公司从产品的使用对象进行市场细分，主要分成普通消费者使用的化妆品、专业使用的化妆品，其中，专业使用的化妆品主要是指美容院等专业经营场所所使用的产品。

其次，公司将化妆产品的品种进行细分，如彩妆、护肤产品、染发护发产品等；同时，对每一品种按照化妆部位、颜色等再进一步进行细分，如按照人体部位不同将彩妆分为口红、眼膏、睫毛膏等；再就口红而言，进一步按照颜色细分为粉红、大红、无色等；此外，还按照口红性质差异将其分为保湿型、明亮型、滋润型等。如此步步细分，光美宝莲口红就达到 150 多种，而且基本保持每 1 ~ 2

个月就向市场推出新的款式，从而将化妆品的品种细分几乎推向极限地步。

然后，按照中国地域广阔特征，由于南北、东西地区气候、习俗、文化等的不同，人们对化妆品的偏好具有明显的差异。如南方由于气温高，人们一般比较少做白日妆或者喜欢使用清淡的装饰，因此较倾向于淡妆；而北方由于气候干燥以及文化习俗的缘故，一般都比较喜欢浓妆。同样地，东西地区由于经济、观念、气候等的缘故，人们对化妆品也有不同的要求。所以欧莱雅集团敏锐地意识到了这一点，按照地区推出不同的主打产品。

最后，又采用了其他相关细分方法，如按照原材料的不同细分，按照年龄细分等。总之，通过对中国化妆品市场的环境分析，欧莱雅公司采取多品牌战略对所有细分市场进行全面覆盖策略，按照欧莱雅中国总经理盖保罗所说的金字塔理论，欧莱雅在中国的品牌框架包括了高端、中端和低端三个部分。

2.2 生产者市场细分的依据

用于细分消费者市场的依据，大多数可以用于细分生产者市场。依据地理因素和若干行为因素，比如生产者所在的区域、追求的利益、使用者情况、使用率、品牌忠诚度、准备购买阶段和热情程度等，可以将生产者市场细分为若干市场。此外，还可使用如下一些新的因素。

（1）最终用户。按最终用户的要求细分生产者市场，是经常使用的方法。不同的最终用户常常追求不同的利益，必须施以不同的市场营销组合。比如橡胶轮胎市场，豪华汽车制造商所需轮胎比普通汽车制造商所需的档次要高，飞机制造商所需轮胎比农用拖拉机制造商在安全标准方面要严得多。

（2）用户规模。企业可依据用户规模的大小不同来细分市场，决定不同的市场营销组合。大客户户数较少，但通常购买力较大；小客户则相反。

3. 市场细分的原则

企业进行市场细分，是为了更好地发现市场机会，制定相应的市场营销战略。因此，对于市场细分，有以下几点原则：

（1）可衡量性。

细分出来的各个分市场的顾客特征、市场范围和规模及购买力等有关资料能够通过市场调研、分析及其他方法获得，以便于衡量该分市场。也就是说，可以取得足够的资料分别描述、说明各个分市场的清晰轮廓，明确分市场的概貌。

（2）可进入性。

就是企业有能力进入选定的分市场的程度，即企业的人力、物力及市场营销组合，足以覆盖该分市场，并有所作为。

（3）可赢利性。

即细分市场的顾客数量及购买力足以使企业有利可图，能够实现一定的经济效益。

（4）可稳定性。

各个分市场的特征，在一定时期内只有保持相对不变，才能有利于企业制定较长期的市场营销战略。对于变化过快的分市场，企业难以把握其脉络，这会增大企业的经营风险。

任务二　目标市场的选择

【引导案例】

小油漆厂如何选择目标市场

英国有一家小油漆厂，访问了许多潜在消费者，调查他们的需要，并对市场作了以下细分：本地市场的60%是一个较大的普及市场，对各种油漆产品都有潜在需求，但是本厂无力参与竞争。另有四个分市场，各占10%的份额。一个是家庭主妇群体，特点是不懂室内装饰需要什么油漆，但是要求质量好，希望油漆商提供设计，油漆效果美观；一个是油漆工助手群体，顾客需要购买质量较好的油漆，他们则替住户进行室内装饰，他们过去一向从老式金属器具店或木材厂购买油漆；一个是老油漆技工群体，他们的特点是一向不买调好的油漆，只买颜料和油料自己调配；最后是对价格敏感的青年夫妇群体，收入低，租公寓居住，按照英国的习惯，公寓住户在一定时间内必须油漆住房，以保护房屋，因此，他们购买油漆不求质量，只要比白粉刷浆稍好就行，但要价格便宜。

经过研究，该厂决定选择青年夫妇作为目标市场，并制定了相应的市场营销组合：（1）产品。经营少数不同颜色，大小不同包装的油漆，并根据目标顾客的喜爱，随时增加、改变或取消颜色品种和装罐大小。（2）分销。产品送抵目标顾客住处附近的每一家零售商店。目标市场范围内一旦出现新的商店，立即招徕经销本厂产品。（3）价格。保持单一低廉价格，不提供任何特价优惠，也不跟随其他厂家调整价格。（4）促销。以“低价”、“满意的质量”为号召，以适应目标顾客的需求特点。定期变换商店布置和广告版本，创造新颖形象，并变换使用广告媒体。

【引例分析】

由于市场选择恰当，市场营销战略较好地适应了目标顾客，虽然经营的是低档产品，但该企业仍然获得了很大成功。

目标市场指的是企业在细分市场的基础上，根据自身资源优势所选择的主要为之服务的那部分特定的顾客群体。简言之，目标市场是指在市场细分的基础上，企业要进入的最佳细分市场。

1. 目标市场的评估

1.1 市场要有一定的规模潜力

市场要有一定的规模和广阔的发展前景，即大公司适合选择市场容量大的细分市场，相反，小企业适于进入规模较小的细分市场。

1.2 市场要有一定的盈利能力

即使市场有规模，前景看好，但是，企业选择这一市场并不意味着能够长期盈利。每个市场都会有竞争者、新加入者和新产品的威胁。市场进入壁垒低，会导致竞争对手多，激化市场竞争，降低盈利水平。

1.3 细分市场的特征与企业总目标和资源优势的吻合程度

有吸引力的细分市场并不一定是最好的市场，只有符合企业长远发展目标的，能充分利用企业资源条件，并能发挥企业优势的细分市场才是良好的目标市场。

2. 目标市场的选择

2.1 市场集中化

企业选择一个分市场，对其实行密集性市场营销。例如大众汽车公司将重点集中在小汽车市场上，而保时捷公司则集中在跑车市场上。市场集中使它是只生产一种产品，为一个顾客群服务，目标市场范围窄，经营风险较小，或者资源有限。这是规模较小的企业常用的战略。大企业采用这种战略，通常是因为初次进入某个市场，可以把这个分市场作为继续扩大市场的起点。市场集中化如图5－2－1所示。

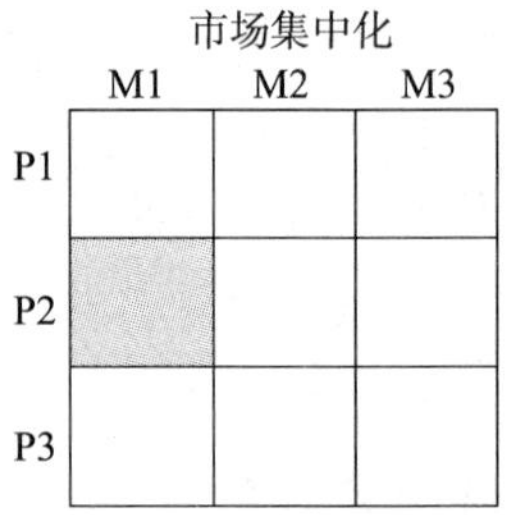

图5－2－1 市场集中化

2.2 产品专门化

企业只生产一种产品，并向各类顾客销售。通过这种模式，不仅可以分散风险，有利于企业发挥生产、技术潜能，而且可以在某种产品方面建立起很高的声誉。当然，如果这一领域发展出全新的技术，该产品就会出现滑坡的危险。产品专门化如图 5－2－2 所示。

2.3　市场专门化

企业面对一种顾客，生产、经营他们需要的各种产品。这样不仅可以分散风险，而且可以在这一类顾客中树立良好的声誉。但是，这一类顾客一旦购买力下降，或减少在这方面的支出，实行这种战略的企业收益就会下降。市场专门化如图 5－2－3 所示。

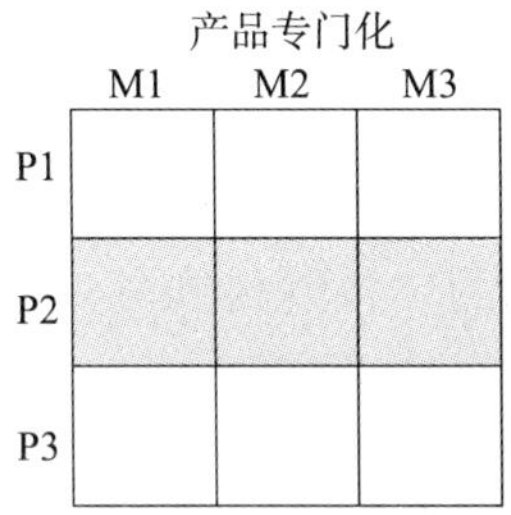

图 5－2－2　产品专门化

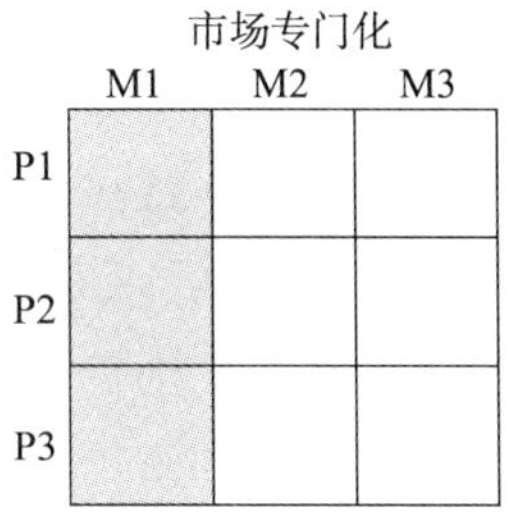

图 5－2－3　市场专门化

2.4　选择专门化

企业选择若干个分市场作为目标市场，其中每个分市场都能提供有吸引力的产品，但是彼此之间很少或根本没有任何联系。实际上这是一种多角化经营的模式，可以较好地分散企业的风险。即使企业在某个市场失利，也能在其他的市场得到弥补。选择性专门化如图 5－2－4 所示。

2.5　全面市场覆盖

较大的企业，生产多种产品或一种产品，满足顾客市场上所有顾客群体的需求，以期覆盖整个市场。例如美国通用汽车公司在汽车市场上采用的便是这种策略。全面市场覆盖如图 5－2－5 所示。

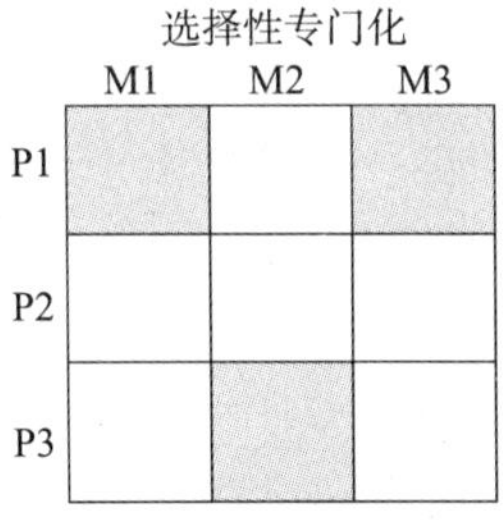

图 5－2－4　选择性专门化

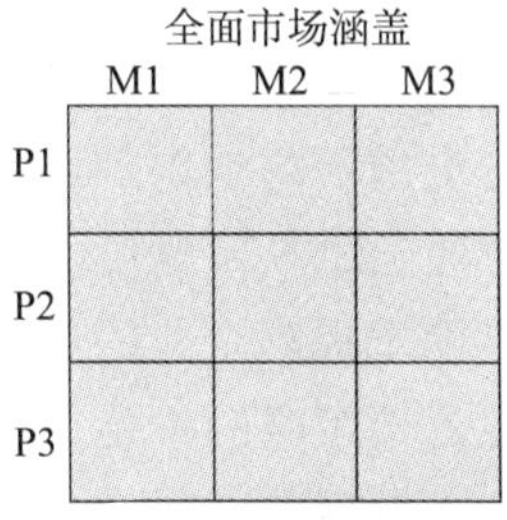

图 5－2－5　全面市场覆盖

3. 目标市场营销策略

3.1 无差异性市场营销策略

无差异市场营销是指企业在将市场细分之后，不考虑各子市场的特性，而只注重子市场的共性，对整个市场只推出一种产品，运用单一的市场营销组合，力求满足尽可能多的顾客需求。可口可乐公司在20世纪60年代以前曾以单一口味的品种、统一的价格和瓶装、同一广告主题将产品面向所有顾客，就是采取的这种策略。

这种战略的优点是产品的品种、规格、款式简单统一，有利于标准化及大规模生产，可以减少生产与储运成本；无差异的广告宣传和其他促销活动可以节省促销费用；不搞市场细分，可以减少企业在市场调研、产品开发、制定各种营销组合方案等方面的营销投入。这种策略对于需求广泛、市场同质性高且能大量生产、大量销售的产品比较合适。但其主要的缺点是单一产品要以同样的方式广泛销售并让所有购买者都满意是不可能的。无差异性市场营销策略如图5－2－6所示。

图5－2－6　无差异性市场营销策略

3.2 差异性市场营销策略

同时在几个市场区隔营运，并分别为每个市场区隔设计不同产品。差异性市场营销策略是将整体市场划分为若干细分市场，针对每一细分市场制定一套独立的营销方案。比如，服装生产企业针对不同性别、不同收入水平的消费者推出不同品牌、不同价格的产品，并采用不同的广告主题来宣传这些产品，就是采用的差异性营销策略。

差异性营销策略的优点是：小批量、多品种，生产机动灵活、针对性强，可以使消费者需求更好地得到满足，由此促进产品销售。另外，由于企业是在多个细分市场上经营，一定程度上可以减少经营风险。一旦企业在几个细分市场上获得成功，有助于提高企业的形象及提高市场占有率。

差异性营销策略的不足之处主要体现在两个方面：一是增加营销成本。由于产品品种多，管理和存货成本将增加；由于公司必须针对不同的细分市场发展独立的营销计划，会增加企业在市场调研、促销和渠道管理等方面的营销成本。二是可能使企业的资源配置不能有效集中，顾此失彼，甚至在企业内部出现彼此争夺资源的现象，使拳头产品难以形成优势。差异性市场营销策略如图 5－2－7所示。

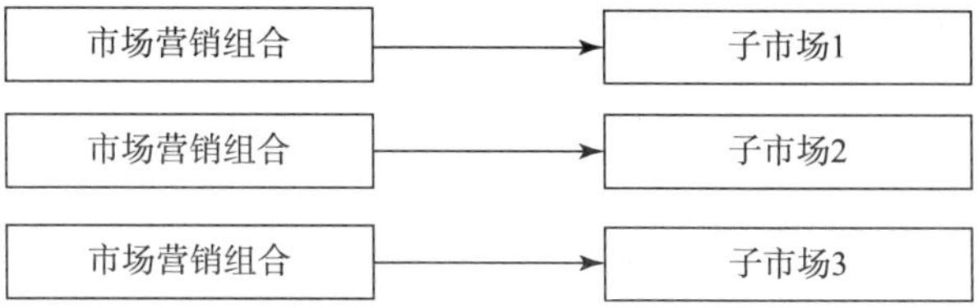

图 5－2－7　差异性市场营销策略

3.3　集中性市场营销策略

集中性市场营销是指企业集中所有力量，以一个或少数几个性质相似的子市场性为目标市场，试图在较少的子市场上实现较大的市场占有率。实行差异性营销策略和无差异性营销策略，企业均是以整体市场作为营销目标，试图满足所有消费者在某一方面的需要。集中性营销策略则是集中力量进入一个或少数几个细分市场，实行专业化生产和销售。实行这一策略，企业不是追求在一个大市场角逐，而是力求在一个或几个子市场占有较大份额。

集中性营销策略的指导思想是：与其四处出击收效甚微，不如突破一点取得成功。这一策略特别适合于资源力量有限的中小企业或者是初次进入新市场的大企业。中小企业由于受财力、技术等方面因素制约，在整体市场可能无力与大企业抗衡，但如果集中资源优势在大企业尚未顾及或尚未建立绝对优势的某个或某几个细分市场进行竞争，则可能获得成功。集中性市场营销策略如图 5－2－8所示。

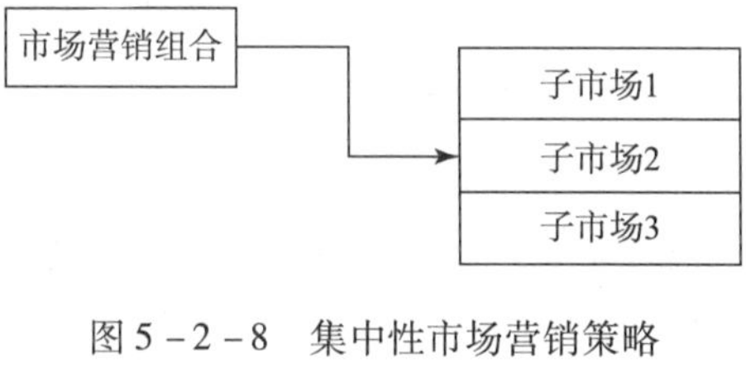

图 5－2－8　集中性市场营销策略

集中性营销策略的局限性体现在两个方面：一是市场区域相对较小，企业发展受到限制；二是潜伏着较大的经营风险，一旦目标市场突然发生变化，如消费者趣味发生转移，或强大竞争对手的进入，或新的更有吸引力的替代品的出现，都可能使企业因没有回旋余地而陷入困境。

上述三种目标市场战略各有利弊，企业到底应采取哪一种策略，应综合考虑下列因素：

（1）企业资源或实力；

(2) 产品同质性;
(3) 市场同质性;
(4) 产品所处生命周期的不同阶段;
(5) 竞争者的营销策略。

4. 影响目标市场营销策略选择的因素

4.1 企业资源或实力

如果企业在人力、物力、财力及信息等各方面资源不足，能力有限，如中小型企业无力将整个市场作为目标市场，那么应多采用集中性市场营销战略；对于实力雄厚的大企业，差异性市场营销策略和无差异性市场营销策略均可根据需要采用。

4.2 产品同质性

同质性产品本身差别较小，如大米、食盐等，比较适合采用无差异性市场营销策略。如果产品实际变化较大，如服装、汽车等，则宜采用差异性市场营销策略或集中性市场营销策略。

4.3 市场同质性

市场同质性是指所有购买者需求、偏好等各种特征相似，每一时期的购买数量相近，对市场营销刺激的反应也相同。在这种情况下，企业可采用无差异性市场营销策略；反之，则宜采用差异市场营销策略或集中性市场营销策略。

4.4 产品所处生命周期的不同阶段

企业向市场推出新产品，通常先介绍一种款式，因此可采用无差异性市场营销策略和集中性市场营销策略。产品进入成熟期以后，逐渐转化为差异性市场营销策略；或者应用集中性市场营销策略，开拓新的市场引入期（无差异行销）、成长期（集中行销）、饱和期（差异行销）。

4.5 竞争者的营销策略

如果竞争对手积极进行市场细分，实行差异性市场营销策略，本企业采用无差异性市场营销策略与之抗衡，一般难以奏效。此时，应通过更为有效的市场细分，寻找新的机会和突破口，采取差异性市场营销策略或集中性市场营销策略。反之，若竞争对手采取无差异性市场营销策略，本企业采用差异性营销策略，则必有所得。

任务三　市场定位

【引导案例】

“农夫”通过差异化寻找特定的目标市场

品牌定位差异化，突显农夫山泉“天然水”的高品位。中国的包装饮用水市场规模庞大，但绝大部分厂商均为中小企业，其市场的覆盖范围有限，一般为市（县）级到省（生活区）级的行政区域。因此，在一个行政区域内，饮用水的品牌构成一般是以一到两个全国品牌为主。农夫山泉的营销基本过程为：选择市场切入点——广告诉求：有点甜（构造消费者心理差异化：联想到山涧泉水）——适度的高价（提高顾客价值、突显与众不同的农夫山泉高贵品质）——运动装（突出企业对产品严谨认真的态度）——款到发货（表明企业的自信，造成供不应求的假象，提高经销商对农夫山泉的信心）。在切入点上，农夫山泉基本上在所有的市场上都是从最容易受到影响，对新事物最敏感的群体切入。通过广告这一载体，对口感（有点甜）、水质（采自千岛湖）等进行细分。在口感定位方面，有点甜的广告语实际上再现了农夫山泉是“天然水”这个核心概念，而且口感是水质最有力、最直接的证明。水的广告诉诸口感，这在国内还是第一家。就像乐百氏纯净水的广告语“27 层净化”一样，实际上严格的纯净水都要经过 27 层净化，只不过你先提出，别人就不能鹦鹉学舌，否则只会给别人做免费广告。

【引例分析】

农夫山泉突出了“天然水”有点甜的这一特性。水的口味随着这一广告语而凸显出来。通过“有点甜”的潜在形象也提升了农夫山泉在顾客心目中的品牌形象。农夫山泉取得了极大的成功。“有点甜”被大家所熟知，几乎成了农夫山泉的代名词。

随着市场经济的发展，在同一市场上有许多不同品牌同一品种的产品出现。企业为了使自己生产或销售的产品获得稳定的销路，就要从各方面赋予产品一定的特色，树立产品鲜明的市场形象，以求在顾客心目中形成一种稳定的认知和特殊的偏爱。这就是市场定位。

1. 定位的概念

选择目标市场以后，企业还要为自己或产品在市场上树立某种特色，塑造预定的形象，并争取目标顾客的认同。它要向市场说明，本企业与竞争者有什么不同和区别。这种勾画企业形象和价值，以使市场全面理解和正确认识本企业有别于竞争者的象征的行为，就是市场定位。定位就是在目标消费者的心中，建立起属于品牌本身的独特地位，也就是塑造出自己的品牌个性。

市场定位的关键是企业要设法在自己的产品上找出比竞争者更具有竞争优势的特性。竞争优势一般有两种基本类型：一是价格竞争优势，即在同样的条件下比竞争者定出更低的价格。这就要求企业采取一切努力，力求降低单位成本。二是偏好竞争优势，即能提供确定的特色来满足顾客的特定偏好，这就要求企业努力在产品特色上下工夫。

2. 市场定位的主要作用

市场定位是现代市场营销理论的一个重要概念，近年来受到市场经济发达国家的广泛重视，在理论和实践两方面都发展很快。在我国，也有越来越多的企业运用市场定位战略。市场定位的主要作用有以下两点。

（1）有助于企业明确市场营销组合的目标。

市场营销组合是企业占领市场的基本手段。市场营销组合，即产品、价格、分销和促销等手段及战略的协调运用，从本质上讲就是市场定位战略的具体战术。比如一家采用优质定位的企业，必须推出优质产品，制定较高价格，通过高档次的分销商分销，以及高档次的报刊做广告，才能树立持久而令人信服的优质形象。目标市场决定了一个企业的顾客和竞争对手。市场定位则进一步限度了企业的顾客和竞争对手。因此，市场营销的各种手段和战略必须，也只有在市场定位的前提下，才有明确的努力方向，才能形成有意义、有效益的“组合”。

（2）有利于建立企业及其产品的市场特色。

在现代社会，同一市场上有许多同一品种的产品出现的情况大量存在，这给这些产品的生产厂家和经营者造成严重的威胁。企业为了使自己生产或经营的产品获得稳定的销路，防止被别家产品所替代，唯有从各方面为其产品培养一定的特色，树立一定的市场形象，以期在顾客心目中形成一种特殊的偏爱。也就是说，必须有明确的市场定位。

3. 定位的内容

3.1 产品定位

侧重于产品实体定位，如：质量、成本、特征、性能、可靠性、用性、款式等。

3.2　企业定位

即企业形象塑造，如：品牌、员工能力、知识、言表、可信度等。

3.3　竞争定位

确定企业相对于竞争者的市场位置。

3.4　消费者定位

确定企业的目标消费群。

4　市场定位的方法

各企业经营的产品不同，面对的顾客就不同，所处的竞争环境也不同，因而定位方法也不相同，总的来讲有以下几种。

4.1　首席定位

强调自己在同行业或同类产品中的领先地位，即在某方面是“第一”。常用的有：市场占有率第一，行业第一等。如“华润雪花啤酒连续七年中国销量第一”。

4.2　比附定位

企业通过比拟名牌、攀附名牌来给自己的产品定位，以借名牌产品之光而使自己产品的品牌生辉的定位方法。

比附定位一般有3种形式：

（1）甘居“第二”。就是明确承认同类中另有最负盛名的品牌，自己只不过是第二而已。这种策略会使人们对公司产生一种谦虚诚恳的印象，相信公司所说是真实可靠的，同时迎合了人们同情弱者的心理。如美国阿维斯出租汽车公司定位为“我们是老二，我们要进一步努力”之后，品牌知名度迅速上升，赢得了更多忠诚的客户。

（2）攀龙附凤。其切入点亦如上所述，首先是承认同类中已卓有成就的品牌，然后再说明本品牌虽自愧弗如，但在某地区或某一方面还是可以与这些最受消费者欢迎和信赖的品牌并驾齐驱，平分秋色的。如内蒙古的宁城老窖，宣称是“宁城老窖——塞外茅台”。

（3）高级俱乐部。公司如果不能取得第一名或攀附第一名，便可退而采用此策略，借助群体的声望和模糊数学的手法，打出入会限制严格的俱乐部式的高级团体牌子，强调自己是这一高级群体的一员，从而提升自己的地位形象。如可宣称自己是某行业的三大公司之一，50 家大公司之一，10 家驰名商标之一等。美国克莱斯勒汽车公司宣称自己是美国“三大汽车公司之一”，使消费者感到克莱斯勒和第一、第二一样都是知名轿车，从而收到了良好的效果。

典型案例

蒙牛的品牌定位

蒙牛从产品的推广宣传开始就与伊利联系在一起。从蒙牛的广告和宣传册上可以解读出蒙牛的品牌定位是一种比附定位策略。如蒙牛的第一块广告牌子上写的是“做内蒙古第二品牌”；宣传册上闪耀着“千里草原腾起伊利集团、蒙牛乳业……我们为内蒙古喝彩”；在冰激凌的包装上，蒙牛打出了“为民族工业争气，向伊利学习”的字样。这与阿维斯出租汽车公司强调“我们是老二，我们要进一步努力”的定位策略是一致的。蒙牛利用伊利的知名度，无形中将蒙牛的品牌打了出去，提高了品牌的知名度。而且，蒙牛这种谦逊的态度、宽广的胸怀，让人尊敬、信赖，从而获得了口碑。

4.3 比较定位

通过与竞争对手的比较来确定自己在市场中的位置的定位。运用此策略一定要客观公平，否则会给消费者留下言过其实的印象，甚至会成为一种诋毁行为，引起法律纠纷。

4.4 产品类别定位

与某些知名而又司空见惯的产品作出明显区别，给自己的产品定位为与之不同的另类。例如，七喜的非可乐定位；2004 年河北中旺集团推出“五谷道场”方便面时，特意强调其“非油炸”的特性，赚足了消费者的眼球，获得了很好的效果；还有“娃哈哈”，把非常可乐定位为“中国人自己的可乐”以与“两乐”霸占的国内市场相区别，最终取得了不错的销售业绩。

4.5 USP 定位

USP 定位策略的内容是在对产品和目标消费者充分研究的基础上，寻找产品特征中消费者最关心且竞争对手所不具备的独特部分。这以美国 M&M 巧克力的“只溶在口，不溶于手”的定位和乐百氏纯净水的“27 层净化”、农夫山泉的“有点甜”为国内 USP 定位的经典之作。又如，巴黎欧莱雅：含法国孚日山 SPA 矿泉水，锁住水分。

4.6 利益定位

根据产品所能满足的需求，或所提供的利益、解决问题的程度来定位。如在汽车市场上，“奔驰”追求豪华舒适，“宝马”让顾客感受驾驶本身的乐趣，“劳斯莱斯”与“凯迪拉”推崇至尊至贵的贵族品位等。

4.7　使用者类型定位

将其产品指向某一类特定的使用者，以便根据这些顾客的看法为他们的地点、产品、服务等，特别塑造一种形象。如美国米勒啤酒的“高生”啤酒定位于“啤酒中的香槟”，吸引了许多不常饮用啤酒的高收入女士。有一家公司专门销售热水器给公司冲泡即溶咖啡，以取代需要酿煮的咖啡。针对目标顾客群，直接将产品定位为：“在办公室中泡咖啡的人，向烦人的酿煮咖啡说再见吧！”还有金利来的“男人的世界”、万宝路香烟的“万宝路的男人”、哈斯维衬衫的“穿哈斯维的男人”、美国征兵署的“成为一个全才”的定位。

4.8　空档定位（填空补缺式）

寻找新的尚未被占领，但为许多消费者所重视的位置，即填补市场上的空位。这种定位战略有两种情况：一是这部分潜在市场即营销机会没有被发现；二是许多企业发现了这部分潜在市场，但无力去占领，这就需要有足够的实力才能取得成功。如西安杨森的“采乐去头屑特效药”的定位和可口可乐公司果汁品牌“酷儿”的定位。

4.9　情感定位

情感定位是指运用产品直接或间接地冲击消费者的情感体验而进行定位。它用恰当的情感唤起消费者内心深处的认同和共鸣，适应和改变消费者的心理。浙江纳爱斯的雕牌洗衣粉，利用社会对下岗问题的关注而进行的“……妈妈，我能帮您干活啦”的“下岗片”定位，其真情流露引起了消费者内心深处的震颤以及强烈的情感共鸣，使得“纳爱斯”和“雕牌”的品牌形象更加深入人心。又如山叶钢琴的“学琴的孩子不会变坏”。这是台湾地区最有名的广告语。它抓住父母的心态，采用攻心策略，不讲钢琴的优点，而是从学钢琴有利于孩子身心成长的角度，吸引孩子父母。

5. 市场定位的策略

5.1　避强定位

避强定位：是指企业为了避免与实力最强的或较强的其他企业直接发生竞争，而将自己的产品定位于另一市场区域内，使自己的产品在某些特征或属性方面与最强或较强的对手有比较显著的区别。

优点：避强定位策略能使企业较快地在市场上站稳脚跟，并能在消费者或用户中树立形象，风险小。

缺点：避强往往意味着企业必须放弃某个最佳的市场位置，这很可能使企业处于最差的市场位置。

5.2 迎头定位

迎头定位：是指企业根据自身的实力，为占据较佳的市场位置，不惜与市场上占支配地位的、实力最强或较强的竞争对手发生正面竞争，而使自己的产品进入与对手相同的市场位置。

优点：竞争过程往往相当惹人注目，甚至产生所谓轰动效应，使企业及其产品可以较快地为消费者或用户所了解，易于达到树立市场形象的目的。

缺点：具有较大的风险性。

5.3 创新定位

寻找新的尚未被占领但有潜在市场需求的位置，填补市场上的空缺，生产市场上没有的，具备某种特色的产品。如日本的索尼公司的索尼随身听等一批新产品正是因为填补了市场上迷你电子产品的空缺，并进行不断地创新，才使得索尼公司即使在二战时期也能迅速地发展，一跃而成为世界级的跨国公司。采用这种定位策略时，公司应明确创新定位所需的产品在技术上、经济上是否可行，有无足够的市场容量，能否为公司带来合理而持续的盈利。

5.4 重新定位

公司在选定了市场定位目标后，如定位不准确或虽然开始定位得当，但市场情况发生变化时，如遇到竞争者定位与本公司接近，侵占了本公司部分市场，或由于某种原因消费者或用户的偏好发生变化，转移到竞争者方面时，就应考虑重新定位。重新定位是以退为进的策略，目的是为了实施更有效的定位。例如万宝路香烟刚进入市场时，是以女性为目标市场的，它推出的口号是：像 5 月的天气一样温和。然而，尽管当时美国吸烟人数年年都在上升，但万宝路的销量却始终平平。后来，广告大师李奥贝纳为其做了广告策划，他将万宝路重新定位为男子汉香烟，并将它与最具男子汉气概的西部牛仔形象联系起来，树立了万宝路自由、野性与冒险的形象，使其从众多的香烟品牌中脱颖而出。自 20 世纪 80 年代中期到现在，万宝路一直居世界各品牌香烟销量首位，成了全球香烟市场的领导品牌。

典型案例

产品定位区隔点——“年轻人的第一辆车”

面对十多个品牌的激烈竞争，奇瑞 QQ 在不到半年的时间内就取得了 3 万辆的销量。也正是因为奇瑞 QQ 的畅销，使得公司名列 2003 年国内汽车销量第 8 名。汽车产品一般是以价格档次定位，比如，“经济型轿车”“中级轿车”“豪华轿车”等。奇瑞 QQ 是以细分消费群体为明确客户定位的汽车产品。“年轻人的第一辆车”提出了年轻的上班族崭新的生活方式——拥有汽车，拥有一个属于自己的移动空间，享受驾驶乐趣。这不只是有多年工作经历的上班族的专利，年轻的上班族同样也能进入汽车时代。而在此前，年轻人的上班族的出行方式基本上是公交或者自行车，打出租车只是偶尔的事情。国内的汽车厂商一般都认为，年轻的上班族不会买车，或者说上班族需要多年积累才有实力买车，而且即使在有了一些经济实力之后，上班族在买房和买车之间一般选择前者，而不是后者。而奇瑞 QQ 打破了传统的社会理念和消费观念，为年轻的上班族提出了汽车消费新理念。

奇瑞公司经过调查得知，金融信贷工具在国内的广泛使用和信贷市场的成熟，增强了年轻上班族的购买力度，培育了他们信贷消费的全新理念，而且年轻人注重生活质量，崇尚时尚的生活方式，这使得年轻人提前拥有属于自己的轿车成为现实可能和主观需要。另外，随着年轻人的成长，他们对社会的贡献越来越大，他们所占据的社会位置越来越重要，社会对他们的经济回报也一定是越来越大，年轻的上班族那时还会换更高价位的轿车。这就是奇瑞 QQ 的“年轻人的第一辆车”产品定位的创意初衷，也表明了奇瑞公司对汽车消费市场的深入分析和对目标消费群体的准确把握。

6. 市场定位的六大步骤

（1）分析目标市场的现状，确认本企业潜在的竞争优势，即目前在消费者心目中拥有什么位置。

定位的依据来源于与竞争对手的比较。企业可以在产品、价格、渠道、促销、服务等方面与竞争对手比较，找出自身的优势与劣势，确认本企业可提供的产品、服务、个性化差异以及消费者对产品的各种属性（产品功能、价格、质量、款式、服务、节能等因素）的重视程度，作为定位的依据，以便进行恰当的定位。

（2）确认希望拥有什么位置。

（3）明确如何赢得所希望的位置。

企业应该在本领域具有优势的技术资源、人才储备，或者是某行业的专利权等。

（4）确定是否有本钱攻占并维持该位置。

本企业应该比其他企业具有更优势的资源，生产出的产品比其他公司价格更低或者是更符合消费者需求。

（5）确认对于拟定的位置能否持之以恒。

企业产品上市后，随着企业的发展、技术的进步、市场环境的变化，企业经营战略和目标发生变化、竞争格局发生变化、消费者需求偏好已经改变或者是市场萎缩，需要对以前的定位进行修正，以使企业更具有适应性和竞争力。

（6）广告创意是否与定位吻合。

企业做出定位决策后，还必须大力开展广告宣传，把企业的定位观念准确地传达给目标消费者和广大的社会观众，切忌定位过低，不能体现产品的特色和优势，使消费者对产品产生怀疑；也忌宣传定位过高，不符合产品的实际定位，误导消费者的消费需求；更忌宣传定位模糊，不能树立鲜明的产品形象，使消费者对产品印象模糊。

【本章小结】

本章主要介绍了目标市场战略的三步骤，即市场细分、目标市场选择和市场定位。市场细分是根据消费者需求的差异性，把整体市场划分为若干具有共同消费需求的子市场的过程。目标市场选择是在市场细分的基础上决定企业要进入的最佳细分市场。目标市场选择的策略有无差异性市场营销策略、差异性市场营销策略和集中性市场营销策略三种。市场定位是塑造自己企业产品的特色以与竞争者相区别的过程。市场定位的策略有空档定位、重新定位、迎头定位和避强定位等。

【习题与思考题】

（一）单选题

1. 采用（　　）的模式的企业应具有较强的资源和营销实力。

A. 市场集中化　　B. 市场专业化

C. 产品专业化　　D. 市场全面覆盖

2. 采用无差异性市场营销策略的最大的优点是（　　）

A. 市场占有率高　　B. 成本的经济性

C. 市场适应性强　　D. 需求满足程度高

3. 集中性市场战略尤其适于（　　）

A. 跨国公司　　B. 大型企业　　C. 中型企业　　D. 小型企业

4. 同质性较高的产品，宜采用（　　）

A. 产品专业化　　B. 市场专业化

C. 无差异营销　　D. 差异性营销

（二）**判断题**

1. 在同类产品市场上，同一细分市场的顾客需求具有较多的共同性。

2. 产品差异化营销以市场需求为导向。

3. “反市场细分”就是反对市场细分。

4. 市场细分对中小企业尤为重要。

5. 市场细分标准中的有些因素相对稳定，但多数处于动态变化中。

6. 通过市场细分化过程，细分出的每一个细分市场，对企业市场营销都具有重要的意义。

7. 市场专业化是一种最简单的目标市场模式。

8. 同质性产品适合于采用集中性市场营销策略。

9. 集中性市场营销策略适合于资源薄弱的小企业。

10. 与产品生命周期阶段相适应，新产品在引入阶段可采用无差异性营销策略。

11. 市场定位、产品定位和竞争性定位分别有不同的含义。

12. 市场定位与产品差异化无关。

13. 企业采用服务差别化的市场定位战略，就可以不再追求技术和质量的提高。

14. 企业在市场营销方面的核心能力与优势，会自动地在市场得到表现。

（三）**思考题**

1. 如果把全班化为一整体市场，您将如何区隔这一市场，区隔标准是什么？

2. 中国货品在世界货品中的定位是什么？前景如何？

【案例阅读与分析】

回顾麦当劳公司发展历程后发现，麦当劳一直非常重视市场细分的重要性，而正是这一点让它取得了令世人惊羡的巨大成功。市场细分是指根据消费者的不同需求，把整体市场划分为不同的消费者群的市场分割过程。每个消费者群便是一个细分市场，每个细分市场都是由需要与欲望相同的消费者群组成。市场细分主要按照地理细分、人口细分和心理细分来划分目标市场，以达到企业的营销目标。而麦当劳的成功正是在这三项划分要素上做足了功夫。它根据地理、人口和心理要素准确地进行了市场细分，并分别实施了相应的战略，从而达到了企业的营销目标。

一、麦当劳根据地理要素细分市场。麦当劳有美国国内和国际市场，而不管是在国内还是国外，都有各自不同的饮食习惯和文化背景。麦当劳进行地理细分，主要是分析各区域的差异。如美国东西部的人喝的咖啡口味是不一样的。通过把市场细分为不同的地理单位进行经营活动，从而做到因地制宜。每年麦当劳都要花费大量的资金进行认真的严格的市场调研，研究各地的人群组合、文化习俗等，再书写详细的细分报告，以使每个国家甚至每个地区都有一种适合当地生活方式的市场策略。例如，麦当劳刚进入中国市场时大量传播美国文化和生活理念，并以美国式产品牛肉汉堡来征服中国人。但中国人爱吃鸡，与其他洋快餐相比，鸡肉产品也更符合中国人的口味，更加容易被中国人所接受。针对这一情况，麦当劳改变了原来的策略，推出了鸡肉产品。在全世界从来只卖牛肉产品的麦当劳也开始卖鸡了。这一改变正是针对地理要素所做出的，这也加快了麦当劳在中国市场的发展步伐。

二、麦当劳根据人口要素细分市场。通常主要根据年龄、性别、家庭人口、生命周期、收入、职业、教育、宗教、种族、国籍等相关变量，把市场分割成若干整体。而麦当劳对人口要素细分主要是从年龄及生命周期阶段对人口市场进行细分。其中，将不到开车年龄的消费群体划定为少年市场，将 20～40 岁之间的年轻人界定为青年市场，还划定了老年市场。人口市场划定以后，就要分析不同市场的特征与定位。例如，麦当劳以孩子为中心，把孩子作为主要消费者，十分注重培养他们的消费忠诚度。在餐厅用餐的小朋友，经常会意外获得印有麦当劳标志的气球、折纸等小礼物。在中国，还有麦当劳叔叔俱乐部，参加者为 3～12 岁的小朋友，定期开展活动，让小朋友更加喜爱麦当劳。这便是相当成功的人口细分。它抓住了该市场的特征与定位。

三、麦当劳根据心理要素细分市场。根据人们生活方式的不同，快餐业通常有两个潜在的细分市场：方便型和休闲型。在这两个方面，麦当劳都做得很好。

思考题

1. 市场细分的标准有哪些？
2. 麦当劳是如何进行市场细分的？

【实训操作】

实训一 目标市场营销战略的实际运用

要求：

1. 假如你毕业后打算从事个体经营，围绕你所从事的行业，从市场细分、目标市场选择、市场定位三方面进行筹划。
2. 如果你不打算从事个体经营，则选择你所感兴趣的一个行业进行分析。(从市场细分、目标市场选择、市场定位三方面出发)
3. 以书面报告形式完成。

实训二 以中国消费者为例，讨论追逐高端和低端这两个共同倾向，然后回答，如何紧跟这两种不同的消费者趋势？观点选择：采用高价 VS 采用低价。

项目六

产品决策

【学习目标】

知识目标

1. 了解产品的生命周期。
2. 掌握产品包装的基本策略，应用新产品开发及管理的策略。

能力目标

1. 能运用产品组合策略对相关产品进行组合。
2. 能依据产品生命周期的各自特征对产品进行生命周期策略调整。

任务一　产品整体概念

【引导案例】

宝洁（P&G）公司以其能够寻求和明确表达顾客潜在需求的优良传统，被誉为在面向市场方面做得最好的美国公司之一。其婴儿尿布的开发就是一个例子。1956 年，该公司开发部主任维克·米尔斯在照看其出生不久的孙子时，深切感受到一篮篮脏尿布对家庭主妇的烦恼。洗尿布的责任给了他灵感。于是，米尔斯就让手下几个最有才华的人研究开发一次性尿布。

一次性尿布的想法并不新鲜。事实上，当时美国市场上已经有好几种牌子了。但市场调研显示：多年来这种尿布只占美国市场的 1%。原因首先是价格太高；其次是父母们认为这种尿布不好用，只适合在旅行或不便于正常换尿布时使用。调研结果还表明，一次性尿布的市场潜力巨大。美国和世界许多国家正处于战后婴儿出生高峰期，将婴儿数量乘以每个婴儿每日平均需换尿布次数，可以得出一个大得惊人的潜在销量。

宝洁公司产品开发人员用了一年的时间，力图研制出一种既好用又对父母有吸引力的产品。产品的最初样品是在塑料裤衩里装上一块打了褶的吸水垫子。但 1958 年夏天现场试验结果表明，除了父母们的否定意见和婴儿身上的痱子以外，一无所获。于是产品研发又回到图纸阶段。

1959年3月，宝洁公司重新设计了它的一次性尿布，并在实验室生产了37 000个，其样子类似于现在的产品，拿到纽约州去做现场试验。这一次，有2/3的试用者认为该产品胜过布尿布。行了！接下来的问题是如何降低成本和提高新产品质量。为此要进行的工序革新，比产品本身的开发难度更大。一位工程师说它是“公司遇到的最复杂的工作”，生产方法和设备必须从头搞起。不过，到1961年12月，这个项目进入了能通过验收的生产工序和产品试销阶段。

公司选择地处美国最中部的城市——皮奥里亚试销这个后来被定名为“娇娃”的产品。试销发现皮奥里亚的妈妈们喜欢用“娇娃”，但不喜欢10美分一片尿布的价格。因此，价格必须降下来。降多少呢？在6个地方进行的试销进一步表明，定价为6美分一片，就能使这类新产品畅销，使其销售量达到零售商的要求。宝洁公司的几位制造工程师找到了解决办法，用来进一步降低成本，并把生产能力提高到使公司能以该价格在全国销售娇娃尿布的水平。

娇娃尿布终于成功推出，直至今天仍然是宝洁公司的拳头产品之一。

【引例分析】

宝洁公司开发一次性尿布的决策充分证明企业进行产品开发和市场营销活动必须真正理解和把握市场需求，而对市场需求的把握和确认则必须以科学且充分的市场调研为基础。

一次性尿布虽然不是宝洁公司最先开发的产品，但该公司却通过详尽的市场调研认识到了该产品巨大的市场潜力和其他品牌的产品不能畅销的根本原因。于是根据调研所了解的有关资讯对该产品进行重新设计，使之符合市场要求，并设法降低成本和销售价格使之符合消费者的支付能力和期望价格，从而使一次性尿布终于成为具有方便、卫生和经济等诸多优点且满足市场消费需求特征的畅销产品。

1. 产品及产品整体概念

产品是市场营销组合中最重要的因素。企业在制定营销组合时，首先需要回答的问题是发展什么样的产品来满足目标市场需求。产品策略的研究，将使这一问题得到全面、系统的回答。营销组合中的其他三个因素，也必须以产品为基础进行决策，因此，产品策略是整个营销组合策略的基石。

1.1 产品概念

在现代市场营销学中，产品概念具有极其宽广的外延和深刻而丰富的内涵，它指通过交换而满足人们需要和欲望的因素或手段。包括提供给市场，能够满足消费者或用户某一需求和欲望的任何有形产品和无形产品。

1.2　产品整体概念

学术界曾用3个层次来表述产品整体概念，即核心产品、形式产品和延伸产品（附加产品），这种研究思路与表述方式沿用了多年。但近年来，菲利普·科特勒等学者更倾向于使用5个层次来表述产品整体概念，认为5个层次的研究与表述能够更深刻而准确地表述产品整体概念和含义。产品整体概念的5个基本层次如图6－1－1所示。

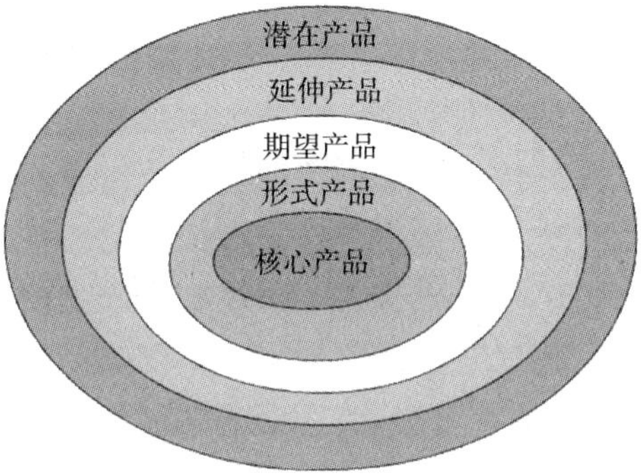

图6－1－1　整体产品概念的5个层次

1.2.1　核心产品

核心产品是指向顾客提供的产品的基本效用或利益。从根本上说，每一种产品实质上都是为解决问题而提供的服务。譬如，人们购买空调机不是为了获取装有某些电器零部件的物体，而是为了在炎热的夏季，满足凉爽舒适的需求。其他产品的购买同理可证。因此，企业营销人员向顾客销售的任何产品，都必须具有反映顾客核心需求的基本效用或利益。

1.2.2　形式产品

形式产品是指核心产品借以实现的形式或目标市场对某一需求的特定满足形式。形式产品由5个特征所构成，即品质、式样、特征、商品及包装。即使是纯粹的劳务产品，也具有相类似的形式上的特点。产品的基本效用必须通过特定的形式才能实现。市场营销人员应努力寻求更加完善的外在形式以满足顾客的需要。

1.2.3　期望产品

期望产品是指购买者在购买该产品时期望得到的与产品密切相关的一整套属性和条件。譬如，旅馆的客人期望得到清洁的床位、洗浴香波、浴巾、衣帽间的服务等。因为大多数旅馆均能满足旅客这些一般的期望，所以旅客在选择档次大致相同的旅馆时，一般不是选择哪家旅馆能提供期望产品，而是根据哪家旅馆就近方便而定。

1.2.4 延伸产品

延伸产品是指顾客购买形式产品和期望产品时，附带获得的各种利益的总和，包括产品说明书、质量保证、安装、维修、送货、技术培训等。国内外许多企业的成功，在一定程度上应归功于他们更好地认识了服务在产品整体概念中所占的重要地位。许多情况表明，新的竞争并非各公司在其工厂中所生产的产品，而是附加在产品上的包装、服务、广告、顾客咨询、资金融通、运送、仓储及其他具有价值的形式。能够正确发展延伸产品的公司必将在竞争中赢得主动。

1.2.5 潜在产品

潜在产品是指现有产品包括所有附加产品在内的，可能发展成为未来最终产品的潜在状态的产品。潜在产品指出了现有产品的可能的演变趋势和前景。如彩色电视机可发展为录放机、电脑终端机等。

产品整体概念的5个层次，十分清晰地体现了以顾客为中心的现代营销观念。这一概念的内涵和外延都是以消费者需求为标准，由消费者的需求来决定的。可以说，产品整体概念是建立在“需求 = 产品”这样一个等式基础上的。没有产品整体概念，就不可能真正贯彻现代营销观念。

2. 产品分类

产品可按不同角度进行分类，营销学认为，与营销策略有关的产品分类方法通常有以下几种。

2.1 按产品的有形性和消费上的耐久性分类

按产品的有形性和消费上的耐久性，可将产品分为非耐用品、耐用品和劳务。

2.1.1 非耐用品

非耐用品一般是有一种或多种消费用途的低值易耗品，例如啤酒、肥皂和盐等。售价中的加成要低，还要加强广告以吸引顾客试用并形成偏好。

2.1.2 耐用品

耐用品一般指使用年限较长、价值较高的有形产品，通常有多种用途，例如冰箱彩电、机械设备等。耐用品倾向于较多的人员推销和服务等。

2.1.3 劳务

劳务是为出售而提供的活动、利益或服务，例如理发和修理。劳务的特点是无形、不可分、易变和不可储存。一般来说，它需要更多的质量控制、供应商信用以及适用性。

2.2 按消费者购买习惯分类

按消费者购买习惯的不同，可将产品分为便利品、选购品、特殊品和非渴求物品。

2.2.1　便利品

指顾客频繁购买或需要随时购买的产品，例如烟草制品、肥皂和报纸等。便利品可以进一步分成常用品、冲动品以及救急品。常用品是顾客经常购买的产品。例如，某顾客也许经常要购买“可口可乐”“佳洁士”牙膏。冲动品是顾客没有经过计划搜寻而顺便购买的产品。救急品是当顾客的需求十分紧迫时购买的产品。救急品的地点效用也很重要，一旦顾客需要就要求能够迅速实现购买。

2.2.2　选购品

指顾客在选购过程中，对适用性、质量、价格和式样等基本方面要做认真权衡比较的产品。例如家具、服装、旧汽车和大的器械等。选购品可以分成同质品和异质品。购买者认为同质选购品的质量相似，但价格却明显不同，所以有选购的必要。销售必须与购买者“商谈价格”。但对顾客来说，在选购服装、家具和其他异质选购品时，产品特色通常比价格更重要。经营异质选购品的经营者必须备有大量的品种花色，以满足消费者不同的爱好。他们还必须有受过良好训练的推销人员，为顾客提供信息和咨询。

2.2.3　特殊品

指具备独有特征（或）品牌标记的产品。对这些产品，有相当多的购买者愿意做出特殊的购买努力。例如特殊品牌和特殊式样的花色商品、小汽车、立体声音响、摄影器材以及男式西服等。

2.2.4　非渴求品

指消费者不了解或即便了解也不想购买的产品。传统的非渴求品有：人寿保险、墓地、墓碑以及百科全书等。对非渴求品需付出诸如广告和人员推销等大量营销努力。一些相当复杂的人员推销技巧就是在推销非渴求品的竞争中发展起来的。

任务二　产品生命周期营销策略

【引导案例】

长虹从20世纪90年代中期开始，依靠自身的技术与规模，把自己塑造成为世界最大的彩电企业之一。长虹给中国企业的市场化发展历史留下了具有深刻意义的一页。它创建了中国著名的长虹品牌，给中国企业进行了最深刻的价格竞争的市场教育，带头挤占了外资家电品牌的中国市场空间，增强了中国家电企业的国际竞争力；率先尝试了资源垄断竞争，成为中国市场最具市场影响力的彩电品牌。

中国彩电市场逐渐出现洋品牌占领高端市场，国产品牌掌控中低端市场的经营格局。由于价格的差异，中低端产品已经出现只有微弱的利润甚至是没有利润的经营状况了，国产品牌彩电步履维艰。

长虹在USA销售液晶电视亏损了很多，所以这次长虹转而投向等离子电视市场，希望扭亏为赢.

长虹集团投资60亿元上马等离子项目。在液晶和等离子这两种主要的平板器件的市场表现上，液晶电视正日益成为平板时代的代表，成为市场主流，而等离子则面临着被边缘化的危险。如果市场份额进一步萎缩，即使不考虑两种器件在技术上的优劣对比，等离子也可能因为市场空间的萎缩窒息而死。

由于液晶、等离子、数字电视技术不成熟、产品使用寿命短、价位偏高的功能原因，不论中外市场，销量增长都很缓慢。

早在1998年，长虹就开始自主研发背投电视，掌握了多项核心技术。长虹在掌握了背投关键技术的情况下，直接从第三代、第四代产品入手，再辅以适合中国国情的促销策略和价格策略，从洋品牌把持的高端彩电市场抢夺了巨大的份额。对此，日本彩电专家评价说，长虹使得跨国公司提前5年完成了在中国普通背投彩电的销售。

几年下来，长虹不仅拥有了世界上规模最大、最先进的高品质背投生产线，也掌握了首屈一指的背投彩电核心技术，并通过不断加快技术革新节奏，在背投市场创造了“长虹技术一革新，洋品牌就跟风转型”的神话，一改以往国产品牌受制于人的被动局面，反而牵着跨国品牌的鼻子跑。此举对由洋品牌创立的高端彩电格局进行了一次彻底的颠覆，并顺利地完成了长虹的战略转型。

【引例分析】

通过案例，我们可以说企业的不断发展、壮大，有赖于企业审时度势，适时调整其生产战略，而对其国际化生产战略的调整，恰恰是遵循着产品生命周期理论这一规律，这对于我国的其他企业是有一定借鉴意义的。

1. 产品生命周期的概念及其阶段划分

1.1 需求与技术的生命周期

产品生命周期是指某产品从进入市场到被淘汰退出市场的全部运动过程。产品生命周期由需求与技术的生命周期决定。企业开展市场营销活动的思维视角，不是从产品开始的，而是从需求出发的。任何产品都只是作为满足特定需要或解决问题的特定方式而存在的。例如，人类对“计算能力”的需求呈持续增长趋势，可用需求生命周期曲线来对其进行描述，首先是导入期，随后是加速成长阶段，缓慢增长期，成熟期和衰退期。可以看出，人类追求和可获得的“计算能力”，至今仍处于成长市场阶段。对“计算能力”需求的满足形式与特定的技术水平相关，最初是借助计算机这一特定技术形式的产品实现的，随后是计算器和计算机。每一种技术都曾把人类对计算能力的需求推进了一步。因此，每种新技术都有一个需求——技术生命周期性。每个需求技术生命周期中也都包括：引入期、迅速成长期、缓慢增长期、成熟期和衰退期。而在某一特定时间概念下的需求——技术生命周期中，随着领先产品为市场所接受，特别是进入成长阶段，都会再现一系列的产品形式来满足这种特定的需求。这一研究表明，如果企业过分地注重自身现有的产品形式，忽视产品生命周期趋势的变化，将导致一个极其致命的弱点——“营销近视症”，最终会把企业的优势损失殆尽。

1.2　产品生命周期阶段

产品生命周期一般分为 4 个阶段：产品引入期，市场成长期，市场成熟期和市场衰退期（如图 6－2－1 所示）。产品引入期（也称介绍期）是指在市场上推出新产品时，产品销售呈缓慢增长状态的阶段。成长阶段是指该产品在市场上迅速为顾客所接受，销售额迅速上升的阶段。成熟阶段是指大多数购买者已经接受该项产品，市场销售额缓慢增长或下降的阶段。衰退阶段是指销售额急剧下降，利润趋于零的阶段。

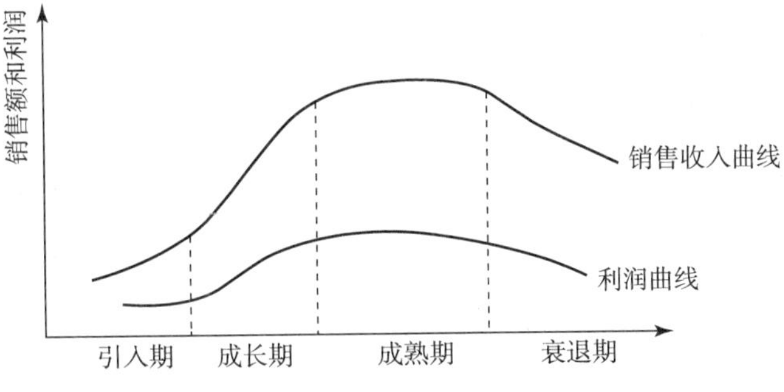

图 6－2－1　产品生命周期曲线

1.3　产品生命周期的其他形态

产品生命周期是一种理论抽象，在现实经济生活中，并不是所有产品的生命历程都完全符合这种理论形态。除上述的正态分布曲线，还有以下几种形态。

1.3.1　再循环形态

产品销售进入衰退期后，由于种种因素的作用而进入第二个成长分阶段。这种再循环型生命周期是市场需求变化或厂商投入更多的促销费用的结果。图 6－2－2 表示出这种再循环状态。

1.3.2 多循环形态

亦称“扇形”运动曲线，或波浪形循环形态，如图6－2－3所示。在产品进入成熟期以后，厂商通过制定和实施正确的营销策略，使产品销售量不断达到新的高潮。

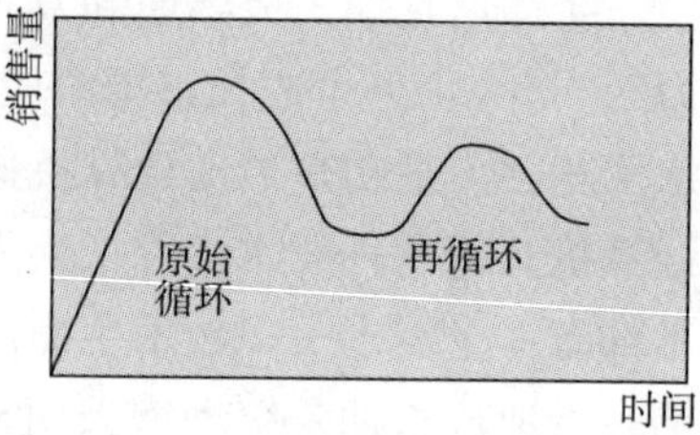

图6－2－2 产品生命周期再循环形态

1.3.3 非连续循环形态

大多数时髦商品呈非连续循环。这些产品一上市即热销，而后很快在市场上销声匿迹。厂商无必要也不愿意作延长其成熟期的任何努力，而是等待下一周期的来临。如图6－2－4所示。

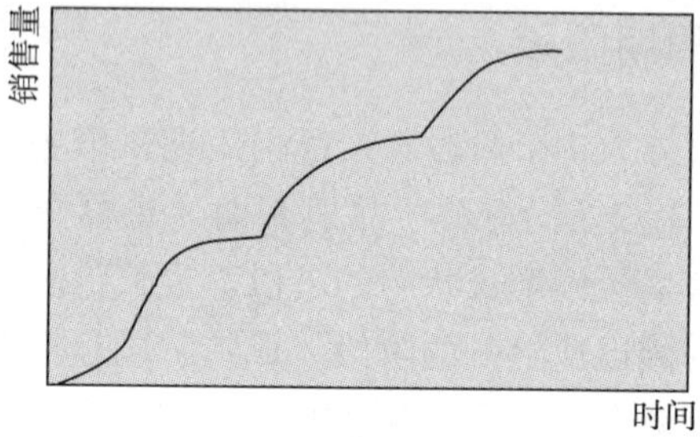

图6－2－3 产品生命周期多循环形态

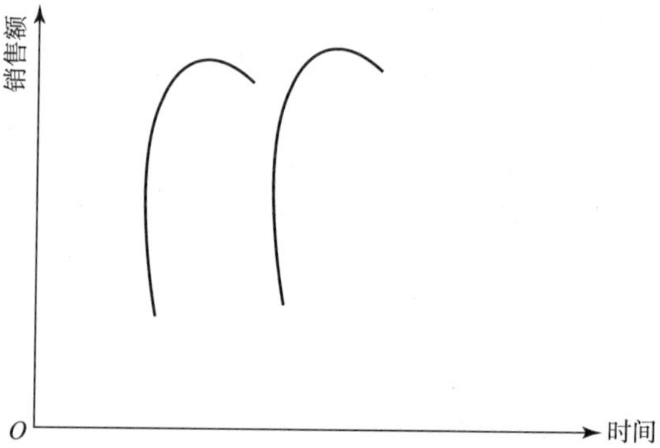

图6－2－4 产品生命周期非连续循环形态

1.4 产品种类、形式、品牌生命周期

一般而言，产品种类（如香烟）、产品形式（如过滤嘴香烟）和产品品牌（如云烟）的生命周期各不相同。产品种类具有最长的生命周期。很多产品种类如食盐、汽车、冰箱的产品成熟阶段可以无限期地持续下去，其销售量增加与人口增长率成正比关系。产品形式比产品种类能够更准确地体现标准的产品生命周期历程。例如，手控打字机在经历了典型的引入期、成长期、成熟期之后，由于

电脑的普及而进入衰退期，退出市场。产品品牌相对于前两者而言则显示了较短的生命周期历程。

2. 产品生命周期各阶段的特征与营销策略

2.1 引入期的市场特点与营销策略

2.1.1 引入期的市场营销特点

（1）消费者对该产品不了解，大部分顾客不愿放弃或改变自己以往的消费行为，销售量小，相应地增加了单位产品成本；

（2）尚未建立理想的营销渠道和高效率的分配模式；

（3）价格决策难以确立，高价可能限制购买，低价则可能难以收回成本；

（4）广告费用和其他营销费用开支较大；

（5）产品技术、性能还不够完善；

（6）利润较少，甚至再现经营亏损，企业承担的市场风险最大。

但这个时期市场竞争者较少，企业若建立有效的营销系统，则可以将新产品快速推进引入阶段，进入市场发展阶段。

2.1.2 引入期的市场营销策略

（1）快速掠取策略。即以高价格和高促销费用推出新产品。实行高价格是为了在每一单位销售额中获取最大的利润，高促销费用是为了引起目标市场的注意，加快市场渗透。成功地实施这一策略，可以赚取较大的利润，尽快收回新产品开发的投资。实施该策略的市场条件是：市场上有较大的需求潜力；目标顾客具有求新心理，急于购买新产品，并愿意为此付出高价；企业面临潜在竞争者的威胁，需要及早树立名牌。

（2）缓慢掠取策略。即以高价格和低促销费用将新产品推入市场。高价格和低促销水平结合可以使企业获得更多利润。实施该策略的市场条件是：市场规模相对较小，竞争威胁不大；市场上大多数用户对该产品没有过多疑虑；适当的高价格能为市场所接受。

（3）快速渗透策略。即以低价格和高促销费用推出新产品。目的在于先发制人，以最快的速度打入市场。该策略可以给企业带来最快的市场渗透率和最高的市场占有率。实施这一策略的条件是：产品市场容量很大；潜在消费者对产品不了解，且对价格非常敏感；潜在竞争比较激烈；产品的单位制造成本可随生产规模和销售量的扩大迅速下降。

（4）缓慢渗透策略。即企业以低价格和低促销费用推出新产品。低价是为了促使市场迅速地接受新产品，低促销费用则可以实现更多的净利。企业坚信该市场需求价格弹性较高，而促销弹性较小。实施这一策略的基本条件是：市场容量较大；潜在顾客易于或已经了解此项新产品且对价格十分敏感；有相当的潜在竞争者准备加入竞争行列。

2.2 成长期的特点与营销策略

2.2.1 成长期的特点

（1）消费者对新产品已经熟悉，销售量增长很快；

（2）大批竞争者加入，市场竞争加剧；

（3）产品已定型，技术工艺比较成熟；

（4）建立了比较理想的营销渠道；

（5）市场价格趋于下降；

（6）为了适应竞争和市场扩张的需要，企业的促销费用水平基本稳定或略有提高，但占销售额的比率下降；

（7）由于促销费用分摊到更多销量上，单位生产成本迅速下降，企业利润迅速上升。

2.2.2 成长期的营销策略

企业营销策略的核心是尽可能地延长产品的成长期。具体说来，可以采取以下营销策略：

（1）根据用户需求和其他市场信息，不断提高产品质量，努力发展产品的新款式、新型号，增加产品的新用途。

（2）加强促销环节，树立强有力的产品形象。促销策略的重心应从建立产品知名度转移到树立产品形象上，其主要目标是建立品牌偏好，争取新的顾客。

（3）重新评价渠道、选择决策，巩固原有渠道，增加新的销售渠道，开拓新的市场。

（4）选择适当的时机调整价格，以争取更多顾客。

企业采用上述部分或全部市场扩张策略，可以加强产品的竞争力，但也会相应地加大营销成本。因此，在成长阶段，面临着“高市场占有率”或“高利润率”的选择。一般来说，实施市场扩张策略会减少眼前利润，但加强了企业的市场地位和竞争力，有利于维持和扩大企业的市场占有率，从长期利润观点看，更有利于企业发展。

2.3 成熟期的特点与营销策略

2.3.1 成熟期的阶段划分和市场特点

成熟期可以分为三个时期：

（1）成长成熟期。此时期各销售渠道基本呈饱和状态，增长率缓慢上升，还有少数后续的购买者继续进入市场。

（2）稳定成熟期。此时期由于市场饱和，消费平稳，产品销售稳定。销售增长率一般只与购买者人数成比例，如无新购买者则增长率停滞或下降。

（3）衰退成熟期。这一时期销售水平显著下降，原有用户的兴趣已开始转向其他产品和替代品。全行业产品出现过剩情况，竞争加剧，一些缺乏竞争能力的企业将渐渐被取代，新加入的竞争者较少。竞争者之间各有自己特定的目标顾客，市场份额变动不大，突破比较困难。

2.3.2　成熟期的营销策略。

鉴于上述情况，有3种基本策略可供选择：市场改良、产品改良和营销组合改良。市场改良也称市场多元化策略，即开发新市场，寻求新用户。产品改良策略，也称为“产品再推出”，是指改进产品的品质或服务后再投放市场。营销组合改良，是指通过改变定价、销售渠道及促销方式来延长产品的成熟期。

2.4　衰退期的特点与营销策略

2.4.1　衰退期的市场特点

衰退期主要有以下特点：

（1）产品销售量由缓慢下降变为迅速下降，消费者的兴趣已完全转移；

（2）价格已下降到最低水平；

（3）多数企业无利可图，被迫退出市场；

（4）留在市场上的企业逐渐减少产品附带服务，削减促销预算等，以维持最低水平经营。

2.4.2　衰退期的营销策略

衰退期一般可采取以下策略：

（1）集中策略。即把资源集中使用在最有利的细分市场，最有效的销售渠道和最易销售的品种、款式上。总而言之，就是缩短战线，以最有利的市场赢得尽可能多的利润。

（2）维持策略。即保持原有的细分市场和营销策略，把销售维持在一个低水平上。待到适当时机，便停止该产品的经营，退出市场。

（3）榨取策略。即大大降低销售费用，如将广告费用削减为零、大幅度精减推销人员等。这样做虽然销售量有可能迅速下降，但是可以增加眼前利润。

如果企业决定停止经营处于衰退期的产品，那么应在立即停产还是逐步停产问题上慎重决策，并应处理好善后事宜，使企业有秩序地转向新产品经营。

任务三　新产品开发和扩散

【引导案例】

光明麦风：新鲜牛奶＋天然纤维

2002 年光明牛奶除了大力推广“无抗奶”行业标准外，还在产品创新方面取得了一定的成就。

光明牛奶本年度推广的“麦风”，给人们留下了深刻的印象。这种介于豆奶和牛奶之间的产品，并不是光明的首创。上海一家豆奶厂今年率先创新推广了一种全新的豆奶——大麦奶，即在豆奶中加入大麦的香味。但因为种种原因，这个产品并没有取得成功。

不久以后光明就推出了自己的“麦风”。上海本年度上市的保健食品美多膳食纤维素，也帮助“麦风”完成了部分市场教育工作。也许光明牛奶“偷窃”了别人的成果，但这些产品中间，只有光明麦风靠大麦和膳食纤维赚到了钱。

光明牛奶入选，是为了表彰它开发创新性产品的能力，以及它不断翻新的营销传播方式——光明牛奶的高钙奶，还一反常态在上海报媒投入了软文广告，宣传光明高钙奶的补钙作用，试图和补钙保健品共同分享补钙市场。

【引例分析】

光明牛奶的快速反应能力、对竞争对手的尊重、坚持产品创新的态度，无疑是它成为领导企业的法宝。光明麦风的成功也证明，如今的营销，需要更多的研究，既要研究消费者，更要研究竞争对手，同时还要量力而行。

1. 新产品的概念及种类

市场营销学中使用的新产品概念不是从纯技术角度理解的，产品只要在功能或形态上得到改进与原有产品产生差异，并为顾客带来新的利益，即视为新产品。可分为 6 种基本类型：

（1）全新产品，即运用新一代科学技术革命创造的整体更新产品；

（2）新产品线，即使企业首次进入一个新市场的产品；

（3）现有产品线的增补产品；

（4）现有产品的改进或更新，即对现有产品性能进行改进或注入较多的新价值；

（5）再定位，即进入新的目标市场或改变原有产品市场定位推出新产品；

（6）成本减少，即以较低成本推出同样性能的新产品。

企业新产品开发的实质是推出上述具有不同内涵与外延的新产品。对大多数公司来说，是改进现有产品而非创造全新产品。

2. 新产品开发的方式

采用什么样的方式开发新产品，是企业进行新产品开发需要解决的重要问题。一般有 4 种方式可供企业选择。

2.1　独立研制

这是指企业依靠自己的科研、技术力量研究开发新产品。这种方式可以密切结合企业的特点，容易形成本企业的产品系列，使企业在某一方面具有领先地位，但独立研制需要较多的费用。目前，我国许多大的公司、企业，都有自己的研究机构进行新产品的独立研制。

2.2　引进

指利用已经成熟的制造技术，借鉴别人已经成功的经验开发新产品。采用这种方式不仅可以缩短开发新产品的时间，节约研制费用，而且可以促进技术水平和生产效率乃至产品质量的提高。但应注意，从生产企业引进的技术，通常是别人已采用的，此时要认真分析市场的大小，分析自己的竞争能力。

2.3　研制与引进相结合

就是在开发新产品的方式上采用“两条腿走路”，既重视独立研制，又重视技术引进，使二者有机结合，互为补充，以产生更好的效果。目前，国内外企业采用这种方式开发新产品较为普遍。

2.4　协作研制

主要指企业与企业、企业与科研单位、企业与教学部门等之间的协作。这种开发方式，有利于充分利用社会的科研力量，弥补企业力量的不足，有利于把科技成果迅速转化为生产力，有利于发挥各方面的长处和力量。

3. 新产品开发的程序

为了提高新产品开发的成功率，必须建立科学的新产品开发管理程序。不同行业的生产条件与产品项目不同，管理程序也有所差异。新产品开发管理程序如图 6－3－1 所示。

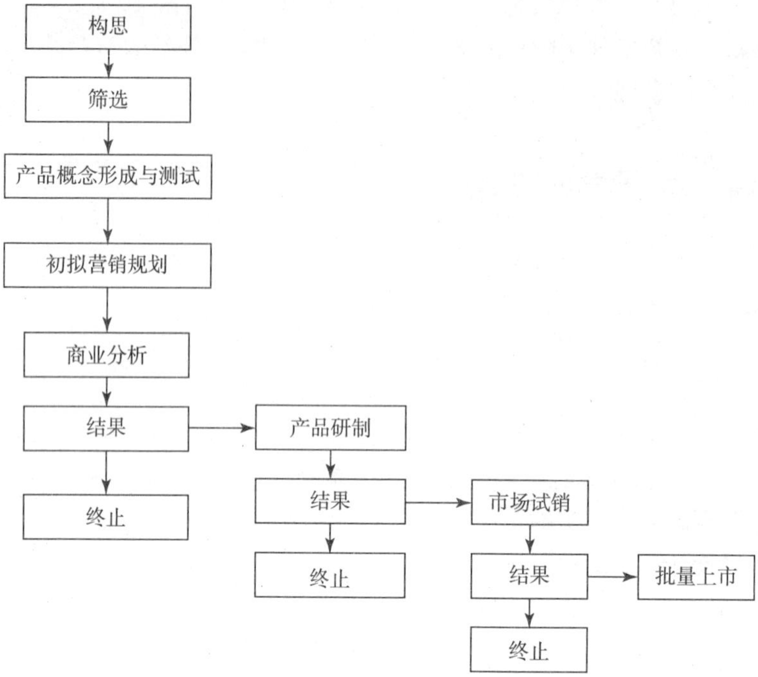

图 6－3－1　新产品开发管理程序

3.1　新产品构思

构思是为满足一种新需求而提出的设想。在产品构思阶段，营销部门的主要责任是：

（1）寻找，即积极地在不同环境中寻找好的产品构思；

（2）激励，即积极地鼓励公司内外人员发展产品构思；

（3）提高，即将所汇集的产品构思转送公司内部有关部门，征求修正意见，使其内容更加充实。

营销人员寻找和搜集新产品构思的主要方法有如下几种：

（1）产品属性排列法。将现有产品的属性一一排列出来，然后探讨，尝试改良每一种属性的，在此基础上形成新的产品创意。

（2）强行关系法。先列举若干不同的产品，然后把某一产品与另一产品或几种产品强行结合起来，产生一种新的构思。譬如，组合家具的最初构想就是把衣柜、写字台、装饰柜的不同特点及不同用途相结合，设计出既美观又实用的组合型家具。

（3）多角分析法。这种方法首先将产品的重要因素抽象出来，然后具体地分析每一种特性，再形成新的创意。例如：洗衣粉最重要的属性是其溶解的水温、使用方法和包装，根据这三方面因素所提供的不同标准，便可以提出不同的新产品创意。

（4）聚会激励创新法。将若干名有见解的专业人员或发明家集合在一起（一般以不超过10人为宜），开讨论会前提出若干问题并给予时间准备，会上畅所欲言，彼此激励，相互启发，提出种种设想和建议，经分析归纳，便可形成新产品构思。

（5）征集意见法。指产品设计人员通过问卷调查、召开座谈会等方式了解消费者的需求，征求科技人员的意见，询问技术发明人、专利代言人、大学或企业的实验室、广告代理商等的意见，并且坚持形成制度。

3.2 筛选

筛选的主要目的是选出那些符合本企业发展目标和长远利益，并与企业资源相协调的产品构思，摒弃那些可行性小或获利较少的产品构思。筛选应遵循如下标准：

（1）市场成功的条件。包括产品的潜在市场成长率，竞争程度及前景，企业能否获得较高的收益。

（2）企业内部条件。主要衡量企业的人、财、物资源，企业的技术条件及管理水平是否适合生产这种产品。

（3）销售条件。企业现有的销售结构是否适合销售这种产品。

（4）利润收益条件。即产品是否符合企业的营销目标，其获利水平及新产品对企业原有产品销售的影响等。这一阶段的任务是剔除那些明显不适当的产品构思。

筛选新产品构思可通过新产品构思评审表进行。表6－3－1是一份比较典型的新产品构思评审表。

表6－3－1 新产品构思评审表

产品成功的必要条件	权重（A）	公司能力水平（B）											得分数
		0.0	0.1	0.2	0.3	0.4	0.5	0.6	0.7	0.8	0.9	1.0	
公司信誉	0.20												
市场营销	0.20												
研究与开发	0.20												
人员	0.15												
财务	0.10												
生产	0.05												

续表

产品成功的必要条件	权重（A）	公司能力水平（B）											得分数
		0.0	0.1	0.2	0.3	0.4	0.5	0.6	0.7	0.8	0.9	1.0	
销售地点	0.05												
采购与供应	0.05												
总计	1.00												

分数等级 0.00 ~ 0.40 为“劣”；0.41 ~ 0.75 为“中”；0.76 ~ 1.00 为“良”。目前可以接受的最低分数为 0.70。

表中第一栏是某新产品成功的条件；第二栏是按照这些条件在进入市场时的重要程度分别给予的不同权重；第三栏是对某新产品成功打入市场的能力给予的不同评分；最后汇总，即（A） × （B）。将得数相加，表示这个产品投放市场是否符合本企业的目标和战略的综合评分。

在筛选阶段，应力求避免两种偏差。一种是漏选了良好产品构思，造成对其潜在价值估价不足，失去发展机会；另一种是采纳了错误的产品构思，结果仓促投产，造成失败。

3.3 产品概念的形成与测试

新产品构思经筛选后，需进一步发展为更具体、明确的产品概念。产品概念是指已经成型的产品构思，即用文字、图像、模型等予以清晰阐述，使之在顾客心目中形成一种潜在的产品形象。一个产品构思能够转化为若干个产品概念。

典型案例

一家食品厂打算生产一种口味鲜美的营养奶制品，这种产品既有较高的营养价值，又具有特殊鲜美的味道，食用简单方便，只需加开水冲饮。这是一种奶制品构思，为了形成鲜明的产品形象，则需要转化为产品概念。为此，企业在产品概念中应回答以下问题：

（1）目标消费市场是儿童、成人、病人还是老人？

（2）使用者从产品中得到的主要益处是营养、方便、美味、提神还是健康？

（3）适合在早餐、午餐、晚餐还是夜宵饮用？

根据这些问题，企业就可以形成这样几个明确的产品概念：

（1）为中小学生提供的一种快速早餐饮料，提供充分的蛋白质、维生素等营养；

（2）一种可口的快餐饮料供成年人中午提神饮用；

（3）一种康复饮品，适用于老年人夜间就寝时饮用。

每一个产品概念都要进行定位，以了解同类产品的竞争状况，选择最佳的产品概念。选择的依据是未来市场的潜在容量、投资收益率、销售成长率、生产能力以及对企业设备、资源的充分利用等，可采取问卷方式将产品概念提交目标市场有代表性的消费者群进行测试、评估，如上述案例中的3种产品概念的问卷可以包括下列问题：你认为这种饮品与一般奶制品相比有什么优点？该产品是否能够满足你的需求？与同类产品比较，你是否偏好此产品？你能否对产品属性提供某些改进的建议？你认为价格是否合理？产品投入市场，你是否会购买（肯定买、可能买、可能不买、肯定不买）？问卷调查可帮助企业确定吸引力最强的产品概念。

3.4　初拟营销规划

企业选择了最佳的产品概念之后，必须制订把这种产品引入市场的初步市场营销计划，并在未来的发展阶段中不断进行完善。初拟的营销计划包括3个部分：

（1）描述目标市场的规模、结构、消费者的购买行为、产品的市场定位以及短期（如3个月）的销售量、市场占有率、利润率预期等；

（2）概述产品预期价格、分销渠道及第一年的营销预算；

（3）分别阐述较长期（如3~5年）的销售额和投资收益率，以及不同时期的市场营销组合等。

3.5　商业分析

即从经济效益分析新产品概念是否符合企业目标。包括两个具体步骤：预测销售额和推算成本与利润。预测新产品销售额可参照市场上类似产品的销售发展历史，并考虑各种竞争因素，分析新产品的市场地位，市场占有率等。

3.6　新产品研制

主要是将通过商业分析后的新产品概念交送研究开发部门或技术工艺部门试制成为产品模型或样品，同时进行包装的研制和品牌的设计。这是新产品开发的一个重要步骤，只有通过产品试制，投入资金、设备和劳力，才能知道产品概念在技术、商业上的可行性如何。应当强调，新产品研制必须使模型或样品具有产品概念所规定的所有特征。

3.7　市场试销

新产品试销应对以下问题作出决策：

（1）试销的地区范围。试销市场应是企业目标市场的缩影。

（2）试销时间。试销时间的长短一般根据该产品的平均重复购买率决定，再购率高的新产品，试销的时间应当长一些，因为只有重复购买才能真正说明消费者喜欢该新产品。

(3) 试销中所要取得的资料。一般应了解首次购买情况（试用率）和重复购买情况（再购率）。

(4) 试销所需要的费用开支。

(5) 试销的营销策略及试销成功后应进一步采取的战略行动。

3.8 商业性投放

新产品试销成功后，就可以正式进行批量生产，将其全面推向市场。这时，企业要支付大量费用，而新产品投放市场的初期往往利润微小，甚至亏损，因此，企业在此阶段应对产品投放市场的时机、区域、目前市场的选择和最初的营销组合等方面做出慎重决策。

4. 新产品市场扩散

4.1 新产品特征与市场扩散

4.1.1 创新产品的相对优点

新产品的相对优点愈多，在诸如功能、可靠性、便利性、新颖性等方面比原有产品的优越性愈大，市场接受得就愈快。

4.1.2 创新产品的适应性

创新产品必须与目标市场的消费习惯以及人们的产品价值观相吻合。当创新产品与目标市场的消费习惯、社会心理、产品价值观相适应或较为接近时，就有利于市场扩散，反之，则不利于市场扩散。

4.1.3 创新产品的简易性

这是要求新产品的设计、整体结构、使用维修、保养方法必须与目标市场的认知程度相适应。一般而言，只有新产品的结构和使用方法简单易懂，才有利于新产品的推广扩散，消费品尤其如此。

4.1.4 创新产品的明确性

这是指新产品的性质或优点是否容易被人们观察和描述，是否容易被说明和示范。凡信息传播较便捷、易于认知的产品，其采用速度一般比较快。例如，流行服装不用说明，即可知晓，因而流行较快；反之，某些除草剂，因不能立即看到效果如何，市场扩散就会比较慢。

4.2 购买行为与市场扩散

4.2.1 消费者采用新产品的程序与市场扩散

人们对新产品的采用过程，客观上存在着一定的规律性。美国市场营销学者罗吉斯调查了数百人接受新产品的实例，总结归纳出人们接受新产品的程序和一般规律，他认为消费者接受新产品一般表现为以下 5 个重要阶段：认知、兴趣、评价、试用、正式采用。

（1）认知。这是个人获得新产品信息的初始阶段。新产品信息情报的主要来源是广告，其他间接的渠道，如商品说明书、技术资料等。显然，人们在此阶段所获得的情报还不够系统，只是一般性的了解。

（2）兴趣。指消费者不仅认知了新产品，并且对其发生了兴趣。在此阶段，消费者会积极地寻找有关资料，并进行对比分析，研究新产品的具体功能、用途、使用等问题。如果满意，将会产生初步的购买动机。

（3）评价。这一阶段消费者主要权衡采用新产品的边际价值。譬如，采用新产品获得的利益和可能承担风险的比较，从而对新产品的吸引力作出判断。

（4）试用。指顾客开始小规模地试用新产品。通过试用，顾客评价自己对新产品的认识及购买决策的正确性。企业应尽量降低失误率，详细介绍产品的性质、使用和保养方法。

（5）采用。如果顾客通过试用收到了理想的效果，就会放弃原有的产品，完全接受新产品，并开始正式购买、重复购买。

4.2.2　顾客对新产品的反映差异与市场扩散

在新产品的市场扩散过程中，由于社会地位、消费心理、产品价值观、个人性格等多种因素的影响制约，不同顾客对新产品的反映具有很大的差异。

（1）创新采用者。也称为“消费先驱”，通常富有个性，勇于革新冒险，性格活跃，其消费行为很少听取他人意见，经济宽裕，社会地位较高，受过高等教育，易受广告等促销手段的影响，是企业投放新产品时的极好目标。

（2）早期采用者。一般是年轻人，富于探索，对新事物比较敏感并有较强的适应性，经济状况良好，对早期采用新产品具有自豪感。这类消费者对广告及其他渠道传播的新产品信息很少有成见，促销媒体对他们有较大的影响力，但与创新者相比，持较为谨慎的态度。

（3）早期大众。这部分消费者一般保守思想较少，接受过一定的教育，有较好的工作环境和固定的收入；对社会中有影响力的人物，特别是自己所崇拜的“舆论领袖”的消费行为具有较强的模仿心理；不甘落后于潮流，但由于特定的经济地位所限，购买高档产品时持非常谨慎的态度。他们经常是在征询了早期采用者的意见之后才采纳新产品。研究他们的心理状态、消费习惯，对提高产品的市场份额具有很大的意义。

（4）晚期大众。指较晚跟上消费潮流的人。他们的工作岗位、教育水平及收入状况往往比早期大众略差，对新事物、新环境多持怀疑态度或观望态度。往往在产品成熟阶段才加入购买行列。

（5）落后的购买者。这些人受传统思想束缚很深，思想非常保守，怀疑任何变化，对新事物、新变化多持反对态度，固守传统消费方式，在产品进入成熟期后期以至衰退期才能接受。

新产品的整个市场扩散过程，从创新采用者至落后购买者，形成完整的“正态分布曲线”，这与产品生命周期曲线极为相似，为企业规划产品生命周期各阶段的营销战略提供了有力的依据。

任务四 产品的品牌和包装决策

【引导案例】

1921 年 5 月当香水创作师恩尼斯·鲍将他发明的多款香水呈现在香奈尔夫人面前让她选择时，香奈尔夫人毫不犹豫地选出了第五款，即现在誉满全球的香奈尔 5 号香水。然而，除了那独特的香味以外，真正让香奈尔 5 号香水成为“香水贵族中的贵族”的却是那个看起来不像香水瓶，反而像药瓶的创意包装。

香奈尔 5 号以其宝石切割般形态的瓶盖、透明水晶的方形瓶身造型、简单明了的线条，成为一股新的美学观念，并迅速俘获了消费者。从此，香奈尔 5 号香水在全世界畅销 80 多年，至今仍然长盛不衰。

1959 年，香奈尔 5 号香水瓶以其所表现出来的独有的现代美荣获“当代杰出艺术品”称号，跻身于纽约现代艺术博物馆的展品行列。香奈尔 5 号香水瓶成为名副其实的艺术品。对此，中国工业设计协会副秘书长宋慰祖表示，香水作为一种奢侈品，最能体现其价值和品位的就是包装。“香水的包装本身不但是艺术品，也是其最大的价值所在。包装的成本甚至可以占到整件商品价值的 80%。香奈尔 5 号的成功，依靠的就是它独特的、颠覆性的创意包装。”

【引例分析】

不重视产品包装，代价是惨重的，学费是昂贵的。众所周知，人参是名贵的稀有药材，价格昂贵。但是在改革开放以前，我国的有关单位在出口人参时，像捆萝卜干似的将人参捆扎起来，用麻袋或木箱包装。可想而知，这种“稻草包珍珠”的包装方式，不能不让人对其商品的真实性产生怀疑，同时也极大地降低了人参的身价。

吸取教训之后，我国的有关企事业单位对人参的包装有了重新的、重要的认识，并使包装日益精致，大气。稀有的人参也终于“物以稀为贵”，成为人们眼中的珍品了。

1. 产品品牌（商标）

1.1　品牌的含义

品牌（Brand）与商标（Trademark）都是用以识别不同生产经营者的不同种类、不同品质产品的商业名称及其标志。但在企业的营销实践中，品牌和商标并不完全等同。商标是指受法律保护的品牌，是获得专用权的品牌，是品牌的一部分。

品牌（商标）是一个集合概念，它包括品牌名称（Brand Name）和品牌标志（Brand Mark）两部分。品牌名称是指品牌中可以用语言称呼的部分，也称“品名”，如奔驰、奥迪等；品牌标志，也称“品标”，是指品牌中可以被认出、易于记忆但不能用言语称呼的部分，通常由图案、符号或特殊颜色等构成，如，三叉圆环和相连着的四环，分别是奔驰和奥迪的品牌标志。

品牌，就其实质来说，它代表着销售者（卖者）对交给买者的产品特征、利益和服务的一贯性的承诺。为了深刻揭示品牌的含义，还需从以下 6 个方面透视。

1.1.1　属性

品牌代表着特定的商品属性，这是品牌最基本的含义。例如，奔驰牌轿车意味着工艺精湛、制造优良、昂贵、耐用、信誉好、声誉高、再转卖价值高、行驶速度快等。这些属性是生产经营者广为宣传的重要内容。多年来奔驰的广告一直强调“全世界无可比拟的工艺精良的汽车”。

1.1.2　利益

品牌不仅代表着一系列属性，而且还体现着某种特定的利益。顾客购买商品实际上是购买某种利益，这就需要将属性转化为功能性或情感性利益。或者说，品牌利益相当程度地受制于品牌属性。就奔驰而言，“工艺精湛、制造优良”的属性可转化为“安全”这种功能性和情感性利益；“昂贵”的属性可转化为情感性利益：“这车令人羡慕，让我感觉到自己很重要并受人尊重”；“耐用”属性可转化为功能性利益：“多年内我不需要买新车”。

1.1.3　价值

品牌体现了生产者的某些价值感。例如奔驰代表着高绩效、安全、声望等。品牌的价值感客观地要求企业营销者必须分辨出对这些价值感兴趣的购买者群体。

1.1.4　文化

品牌还附着特定的文化。从奔驰汽车给人们带来的利益等方面来看，奔驰品牌蕴含着“有组织、高效率和高品质”的德国文化。

1.1.5 个性

品牌也反映一定的个性。如果品牌是一个人、一种动物或一个物体，那么，不同的品牌会使人们产生不同的品牌个性联想。奔驰会让人想到一位严谨的老板，一只勇猛的雄狮或一座庄严质朴的宫殿。

1.1.6 用户

品牌暗示了购买或使用产品的消费者类型。例如我们看到一位20来岁的女秘书驾驶奔驰汽车就会感到很吃惊。我们更愿意看到驾驶奔驰轿车的是有成就的企业家或高级经理。

品牌最持久的含义是其价值、文化和个性。它们构成了品牌的基础，揭示了品牌间差异的实质。奔驰的“高技术、绩效、成功”等是其独特价值和个性的反映。若奔驰公司在其品牌战略中未能反映出这些价值和个性，而是以奔驰的名称推出一种廉价小汽车，那将是一个莫大的错误，因为这将会严重削弱奔驰公司多年来苦心经营所建立起来的品牌价值和个性。

1.2 品牌的作用

品牌的作用可从多个方面来透视。以下就品牌对消费者、对企业的不同作用分别加以阐述。

1.2.1 品牌对营销者的重要作用

对从事市场营销活动的企业来说，品牌的有益作用主要表现在以下几个方面。

（1）品牌有助于促进产品销售，树立企业形象。品牌以其简洁、明快、易读易记的特征而使其成为消费者记忆产品质量、产品特征的标志。也正因如此，品牌成为企业促销的重要基础。借助品牌，消费者了解了品牌标定下的商品；借助品牌，消费者记住了品牌及商品，也记住了企业（有的企业名称与品牌名称相同，更易于消费者记忆）；借助品牌，即使产品不断更新换代，消费者也会在其对品牌的信任的驱使下产生新的购买欲望。

（2）品牌有利于保护品牌所有者的合法权益。品牌经注册后获得商标专用权，其他任何未经许可的企业和个人都不得仿冒侵权，从而为保护品牌所有者的合法权益奠定了客观基础。

（3）品牌有利于约束企业的不良行为。品牌是一把双刃剑，一方面因其容易为消费者所认知、记忆，而有利于促进产品销售，注册后的品牌有利于保护自己的利益；另一方面，品牌也对品牌使用者的市场行为起到约束作用，督促企业着眼于企业长远利益、消费者利益和社会利益，规范自己的营销行为。

（4）品牌有助于扩大产品组合。适应市场竞争的需要，企业常常需要同时生产多种产品。值得注意的是，这种产品组合是动态的概念。依据市场变化，不断地开发新产品、淘汰市场不能继续接受的老产品是企业产品策略的重要组成部分，而品牌是支持其新的产品组合（尤其是扩大的产品组合）的无形力量。若无品牌，再好的产品和服务，也会因消费者经常无从记起原有产品或服务的好印象而无助于产品改变或产品扩张。而有了品牌，消费者对某一品牌产生了偏爱，则该品牌标定下的产品组合的扩大也容易为消费者所接受。

此外，品牌还有利于企业实施市场细分战略，不同的品牌对应不同的目标市场，针对性强，利于进占、拓展各细分市场。

1.2.2 品牌给消费者带来的益处

（1）品牌便于消费者辨认、识别所需商品，有助于消费者选购商品。随着科学技术的发展，商品的科技含量日益提高，对消费者来说，同种类商品间的差别越来越难以辨别。由于不同的品牌代表着不同的商品品质、不同的利益，所以，有了品牌，消费者即可借助品牌辨别，选择所需商品或服务。

（2）品牌有利于维护消费者利益。有了品牌，企业以品牌作为促销基础，消费者认牌购物。企业为了维护自己品牌的形象和信誉，都十分注意恪守给予消费者的利益，并注重将同一品牌的产品质量水平同一化。如此，消费者可以在厂商维护自身品牌形象的同时获得稳定的购买利益。

（3）品牌有利于促进产品改良，有益于消费者。由于品牌实质上代表着销售者（卖者）对交付给买者的产品特征和利益的承诺，所以，企业为了适应消费者的需求变化，适应市场竞争的客观要求，必然会不断更新或创制新产品，以变更、增加承诺。这是厂商的选择，也是消费者的期望。可见，迫于市场的外部压力和企业积极主动迎接挑战的动力，品牌最终会给消费者带来更多的利益。

品牌的作用，还表现在有利于市场监控、有利于维系市场运行秩序、有利于发展市场经济等社会经济发展方面。

1.3 品牌资产

品牌资产是一种超过商品本身利益的价值。它通过为消费者和企业提供附加利益来体现其价值，并与某一特定的品牌紧密联系着。若某品牌给消费者提供的超过商品或服务本身的附加利益越多，则该品牌对消费者的吸引力越大，从而品牌资产价值也就越高。如果该品牌的名称或标志发生变更，则附着在该品牌上的财产也将部分或全部丧失。品牌给企业带来的附加利益，最终源于品牌对消费者的吸引力和感召力。也可以说，品牌资产是企业与顾客关系的反映，而且是长期动态关系的反映。

品牌资产作为企业财产的重要组成部分，主要有以下几个基本特征。

1.3.1 无形性

品牌资产与厂房、设备等有形资产不同，它不能使人凭借眼、手等感官直接感受到它的存在及大小。所以，品牌资产的这种无形性，增加了人们对它予以直观把握的难度。另一方面，由无形性所决定的品牌资产的所有权获得和所有权转移也与有形资产存在着差异。有形资产通常是通过市场交换的方式取得其所有权，而品牌资产则经由品牌或商标者申请注册，由注册机关依照法定程序确立其所有权。

1.3.2 品牌资产在利用中增值

就一般有形资产而言，其投资与利用往往是泾渭分明，存在着明显的界限，投资即会增加资产存量，利用就会减少资产存量，而品牌资产则不同。品牌资产作为一种无形资产，其投资与利用常常是交织在一起、难以截然分开的。品牌资产的利用并不必然是品牌资产减少的过程，而且，如果品牌管理利用得当，品牌资产非但不会因利用而减少，反而会在利用中增值。

1.3.3 品牌资产难以准确计量

品牌的重要价值已广泛为人们所认知，如何计量品牌资产是企业非常关心的问题。然而，品牌资产的计量却难于一般有形资产，甚至难以准确计量。

1.3.4 品牌资产具有波动性

从对品牌资产构成的分析可以得出，无论是品牌知名度的提高，还是品牌忠诚度的增强，抑或品牌品质形象的改善，都不可能是一蹴而就的事。品牌从无到有，从消费者感到陌生，到消费者熟知并产生好感，是品牌运营者长期不懈努力的结果。尽管品牌资产是企业以往投入的沉淀与结晶，但这并不表明品牌资产就会只增不减。事实上，企业品牌决策的失误，竞争者品牌运营的成功，都有可能使企业品牌资产发生波动，甚至是大幅度下降。

1.3.5 品牌资产是营销绩效的主要衡量指标

由于品牌资产的实质是销售者对交付给买者的产品特征、利益和服务等方面的一贯性承诺，所以，为了维系和发展企业与消费者之间互惠互利的长期交换关系，企业需要积极开展营销活动，履行各种承诺。可以说，品牌资产是企业不断进行营销投入或营销活动的结果。每一种营销投入或营销活动都或多或少地会对品牌资产存量的增减变化产生影响。正因如此，分散的单一的营销手段难以保证品牌资产获得增值，必须综合运用各种营销手段，并使之有机协调与配合。

1.4 品牌设计的原则

在品牌设计过程中，一般应坚持以下几个基本原则。

1.4.1 简洁醒目，易读易记

来自心理学家的一项调查分析表明，人们接收到的外界信息中，83%的印象通过眼睛，11%借助听觉，3.5%依赖触摸，其余的源于味觉和嗅觉。基于此，为了便于消费者认知、传诵和记忆，品牌设计的首要原则就是简洁醒目，易读易记。为适应这个要求，不宜把过长的和难以读诵的字符串作为品牌名称，也不宜将呆板、缺乏特色感的符号、颜色用作品标。

1.4.2　构思巧妙，暗示属性

一个与众不同、充满感召力的品牌，在设计上还应该充当体现品牌标示产品的优点和特性，暗示产品的优良属性。

“方正”作为我国优质电子出版软件的品牌，其品牌设计也是别具匠心的。“方正”整体品牌由中文、图形和英文三部分组成。首先，“方正”二字蕴含丰富：“方正”即一方之正、一方之中、一方之主，指北大方正电子系统为全球中文电子排版技术的主体和正宗，居世界领先地位。其次，“方正”的英文是FOUNDER，其含义是“奠基者、创立者、缔造者”，这表明北大方正是中文电子排版系统的开创者；其音译为“方的”，与汉字方正实现了有机配合。最后，再从“方正”品牌的图标上看，其立体形状表现为中间的白色方框为正方形，分别与右上角和左下角的黑色部分构成正方体，与文字“方正”相一致；其平面开头表现为右上角和左下角的黑色部分像两个箭头，右上角向上的箭头表示科技顶天，左下角向下的箭头表示市场立地，意味着北大方正集团的高科技产业是顶天立地的事业。

1.4.3　富蕴内涵，情意浓重

品牌大多都有其独特的含义和解释或释义。有的是一个地方的名称，有的是一种产品的功能，有的就是一个典故。富蕴内涵、情意浓重的品牌，因其能唤起消费者和社会公众美好的联想，而备受厂商青睐。

“红豆”是一种植物，是人们常用的镶嵌物，是美好情感的象征物（又称“相思子”或“相思豆”），同时“红豆”也是江苏红豆集团的服装品牌和企业名称。红豆之所以具有较高的知名度，主要是因为“红豆”一词与情爱有关，其英文是 The seed of love（爱的种子）。提起它，即会使人们想起唐代大诗人王维的千古绝句，即会勾起人们的相思之情。此外，红豆作为品牌，也表达了企业对消费者的关爱。借助“红豆”传情，年轻的情侣通过互赠“红豆”服装表示爱慕之意，离家的游子以红豆服装寄托其思乡之情。红豆服装正是借“红豆”这一富蕴中国传统文化内涵、情意浓重的品牌“红”起来的。

1.4.4　避免雷同，超越时空

品牌设计的雷同，是实施品牌运营的大忌。因为品牌运营的最终目标是通过不断提高品牌竞争力，超越竞争对手。若品牌的设计与竞争对手雷同，将永远居于人后，达不到最终超越的目的。

在我国，由于企业的品牌意识还比较淡薄，品牌运营的经验还比较少，品牌雷同现象较为严重。据统计，我国以“熊猫”为品牌名称的有311家，以“海燕”和“天鹅”为品牌名称的分别有193家和175家。除重名以外，还有像香烟市场上“凤凰”和“凤舞”、白酒市场上“五加鞭”和“五加白”等品名极其相近的品牌。

除了注意避免雷同以外，为了延长品牌的使用时间、扩大品牌的使用区域，在品牌的设计上还应注意尽可能超越时空限制。就时间限制来讲，用具有某一时代特征的词语作品牌名称不一定是好的创意，甚至可能是很糟糕的创意。这是因为，具有时代特征的名称有强烈的应时性，可能在当时或一段时日内会“火”，但随着时间的推移，品牌的感召力会越来越小。

超越空间的限制主要是指品牌超越地理文化边界的限制。由于世界各国的历史文化传统、语言文字、风俗习惯、价值观念和审美情趣不同，对于一个品牌的认知、联想必然会产生很大的差异。试想，若将“Sprite”直译为“妖精”，又有多少中国人会乐于认购呢？译成符合中国文化特征的“雪碧”，就比较准确地揭示了品牌标定产品的“凉”“爽”等属性。

1.5 品牌策略

企业从事品牌运营，科学而合理地制定品牌策略是其核心内容。依品牌运营的主要作业环节，品牌策略主要包括品牌有无、品牌归属、品牌命名、品牌扩展和品牌重新定位等需抉择的内容。

1.5.1 品牌有无策略

尽管品牌能够给品牌所有者、品牌使用者带来很多好处，但并不是所有的产品都必须一定要有品牌，要视品牌运营的投入产出测算而定。实践中，有的营销者为了节约包装、广告等费用，降低产品价格，吸引低收入购买力，提高市场竞争力，也常采用无品牌策略。如，在超市里就有无品牌产品，它们多是包装简易且价格便宜的产品。

必须要说明的是，商品无品牌也有对品牌认识不足、缺乏品牌意识等原因。当然，商品有无品牌不是一成不变的。随着品牌意识的增强，近年来，我国企业品牌化程度不断提高，农产品品牌（如“七河源”大米等）更是引人注目。

1.5.2 品牌归属策略

确定产品应该有品牌以后，就涉及如何抉择品牌归属问题。对此企业有 3 种可供选择的策略，其一是企业使用属于自己的品牌，这种品牌叫做企业品牌或生产者品牌；其二是企业将其产品售给中间商，由中间商使用他自己的品牌将产品转卖出去，这种品牌叫做中间商品牌；其三是企业对部分产品使用自己的品牌，而对另一部分产品使用中间商品牌。

在以往的品牌运营实践中，由于产品的设计、产品的质量水平和产品特色等都决定于制造者，加之市场供求关系对生产企业的压力还不太大，所以，品牌几乎都为生产者或制造商所有。可以说，品牌是由制造商设计的制造标记。但是，随着市场经济的发展，市场竞争日趋激烈，品牌的作用日益为人们所认知，中间商对品牌的拥有欲望也越来越强烈。近年来，中间商品牌呈明显的增长之势。许多市场信誉较好的中间商（包括百货公司、超级市场、服装商店等）都争相设计并使用自己的品牌。如，美国的 Sears 公司经销的商品 90% 都标有自己的品牌。中间商品牌的出现与发展掀起了新一轮更宽范围的品牌战。

企业选择生产者品牌或中间商品牌，即品牌归属生产者还是中间商，要全面考虑各相关因素，综合分析得益损失，最关键的问题要看生产者和中间商谁在这个产品分销链上居主导地位、拥有更好的市场信誉和拓展市场的潜能。一般来讲，在生产者或制造商的市场信誉良好、企业实力较强、产品市场占有率较高的情况下，宜采用生产者品牌；相反，在生产者或制造商资金拮据、市场营销薄弱的情况下，不宜选用生产者品牌，而应以中间商品牌为主，或全部采用中间商品牌。必须指出，若中间商在某目标市场拥有较好的品牌忠诚度及庞大而完善的销售网络，即使生产者或制造商有自营品牌的能力，也应考虑采用中间商品牌，这是在进占海外市场的实践中常用的品牌策略。

1.5.3 品牌统分策略

品牌，无论是属于生产者的，还是属于中间商的，或者是两者共同拥有的，都必须考虑对所有的产品如何命名的问题。是大部分或全部产品都使用一个品牌，还是各种产品分别使用不同的品牌，如何对此进行决策事关品牌运营成败。该决策问题，通常有 4 种可供选择的策略。

（1）统一品牌。即企业所有的产品（包括不同种类的产品）都统一使用一个品牌。例如，飞利浦公司的所有产品（包括音响、电视、灯管、显示器等）都使用“PHILIPS”这个品牌，佳能公司生产的照相机、传真机、复印机等所有产品都统一使用“Canon”品牌。企业采用统一品牌策略，能够降低新产品的宣传费用；可在企业的品牌已赢得良好市场信誉的情况下一步实现顺利推出新产品的愿望；同时也有助于显示企业实力，塑造企业形象。不过，不可忽视的是，若某一种产品因某种原因（如质量）出现问题，就可能使其他种类产品受牵连而影响全部产品和整个企业的信誉。当然，统一品牌策略也存在着容易相互混淆、难以区分产品质量档次等令消费者不便的缺憾。

（2）个别品牌。是指企业对各种不同的产品分别使用不同的品牌。这种品牌策略可以保证企业的整体信誉不至于受其某种商品声誉的影响；便于消费者识别不同档次、不同质量的商品；同时也有利于企业的新产品向多个目标市场渗透。当然，促销费用较高也是不可忽视的。

（3）分类商品。即指企业对所有产品在分类的基础上使用不同的品牌。如企业可以将自己生产经营的产品分为器具类产品、妇女服装类产品、主要家庭设备类产品，并分别赋予其不同的品牌名称及品牌标志。这实际上是对前两种做法的一种折中。

（4）企业名称加个别品牌。其做法是企业对其各种不同的产品分别使用不同的品牌，但需在各种产品的品牌前面冠以企业名称。例如，美国凯洛格公司采取这种品牌策略，推出“凯洛格富来卡米饼”“凯洛格麸皮葡萄干”等。这种在各不同产品的品牌名称前冠以企业名称的做法，可以使新产品与老产品统一化，进而享受企业的整体信誉。与此同时，各种不同的新产品分别使不同的品牌名称，又可以使不同的新产品各具特色。

1.5.4 品牌扩展策略

对于统一品牌、个别品牌、分类品牌、企业名称加个别品牌这 4 种品牌策略，不管企业选择了哪一种，经过科学而有效地运营都有可能获得较好的品牌知名度和美誉度。那么，一个品牌获得较好的市场信誉，赢得了较高的品牌忠诚度以后，该品牌是否可用在其他产品上而使该品牌得以拓展或扩展呢？这也是品牌运营过程中的重要命题。品牌扩展就是指企业利用其成功品牌的声誉来推出改良产品或新产品。例如，中国海尔集团成功地推出了海尔（Haier）冰箱之后，又利用这个品牌及图样特征，成功地推出了洗衣机、电视机等新产品。显然，如果不利用“海尔”这个成功的品牌，这些新产品就不一定能很快地进入市场。品牌扩展策略，可以使新产品借助成功品牌的市场信誉在节省促销费用的情况下顺利地进占市场。

值得注意的是，品牌扩展策略是一把双刃剑。若利用已成功的品牌开发并投放市场的新产品不尽如人意，消费者不认可，也会影响该品牌的市场信誉。

1.5.5 多品牌策略

品牌扩展因其市场扩展成本较低而备受企业青睐，但并非所有的品牌都适合扩展，也并不是所有扩展的品牌都一定能扩展成功，若品牌扩展难以获得理想的预期效果，那么，新产品入市问题就只能借助新品牌，于是，企业产品品牌就会多起来。多品牌策略即是指企业同时为一种产品设计两种或两种以上互相竞争的品牌的做法。这种策略由宝洁公司（P&G）首创并获得了成功。在中国市场上，宝洁公司为自己生产的洗发液产品设计了 3 个品牌：飘柔、海飞丝和潘婷。宝洁公司洗发液产品的多品牌策略在中国获得了令人瞩目的市场业绩，飘柔、海飞丝和潘婷 3 个品牌的市场占有率总共达到了 66.7%。企业运用多品牌策略可以在产品分销过程中占有更大的货架空间，进而压缩或挤占竞争者产品的货架面积，为获得较高的市场占有率奠定基础。而且还应看到，多种不同的品牌代表了不同的产品特色，多品牌可吸引多种具有不同需求的顾客，提高市场占有率。还需提及的是，由于多种不同的品牌同时并存必然会使企业促销费用增高且存在自身竞争的风险，所以，在运用多种品牌策略时，要注意各品牌市场份额的大小及变化趋势，适时撤销市场占有率过低的品牌，以免造成自身品牌的过度竞争。

1.5.6 品牌重新定位策略

品牌重新定位策略也称再定位策略，就是指全部或部分调整改变品牌原有市场定位的做法。虽然品牌没有市场生命周期，但这决不意味着品牌设计出来就一定能使品牌持续到永远。

要使品牌能持续到永远，在品牌运营实践中还必须适时、适势地做好品牌重新定位工作。“七喜”的“非可乐”定位是品牌重新定位的成功范例。

受竞争者品牌迫近（竞争者品牌定位于本企业品牌附近，侵占了本企业的品牌市场份额）和部分消费者偏好变化（消费者改变对本企业品牌的信任，转购竞争者品牌的商品，使本企业品牌的市场占有率下降）等的影响，即使某一品牌在市场上的最初定位很好，随着时间的推移也需要重新定位。品牌重新定位的目的是使现有产品具有与竞争者产品不同的特点，与竞争产品拉开距离。

企业在进行品牌重新定位时，要综合考虑两方面的影响因素：一方面，要考虑再定位成本，即把企业自己的品牌从一个市场定位点转移到另一个市场定位点所需支付的成本费用，包括改变产品品质费用、包装费用和广告费用等。一般认为，重新定位的距离越远，其再定位成本就越高。另一方面，要考虑再定位收入，即把企业品牌定在新位置上所增加的收入。

2. 产品包装

包装是商品生产的继续，商品只有经过包装才能进入流通领域，实现其价值和使用价值。商品包装可以保证商品在流通过程中品质完好和数量完整，同时，还可以增加商品的价值。此外，良好的包装还有利于消费者挑选、携带和使用。产品包装作为重要的营销组合要素，在营销实践中成为市场竞争中的一种重要手段。

2.1　包装的含义

包装是指对某一品牌商品设计并制作容器或包扎物的一系列活动。也可以说，包装有两个方面的含义：其一，包装是指为产品设计、制作包扎物的活动过程；其二，包装即是指包扎物。一般说来，商品包装应该包括商标或品牌、形状、颜色、图案和材料等要素。

商标或品牌是包装中最主要的构成要素，应在包装整体上占据突出的位置。

适宜的包装形状有利于储运和陈列，也有利于产品销售，因此，形状是包装中不可缺少的组合要素。

颜色是包装中最具刺激销售作用的构成要素。突出商品特性的色调组合，不仅能够加强品牌特征，而且对顾客有强烈的感召力。

图案在包装中如同广告中的画面，其重要性、不可或缺性不言而喻。

包装材料的选择，不仅影响包装成本，而且也影响着商品的市场竞争力。开发和选用新型材料是包装设计的一项重要工作。

此外，在产品包装上还有标签。在标签上一般都印有包装内容和产品所包含的主要成分、使用方法等。有些标签上还印有彩色图案或实物照片，以促进销售。

2.2 包装的作用

包装作为商品的重要组成部分，其营销作用主要表现在以下几个方面。

2.2.1 保护商品

包装保护商品的作用主要表现在两个方面：其一是保护商品本身。有些商品怕震、怕压，需要包装来保护；有些商品怕风吹、日晒、雨淋、虫蛀等，也需要借包装物来保护。其二是安全（环境）保护。有些商品属于易燃、易爆、放射、污染或有毒物品，对它们必须进行包装，以防泄漏造成危害。

2.2.2 便于储运

有的商品外形不固定，或者是液态、气态，或者是粉状，若不对此进行包装，则无法运输和储藏。所以，良好的包装有助于商品储藏和运输，从而保证商品价值，同时加快交货时间。

2.2.3 促进销售

商品给顾客的第一印象，不是来自产品的内在质量，而是它的外观包装。产品包装美观大方、漂亮得体，不仅能够吸引顾客，而且还能激发顾客的购买欲。美国杜邦公司研究发现，63%的消费者会根据商品包装做出购买决定。可以说，包装是无声的推销员。

2.2.4 增加盈利

由于装潢精美、使用方便的包装能够满足消费者的某种心理需求，故此，消费者乐于按较高的价格购买它，而且，包装材料本身也包含着一部分利润。如此，可以说，包装能够增加企业的利润。

2.3 包装设计的原则

人要衣装，佛要金装，商品要包装。重视包装设计是企业市场营销活动适应竞争需要的理性选择。一般说来，包装设计还应遵循以下几个基本原则。

2.3.1 安全

安全是产品包装（包括运输包装和销售包装）最核心的作用之一，也是最基本的设计原则之一。在包装活动过程中，包装材料的选择及包装物的制作必须适合产品的物理、化学、生物性能，以保证产品不损坏、不变质、不变形、不渗漏等。一方面，包装要保证商品质量完好、数量完整；另一方面，产品包装应保护环境安全。

2.3.2 便于运输，便于保管与陈列，便于携带和使用

在保证产品安全的前提下，应尽可能缩小包装体积，以节省包装材料和运输、储存费用。销售包装的造型结构，一方面应与运输包装的要求相吻合，以适应运输和储存的要求；另一方面要注意货架陈列的需求。此外，为方便顾客和满足消费者的不同需求，包装的体积、容量和形式应多种多样；包装的大小、轻重

要适当，便于携带和使用（如在保证包装封口严密的条件下，要达到易打开）；为适应不同需要，还可采用单件、多件和配套包装等多种不同的包装形式。

2.3.3　美观大方，突出特色

包装具有促销作用，主要是因为销售包装具有美感。美观大方的包装给人以美的感受，有艺术感染力，进而使其成为激发顾客购买的主要诱因。这就客观要求包装设计要注重艺术性。与此同时，包装还应突出产品个性。这是因为，包装是产品的组成部分，追求不同产品之间的差异化是市场竞争的客观要求，而包装是实现产品差异化的重要手段。富有个性、新颖别致的包装更易满足消费者的某种心理需求。鲁德先生以其女友裙子造型为基础设计出的可口可乐瓶子就是妙笔之作。

2.3.4　包装应与商品价值和质量水平相匹配

包装作为商品的包扎物，尽管有促销作用，但也不可能成为商品价值的主要构成部分。因此，包装应有一个定位。一般来说，包装与所包装的商品的价值和质量水平应相匹配。经验数字告诉我们，包装不宜超过商品本身价值的13%～15%。若包装在商品价值中所占的比重过高，即会因容易产生名不符实感而使消费者难以接受；相反，价高质优的商品自然也需要高档包装来烘托商品的高雅贵重。

2.3.5　尊重消费者的宗教信仰和风俗习惯

由于社会文化环境直接影响着消费者对包装的认可程度，所以，为使包装收到促销效果，在包装设计中，必须尊重不同国家和地区的宗教信仰和风俗习惯等。不同社会文化环境下消费者对包装有不同的要求，切忌出现有损消费者宗教情感、容易引起消费者忌讳的颜色、图案和文字。应该深入了解分析消费者特性，区别不同的宗教信仰和风俗习惯设计不同的包装，以适应目标市场的要求。

2.3.6　符合法律规定，兼顾社会利益

法律是市场营销活动的边界。包装设计作为企业市场营销活动的重要环节，在实践中必须严格依法行事。例如，应按法律规定在包装上标明企业名称及地址；对食品、化妆品等与人民身体健康密切相关的产品，应标明生产日期和保质期等。不仅如此，包装设计还应兼顾社会利益，努力减轻消费者负担，节约社会资源，禁止使用有害包装材料，实施绿色包装战略。

此外，还应注意满足不同运输商、不同分销商的特殊要求。

2.4　包装策略

符合设计要求的包装固然是良好的包装，但良好的包装只有同科学的包装决策结合起来才能发挥其应有的作用。可供企业选择的包装策略主要有以下几种。

2.4.1　类似包装策略

类似包装策略是指企业生产经营的所有产品，在包装外形上都采取相同或相近的图案、色彩等共同的特征，以使消费者通过类似的包装联想起这些商品是同一企业的产品，具有同样的质量水平。类似包装策略不仅可以节省包装设计成本，树立企业整体形象，扩大企业影响，而且还可以充分利用企业已拥有的良好声誉，有助于消除消费者对新产品的不信任感，进而有利于带动新产品的销售。它适用于质量水平相近的产品，但由于类似包装策略容易对优质产品产生不良影响，所以，对于大多数不同种类、不同档次的产品一般不宜采用这种包装策略。

2.4.2 等级包装策略

该策略是指企业对自己生产经营的不同质量等级的产品分别设计和使用不同的包装。显然，这种依产品等级来配比设计包装的策略可使包装质量与产品品质等级相匹配。对高档产品采用精致包装，对低档产品采用简略包装，其做法适用不同需求层次消费者的购买心理，便于消费者识别、选购商品，从而利于全面扩大销售。当然，该策略的实施成本高于类似包装策略。

2.4.3 分类包装策略

分类包装策略是指根据消费者购买目的的不同，对同一种产品采用不同的包装。如，购买商品用作礼品赠送亲友的，则采用精致包装；若购买者自己使用，则采用简单包装。此种包装策略的优缺点与等级包装策略相同。

2.4.4 配套包装策略

配套包装就是指企业将几种有关联的产品组合在同一包装物内的做法。这种策略能够节约交易时间，便于消费者购买、携带与使用，有利于扩大产品销售，还能够在将新旧产品组合在一起时，使新产品顺利进入市场。但在实践中，还须注意市场需求的具体特点、消费者的购买能力和产品本身的关联程度大小，切忌任意配套搭配。

2.4.5 再使用包装策略

也称双重用途包装策略，即指包装物在被包装产品消费完毕后还能够用做他用的做法。我们常见的果汁、咖啡等的包装即属此种。由于这种包装策略增加了包装的用途，可以刺激消费者的购买欲望，有利于扩大产品销售，同时也可使带有商品商标的包装物在再使用过程中起到延伸宣传的作用。

2.4.6 附赠品包装策略

附赠品包装策略是指在包装物内附有赠品以诱使消费者重复购买的做法。在包装物中的附赠品可以是玩具、图片，也可以是奖券。该包装策略对儿童和青少年以及低收入者比较有效。这也是一种有效的营销推广方式。

2.4.7 更新包装策略

更新包装就是改变原来的包装。更新包装策略是指企业包装策略随着市场需求的变化而改变的做法。一种包装策略无效果，依消费者的要求更换包装，实施新的包装策略，可以改变商品在消费者心目中的地位，进而收到迅速恢复企业声誉的效果。

任务五　产品组合决策

【引导案例】

欧米茄（OMEGA）、雷达（RADE）、浪琴（Longiness）、斯沃琪（Swatch）、天梭（Tissot）等名表居然是同一家公司的兄弟姐妹，都是全球最具规模的制表集团斯沃琪（Swatch，在2000年之前叫SMH公司）旗下的手表品牌，为了凸显各品牌个性，SMH公司从未主动宣传这些品牌源自同一企业。

事实上，Swatch旗下的不同品牌性格迥异，各自凸显着其独特的一面，消费者易于根据自己的身份、职业、收入、社会地位的需要做出购买选择。如欧米茄代表着一种成功人士或名人尊贵豪华的选择，而雷达表是高科技的象征，至于斯沃琪则是前卫和时髦、潮流人士的首选。在广告宣传与市场推广中，体现着品牌的鲜明个性。欧米茄精心挑选一些国际性和地区性的名人作为形象大使，比如国际知名人士，如超级名模辛迪·克劳馥、莱·麦克弗森，好莱坞国际影星皮尔斯·布鲁斯南，世界一级方程式冠军车手迈克尔·舒马赫，高尔夫杰出人物思尼·艾斯等，在中国则选用了陈露等。欧米茄的彩页杂志广告均以一幅体现欧米茄大使非凡个性和时尚风采的照片口号：“欧米茄——我的选择（OMEGA——MY CHOICE）”。对消费者而言，人人都渴望成功和成名，自然会对那么多名人也佩戴的欧米茄表产生共鸣和购买欲，可以以此寻找成功人士的感觉。

而反观Swatch公司其他品牌，如雷达表的广告，你从不会发现有什么明星出现，卖点和推广完全表现在高科技制表工艺和材料上，如“表面为硬度仅次于钻石的蓝宝石水晶，紧贴手腕”“配合晶莹光洁的表盘，高贵典雅”“白色表带由高科技陶瓷材料制成，坚硬耐磨、永不褪色”。据悉，Swatch公司在今后发展的过程里，在旗下品牌不会有很大冲突的情况下，会再收购开发一些品牌，填补现有品牌设计、造型等空白，以满足更多消费者的需求。但是，品牌个性的宗旨是永不会放弃的。

【引例分析】

企业的产品组合占据市场份额较多，可以更好地使用企业的人力、物力、财力等资源，分散风险，增强企业的市场竞争力。

1. 产品组合及其相关概念

1.1　产品组合、产品线及产品项目

产品组合是指一个企业提供给市场的全部产品线和产品项目的组合或结构，

即企业的业务经营范围。企业为了实现营销目标，充分有效地满足目标市场的需求，必须设计一个优化的产品组合。产品线是指产品宗世中的某一产品大类，是一组密切相关的产品。譬如，以类似的方式发挥功能，售给相同的顾客群，通过同一的销售渠道出售，属于同一价格范畴等。产品项目是指产品线中不同品种、规格、质量和价格的特定产品。例如，某自选采购中心经营家电、百货、鞋帽、文教用品等，这就是产品组合；而其中"家电"或"鞋帽"等大类就是产品线；每一大类里包括的具体品牌、品种为产品项目。

1.2 产品组合的宽度、长度、深度和相关性

产品组合包括 4 个变数：宽度、长度、深度和相关性。产品组合的宽度是指产品组合中所拥有的产品线的数目。产品组合的长度是指产品组合中产品项目的总数。如以产品项目总数除以产品线数目即可得到产品线的平均长度。表 6－5－1 所显示的产品组合总长度为 18，每条产品线的平均长度为 18 ÷ 4 =4. 5。产品组合的深度是指一条产品线中所含产品项目的多少。产品组合的相关性是指各条产品线在最终用途、生产条件、分配渠道或其他方面相互关联的程度。例如，某家用电器公司拥有电视机、收录机等多条产品线，但每条产品线都与电有关，这一产品组合具有较强的一致性。相反，实行多角化经营的企业，其产品组合的相关性则小。

表 6－5－1 产品组合示例

服装	皮鞋	帽子	针织品
男西装	男凉鞋	制服帽	卫生衣
女西装	女凉鞋	鸭舌帽	卫生裤
男中山装	男皮鞋	礼帽	汗衫背心
女中山装	女皮鞋	女帽	
风雨衣		童帽	
儿童服装			

根据产品组合的 4 种尺度，企业可以采取 4 种方法发展业务组合：加大产品组合的宽度，扩展企业的经营领域，实行多样化经营，分散企业投资风险；增加产品组合的长度，使产品线丰满充裕，成为更全面的产品线公司；加强产品组合的深度，占领同类产品的更多细分市场，满足更广泛的市场需求，增强行业竞争力；加强产品组合的一致性，使企业在某一特定的市场领域内加强竞争力和赢得良好的声誉。因此，产品组合决策就是企业根据市场需求、竞争形势和企业自身能力对产品组合的宽度、长度、深度和相关性方面做出的决策。

2. 优化产品组合的分析

产品组合状况直接关系到企业的销售额和利润水平，企业必须对现行产品组合做出系统的分析和评价，并对是否加强或剔除某些产品线或产品项目做出决策。优化产品组合的过程，通常是分析、评价和调整现行的产品组合的过程。优化产品组合包括两个重要步骤：

（1）产品线销售额和利润分析。即分析、评价现行产品线上不同产品项目所提供的销售额和利润水平。

（2）产品项目市场地位分析。即将产品线中各产品项目与竞争者的同类产品做对比分析，全面衡量各产品项目的市场地位。

3. 产品组合决策

3.1　扩大产品组合

扩大产品组合包括开拓产品组合的宽度和加强产品组合的深度，前者指在原产品组合中增加产品线，扩大经营范围；后者指在原有产品线内增加新的产品项目。当企业预测现有产品线的销售额和盈利率在未来可能下降时，就必须考虑在现有产品组合中增加新的产品线，或加强其中有发展潜力的产品线。

3.2　缩减产品组合

市场繁荣时期，较长较宽的产品组合会为企业带来更多的盈利机会。但是在市场不景气或原料、能源供应紧张时期，缩减产品线反而能使总利润上升，因为剔除那些获利小甚至亏损的产品线或产品项目，企业可集中力量发展获利多的产品线产品项目。

3.3　产品线延伸策略

每一个企业的产品都有特定的市场定位，如美国的“林肯”牌汽车定位在高档市场，“雪佛兰”牌定位在中档汽车市场，而“斑马”牌则定位于低档车市场。产品线延伸策略指全部或部分地改变原有产品的市场定位，具体有向下延伸、向上延伸和双向延伸3种实现方式。

3.3.1　向下延伸

指在高档产品线中增加低档产品项目。实行这一决策需要具备以下市场条件：利用高档名牌的声誉，吸引购买力水平较低的顾客慕名购买此产品线中的廉价产品；高档产品销售增长缓慢，企业的资源设备没有得到充分利用，为赢得更多的顾客，将产品线向下延伸；企业最初进入高档产品市场的目的是建立厂牌信誉，然后再进入中、低档市场，以扩大市场占有率和销售增长率；补充企业的产品线空白。实行这种策略也有一定的风险，如处理不慎，会影响企业原有产品特别是名牌产品的市场形象，因此还必须辅以一套相应的营销组合策略，譬如对销售系统的重新设置等。所有这些将大大增加企业的营销费用开支。

3.3.2 向上延伸

指在原有的产品线内增加高档产品项目。实行这一策略的主要原因是：高档产品市场具有较大的潜在成长率和较高的利润率；企业的技术设备和营销能力已具备加入高档产品市场的条件；企业要重新进行产品线定位。采用这一策略也要承担一定的风险，要改变产品在顾客心目中的地位是相当困难的，处理不慎，还会影响原有产品的市场声誉。

3.3.3 双向延伸

即原定位于中档产品市场的企业掌握了市场优势之后，向产品线上下两个方向延伸。

【同步案例】

嘉里粮油（中国）有限公司品牌策略

1931年，宝洁公司的一名普通员工尼尔·麦克罗向公司高层建议实行一种品牌管理的方法，进行多品牌经营。这一建议被采纳，以“品牌经理”为核心的营销管理体系建立起来，从而开创了多品牌经营的新时代。宝洁的成功源于品牌管理，而我国国内也同样存在着一家以多品牌经营取得辉煌业绩的企业，这就是以生产“金龙鱼”系列而著称的嘉里粮油（中国）有限公司。

在食用油行业，嘉里粮油的行业老大地位早已不容置疑。嘉里粮油旗下的金龙鱼食用油品牌10年来一直以绝对优势稳坐小包装食用油行业第一品牌宝座，而其麾下的元宝、胡姬花、鲤鱼目前也占据全国十大食用油品牌排名之列。在从1994年开始的一年一度的全国主要城市消费品调查中，金龙鱼品牌知名度比排名第二的竞争品牌高5倍，是消费者心目中的最佳品牌。用嘉里粮油（中国）有限公司董事长兼总经理李福官的话说，其麾下的金龙鱼、元宝、胡姬花、鲤鱼等品牌市场占有率之和超过了从第2名到第10名的市场份额总和。如果再加上其他13个品牌的销量，嘉里粮油差不多占据了中国小包装食用油市场的半壁江山。

一、多品牌策略：“嘉里粮油”有16朵花

嘉里粮油（中国）有限公司是马来西亚郭兄弟集团在中国的独资公司。创始人郭鹤年，马来西亚华裔，以“亚洲糖王”和“酒店业巨子”之称享誉世界。郭兄弟集团创立于1949年，最初在马来西亚的柔佛巴鲁经营大米、食糖和面粉。

1974年，郭兄弟集团在中国香港成立了嘉里集团有限公司，“嘉里”是郭兄弟集团在香港和中国大陆广泛业务的标志。嘉里粮油（中国）有限公司是郭兄弟集团专为中国的粮油企业而设立的一个投资公司。

1990年，嘉里粮油投资的第一家油脂生产厂——南海油脂工业（赤湾）有限公司正式投产，它是中国第一家大规模生产精炼油脂和小包装油脂的企业。第一次举起了中国小包装食用油的大旗。此后不久在北京、广州、上海出现了金龙鱼。

1993年，中国取消了平价油的政策，油价暴涨。金龙鱼抓住这个机会不惜血本占领市场，价格甚至低于散装油价。低价格政策使得金龙鱼获得了成功，同时为其赢得了消费者心目当中根深蒂固的印象：金龙鱼就是小包装食用油，小包装食用油就是金龙鱼。

1996年，金龙鱼开始在全国重点布局，嘉里粮油先后建成了7大粮油生产基地，覆盖全国市场，构成了中国最庞大的粮油生产加工体系，它们分别是：南海油脂工业（赤湾）有限公司、防城港新海油脂工业有限公司、上海嘉里粮油工业有限公司、四川嘉里粮油工业有限公司、西安嘉里油脂工业有限公司、青岛嘉里植物油有限公司、营口渤海油脂工业有限公司。

2000年，金龙鱼推出了定位高于花生油的“粟米油”。针对健康油的概念，金龙鱼也推出了健康、高档的产品。

2001年，金龙鱼占有市场50%以上的份额，累计销售5亿瓶，总销售额达到60亿元。市场中的十大品牌，金龙鱼系列占有3个。

2002年7月29日，金龙鱼推出“1∶1∶1”调和油：由精炼菜籽油、大豆油、玉米胚芽油、葵花籽油、花生油、芝麻油、亚麻籽油、红花籽油8种油调和而成的调和油。

多品牌策略是金龙鱼成功的一个重要举措。在品牌建设上，金龙鱼仿效宝洁公司，建立了一个金字塔式的品牌王国，进行品牌经营。在金龙鱼的品牌金字塔中，金龙鱼是一个多品种的产品，有花生油、色拉油、豆油、菜油等品种。这样的市场推广，虽然有自己不同的品质区别，但却容易在专业性上给竞争品牌机会。于是，在每一个市场细分中，金龙鱼都推出了一个代表性品牌，如元宝是豆油品牌，鲤鱼是菜油品牌，胡姬花则是花生油品牌又如“海皇牌”24度精炼食用棕榈油、“花鼓牌”33度精炼棕榈油、“卫星牌”44度精炼棕榈油。市场细分涉及花生油、色拉油、豆油、菜油、调和油等多个品种。还推出了粟米油和葵花籽油等有抗衰老、降低胆固醇功效的高档的健康食用油。最大化的细分市场，最大化的满足不同的消费需求，以追求最大化的市场利润。

截至2002年年底，金龙鱼系列共推出了16个品牌，除金龙鱼是中国食用油的领导品牌外，还有鲤鱼、元宝、胡姬花、香满园、花旗、手标、巧厨、嘉龙、万黛兰、海皇、花鼓、卫星等15个品牌。

嘉里粮油的多品牌策略取得了巨大的成功。据2002年3月中华全国商业中心对全国重点大型零售商场的销售统计显示，在销量排前10位的食用油品牌中，嘉里粮油的金龙鱼、元宝、胡姬花、鲤鱼位列其中，累计市场占有率38%。

二、品牌架构：清晰且独特

品牌架构就是执行多品牌战略的企业品牌之间的构成情况以及品牌关系、品牌定位。建立合理的品牌架构有利于整合资源。没有一个清晰的品牌架构，品牌之间的互动与资源的整合就不容易实现。盲目地延伸与拓展，非但不能利用好品牌资产，还有可能因此对核心品牌造成损害而使之贬值，一盘散沙的品牌架构会导致资源的极大浪费。相对来说，金龙鱼的品牌架构是清晰且独特的。嘉里粮油专门成立了嘉里粮油商务拓展（深圳）有限公司，负责嘉里粮油所有食用油品牌在中国的市场开发、渠道建设和管理、营销策划及广告宣传等事务。建立了全国性的营销网络，成功实现了对16个品牌的统一管理。

三、品牌定位：1个与15个的故事

金龙鱼是综合性强势品牌，其他的是专业性品牌。如胡姬花是专业的花生油品牌，元宝是专业的大豆色拉油品牌，鲤鱼是专业的菜籽油品牌。

金龙鱼、胡姬花、元宝、鲤鱼是全国性品牌，其他是区域性竞争品牌（嘉里粮油对区域性竞争品牌的部署是：当其他品牌发起价格竞争时，金龙鱼产品的价格保持稳定，区域性竞争品牌则将价格下拉投入竞争）。

金龙鱼是高档品牌，其他是以中、低端市场为主的品牌。

金龙鱼是核心品牌，胡姬花、元宝、鲤鱼是二线品牌，其他是三线品牌。

这样的品牌定位既保证了产品的延伸，又有利于维护金龙鱼核心品牌的地位。从表中可以清楚地看出嘉里粮油的品牌定位是合理有序的。

四、品牌关系：竞争且协同

金龙鱼推出了16个品牌参与市场竞争，而且金龙鱼系列出现了自己产品与自己产品直接竞争的情况，如金龙鱼花生油与胡姬花花生油直接竞争。这是与宝洁公司多品牌战略不同的，宝洁公司尽管也主张品牌之间相互竞争，但其品牌定位是不重叠的。比如洗发水产品功能定位是不一样的，也就是说，飘柔和海飞丝等是不存在直接的利害冲突。然而，金龙鱼由于是综合性品牌，必定会与专业性品牌直接竞争。

嘉里粮油认为，现在的市场不可能是独家经营，与其等竞争对手和自己争夺市场，不如自己先设置竞争对手，根据市场需求，在不同层面，从高到低，在不同品种上，设立不同分支品牌遏制竞争对手的发展。于是从金龙鱼开始，逐渐出现了鲤鱼、元宝、胡姬花、香满园、花旗、手标、巧厨等品牌。

金龙鱼鼓励品牌之间进行竞争，但并不意味着各品牌之间就不存在协同效应。金龙鱼鼓励将公司所有品牌看成一个整体，而不人为地将市场区别对待，有机地将主力品牌与专业品牌相结合，发挥整体优势，争取达到最好的效果。有效的整合可以做到：占据陈列优势、占据油品优势、占据规格优势、争取不同消费层目标顾客。如在应付价格战中就体现了金龙鱼品牌整体的优势。依靠二、三线品牌的大幅度降价，与对手展开价格战，使对手疲于应付，而金龙鱼却可以在高端免受价格战的影响，以高质高价赢得市场，从而巩固其在消费者心中“食品油专家”的定位。

五、品牌价值：一枝独秀

品牌价值就是企业产品或服务为消费者所感知的价值。品牌价值＝品牌资产/价格。营销的真正目的就是建立品牌资产，持续地支持、增强和提升品牌为人所感知的资产。而品牌资产是由品牌知名度、品牌认知度、品牌忠诚度、品牌联想和品牌法律资产所构成的。一种服务和产品为人所感知的资产越多，其品牌价值就越大，企业也就可以从产品或服务中索取得更多。

10 多年来，金龙鱼的经营思路始终坚持“不求赚钱，只求推广，普及健康，做大品牌”。与此同时，金龙鱼不仅投入大量的电视、报纸广告，宣传食用油知识，带给人们更多、更科学的用油知识，而且还积极参与政府对“放心油”的推广工作，全面推进国人向健康食用油方向发展，有力地促进了“放心油”的推广，打击了劣质油，避免了人们受毒油的危害，保护了人们的健康。这样就塑造了金龙鱼“食用油专家”的形象，提升了品牌价值。“金龙鱼”10 年累计投入宣传费用近 5 亿元，一直努力改变国人消费习惯，积极倡导卫生、健康的烹饪方式，是中国小包装食用油真正的倡导者与开拓者。或许，我们可以毫不夸张地说，是“健康”这一品牌核心价值成就了金龙鱼品牌，是品牌涵盖下的企业整体高品质、高信誉为金龙鱼赢得了市场。作为中国小包装食用油概念的最早传播者，金龙鱼食用油不仅完成了人们小包装食用油的启蒙教育，而且用它的发展改变了一代人的用油观念，使小包装油开始进入千家万户。

嘉里粮油一直都非常强调广告内涵，注重塑造品牌形象，“金龙鱼”各阶段的电视广告都保持高度亲和力，风格清新自然，具有人文内涵，在消费者心中留下了深刻印象。“金龙鱼——万家灯火篇”中“常回家，快回家，亲爱的爸爸妈妈快回家……”的主题曲更是朗朗上口，在消费者中广为流传。“金龙鱼食用油——万家灯火篇”最近获得了 2002CCTV“AD 盛典”大奖。“AD 盛典”是我国广告界的第一次广告盛会，具有专业性、权威性及国际影响力。大赛推出的“观众喜爱的电视广告评选”是此次活动的重头戏，也是中国第一次举办观众评选电视广告片的大型活动。这次获奖，是对金龙鱼广告的肯定，也是对金龙鱼多年来品牌建设的肯定。

2002 年 7 月 29 日，金龙鱼推出“1∶1∶1，健康生活完美比例”金龙鱼第二代调和油。与此同时，金龙鱼推出电视广告：“家里掌勺的老人、主妇吆喝着 1∶1∶1，金龙鱼调出色香味。”从几岁的小朋友到中年人、七八十岁的老人只要看到金龙鱼产品，“1∶1∶1”都念得朗朗上口。以至于有人说“1∶1∶1”可能是 2002 年下半年出现频率最高的名词了。2002 年岁末，东方国际市场研究有限公司

(EMRI) 广告研究组进行了一项针对中国大都市地区居民广告接受与评价的研究，结果显示，金龙鱼广告认知度是很高的，达70.6%。

金龙鱼第二代调和油的宣传除了有强大的媒体广告支持外，地面广告的铺天盖地也起到了非常不错的传播效果。2002年7—10月，金龙鱼第二代调和油在各个地方卖场的货架、堆位陈列都使用了大量生动化的宣传物料。另外，数量众多的公交车、送货车的车体、零售店的门头等都大面积的出现金龙鱼新产品的广告形象。

通过整合营销传播，大大提高了金龙鱼的品牌形象，提升了金龙鱼的品牌价值，使金龙鱼具有极高的品牌资产。

六、品牌维护：维护金龙鱼强势品牌

品牌需要发展，需要维护，这对知名品牌尤为重要。品牌维护就是通过重新定位、品牌创新、产品创新等内容，改进品牌形象，增加品牌内涵，使品牌价值得到不断提升，使品牌得到长远发展。

金龙鱼将品牌定位由“温暖亲情·金龙鱼大家庭”提升为“健康生活金龙鱼”，期望塑造成“食品油专家”，这本身就是品牌维护的体现。金龙鱼在进入市场时认为，在中国，一种新的消费模式首先要以家庭为基础才更容易被接受。所以在塑造品牌形象中，金龙鱼首先为品牌设立“温暖大家庭”的品牌支点，以温情家庭打动中国消费者。“温情”让品牌深入人心。然而，进入21世纪，随着社会经济的飞速发展，人民生活水平的大幅度提高，人们对生活消费品的质量要求也相应提高。品牌要想长久发展，就需要根据环境的变化进行重新定位，金龙鱼依靠“健康”形象赋予了品牌新的活力。

2002年7月金龙鱼推出了新一代调和油“1:1:1”。它由精炼菜籽油、大豆油、玉米胚芽油、葵花子油、花生油、芝麻油、亚麻籽油、红花籽油等8种油品调和而成。金龙鱼宣称新一代调和油，巧妙结合了中国人饮食的实际情况，使人体对饱和脂肪酸、单不饱和脂肪酸、多不饱和脂肪酸的摄入量达到1:1:1的最佳比例，能确保营养均衡。金龙鱼实现了跟消费者的真实沟通，深度传播自己产品有益于“健康”的创新行为。金龙鱼“1:1:1”概念，引起了行业的恐慌。鲁花曾经将花生油当保健品来宣传。而金龙鱼则借用了保健油的概念，将中国人食用油功能由调味引向健康，并在目前技术能够达到的水平上，一举调和了8种油之多。金龙鱼的用心，明眼人一眼就能看出端倪：强占调和油营销噱头的制高点，设置更高的市场门槛，由自己来制定调和油的行业标准。强势品牌的塑造依靠准确的定位和跟消费者的有效沟通，将品牌的价值传达给消费者，在消费者的心中形成特有的竞争优势。伴随着“健康生活金龙鱼”的新理念，金龙鱼必将继续深深地扎根于中国的大市场之中。

思考题：

1. 嘉里粮油（中国）有限公司的品牌策略对其他企业有何启示？

2. 你认为嘉里粮油（中国）有限公司的品牌策略中存在哪些不足？

【习题与思考题】

（一）单项选择

1. 雀巢公司将雀巢品牌使用到奶粉、巧克力、饼干等产品上，这种品牌决策是（　　）。

A. 品牌化策略　　B. 品牌归属策略
C. 品牌延伸策略　　D. 多品牌策略

2. 市场出现的用唐老鸭、米老鼠等塑料玩具来包装的糖果很受儿童欢迎，这是一种（　　）

A. 统一包装策略　　B. 再使用包装策略
C. 分档包装策略　　D. 附赠品包装策略

3. 一个企业生产经营的产品系列的多少，即拥有产品线的多少是产品组合的（　　）。

A. 关联性　B. 深度　C. 广度　D. 长度

4. 各条产品线在最终使用、生产条件、分销渠道或其他方面的相关程度是产品组合的（　　）。

A. 关联性　B. 深度　C. 广度　D. 长度

5. 既讲产品组合深度，又讲产品组合宽度的商店是（　　）。

A. 烟杂店　B. 专业店　C. 综合百货　D. 小商场

6. 上海“通用”生产了别克后，又推出了赛欧，这是（　　）策略。

A. 向上延伸　B. 向下延伸　C. 双向延伸　D. 品牌延伸

7. （　　）策略是指企业以高价格配合大规模的促销活动将新产品投放市场，其目的是为了使消费者尽快了解产品，迅速打开销路。

A. 快速取脂　B. 缓慢取脂　C. 快速渗透　D. 缓慢渗透

8. 现代营销中，企业提高市场竞争力的最重要的手段是（　　）。

A. 质量　　B. 价格
C. 促销　　D. 新产品开发

9. （　　）是指在原有产品的基础上，利用现代科学技术制成的具有新的结构和性能的产品。

A. 全新产品　B. 换代产品　C. 改进产品　D. 仿制产品

10. 在普通牙膏中加入不同物质制成的各种功能的牙膏，这种新产品属于（　　）。

A. 全新产品　B. 革新产品　C. 新牌子产品　D. 改进产品

（二）多项选择

1. 产品组合决策可以从以下角度考虑（　　）。

A. 深度　　B. 密度　　C. 广度　　D. 知名度
E. 关联度

2. 从广义角度来研究，服务可以划分为两大基本类型（　　）
A. 服务产品　　B. 服务质量　　C. 服务项目　　D. 服务功能
E. 服务方式

3. 对商标设计的基本要求是（　　）。
A. 标记性　　B. 服务性　　C. 适应性　　D. 有效性
E. 艺术性

4. 从产品的整体概念出发，产品可分为（　　）。
A. 核心产品　　B. 形式产品　　C. 实体产品　　D. 延伸产品
E. 品牌产品

5. 按商标的构成，可将商标分为（　　）等基本形式。
A. 文字商标　　B. 图形商标　　C. 符号商标　　D. 注册商标
E. 组合商标

6. 商标对消费者有（　　）作用。
A. 市场旗帜作用　　B. 质量和信誉的保证
C. 重要的无形资产　　D. 文化导向作用
E. 超值的创利能力

7. 产品组合策略一般有（　　）。
A. 扩大产品组合　　B. 缩减产品组合
C. 产品组合深度　　D. 产品线延伸
E. 产品组合广度

8. 产品进入成长期后，企业营销策略可具体采取（　　）营销策略。
A. 提高产品质量　　B. 适当降价
C. 加强渠道建设　　D. 加强产品促销
E. 突出知名度宣传

9. 产品一旦进入衰退期，企业可具体采取（　　）策略。
A. 维持策略　　B. 渗透策略　　C. 放弃策略
D. 收缩策略　　E. 快速策略

10. 由于新产品形式比较广泛，企业的能力和条件存在差异，因此新产品开发的方式也有所不同。较常用的有以下（　　）几种。
A. 独立研制　　B. 委托开发　　C. 协作开发
D. 技术引进　　E. 研制与引进相结合

（三）思考题

1. 联系企业实际，分析树立整体产品的认识对企业营销工作的重要指导作用。

2. 从理论和实践的结合上，分析产品组合策略的具体应用。

3. 根据产品寿命周期各个阶段的特征，论企业相应的市场营销策略。

4. 什么是新产品？分析新产品开发的意义和方式。

【案例阅读与分析】

上海“冠生园”的品牌之争

新中国成立前的旧上海有一家 ABC 糖果厂，该厂老板冯伯镛利用儿童喜爱“米老鼠”卡通片的心理，为自己的产品设计了一种米老鼠包装，并命名为“ABC 米老鼠”奶糖，结果一下子走俏国内市场。新中国成立后，ABC 糖果厂并入上海冠生园，其主要产品仍是“米老鼠奶糖”。到了 50 年代，考虑到老鼠是“四害”之首，冠生园又设计了一种以大白兔为形象的包装，与米老鼠包装一起使用。

但由于没有产品整体观念，没有品牌意识，“大白兔”和“米老鼠”却一直没有注册成为合法商标。1983 年，一家广州糖果厂到冠生园取经，这之后他们也开始生产“米老鼠奶糖”，而且还抢先一步把“米老鼠”给注册了。不久之后，这家广州糖果厂又以区区 4 万美元把“米老鼠”卖给了美国的迪士尼。至此，这一由中国人创造并经营达半个世纪的著名品牌就由外国人控制了。

冠生园吸取这次血的教训，赶紧为幸存的“大白兔”注册。为稳妥起见，冠生园不仅注册了“大白兔”，还把与“大白兔”近似的十几种“兔子”都进行了注册，使其组成了一个“立体防御体系”。着眼未来，冠生园还把“大白兔”的注册领域延伸到食品、钟表、玩具、服装等多个与儿童有关的行业。不仅如此，冠生园还在工业知识产权“马德里协定”的 20 多个成员国和另外 70 多个国家和地区拿到了“大白兔”的注册证。出色的商标战略，使冠生园在国内企业中脱颖而出，成为市场竞争中的佼佼者。

超前性的商标注册，只是为“大白兔”的未来发展打下了基础，而真正关键的是如何让“大白兔”在国内和国际市场上活跃起来。冠生园根据时代的变化，开始重新塑造这只兔子。过去的那只“大白兔”只是作为一种简单的商品符号，从未想过要它变化姿势。而今天，经过一番精心设计，一只以跳跃的兔子为主体，以大蘑菇为背景的崭新的“大白兔”商标诞生了。这个漂亮的兔子形象，不仅加深了中国人对老品牌的印象，也受到世界消费者的欢迎。美国人就把中国听装“大白兔”奶糖上那只活泼可爱的兔子当成复活节的象征。接着，冠生园又创造了 20 多种卡通大白兔的形象，有唱歌的、跳舞的、划船的、钓鱼的、开摩托车的、打球的、射箭的，等等。各种形象都多姿多彩、美不胜收。“大白兔”终于“活”起来了。

思考题

1. 阐述市场营销学中完整的产品概念

2. 生产企业尤其是名牌产品生产企业应该如何保护自己的品牌？

3. 文中提到，“大白兔”建立起自己未来的疆域。如果冠生园将其业务扩展到其注册的众多领域，你认为有何利弊？

4. 冠生园不愿花钱购买“米老鼠”使用权，而宁愿花钱把“大白兔”注册到全世界，你认为此举是否明智，有何利弊？

【实训操作】

实训目的 了解新产品开发的程序及推广策略，能运用品牌与包装策略开展营销活动。

实训组织 1. 在市场调研的基础上进行新产品开发。

2. 对新产品进行命名，并设计包装和品牌策略。

3. 制定新产品的推广策略。

4. 演示新产品开发与推广方案。

实训内容 针对创业小组或学习小组所选择的自创企业或背景企业，进行新产品的开发与推广策略。

实训考核 分组撰写新产品开发与推广方案，并进行班级交流。

项目七

定价决策

【学习目标】

知识目标

1. 了解定价的主要影响因素。

2. 掌握成本导向定价、需求导向定价和竞争导向定价等一般定价方法和基本策略。

3. 会应用价格变动反应及价格调整原理。

能力目标

1. 能运用价格策略的标准来评价所制定的价格。

2. 学会价格策略的方法和技巧。

3. 能对现行的产品价格进行调整。

任务一　影响定价决策的因素

【引导案例】

沃尔玛能够迅速发展，除了正确的战略定位以外，也得益于其首创的折价销售策略。每家沃尔玛商店都贴有“天天廉价”的大标语。同一种商品在沃尔玛比在其他商店要便宜。沃尔玛提倡的是低成本、低费用结构、低价格的经营思想，主张把更多的利益让给消费者。为顾客节省每一美元是他们的目标。沃尔玛的利润率通常在30%左右，而其他零售商如凯马特的利润率都在45%左右。公司每星期六早上举行经理人员会议，如果有分店报告某商品在其他商店比在沃尔玛便宜，可立即决定降价。低廉的价格、可靠的质量是沃尔玛的一大竞争优势，吸引了一批又一批的顾客。

【引例分析】

这一案例表明，市场对价格十分敏感。由于市场环境在不断变化，企业要根据市场形势和企业经营目标做出产品定价，因此企业对传统产品进行价格制定时必须仔细研究，理顺各个因素在价格上的相互关系。本章将系统地阐述价格制定的基本原理和方法。

价格是公司经营者最重要的决策之一，是市场营销组合中唯一为公司提供收益的因素，是市场竞争中的一种重要手段。在大多数情况下，就商品型产品而言，价格一直是购买者选择的主要决定因素。定价是否得当，将直接关系到产品的销售量和公司的利润额。确定合理的定价和价格政策，是各类公司经营者面临的具有现实意义的重大策划课题。本章就着重分析产品的定价策略。

1. 价格内涵

1.1 价格的定义

从狭义的角度来说，价格是对一种产品或服务的标价；从广义的角度来看，价格是消费者在交换中所获得的产品或服务的价值。历史上，价格是通过买卖双方的协商来确定的。价格并非是一个数字或一种术语，它可以以许多名目出现。大致可以分为商品价格和服务价格两大类。商品价格是各类有形产品和无形产品的价格，货物贸易中的商品价格称为价格；服务价格是各类有偿服务的收费，服务贸易中的商品价格称为费，如运输费、交通费、保险费、利息、学费、服务费、租金、特殊收费、薪金、佣金、工资等。

1.2 价格的构成

商品价格的构成要素及其组合，亦称价格组成。它反映商品在生产和流通过程中物质耗费的补偿，以及新创造价值的分配，一般包括生产成本、流通费用、税金和利润四个部分。

价格 = 生产成本 + 流通费用 + 税金 + 利润

生产成本和流通费用构成商品生产和销售中所耗费用的总和，即成本。这是商品价格的最低界限，是商品生产经营活动得以正常进行的必要条件。生产成本是商品价格的主要组成部分。构成商品价格的生产成本，不是个别企业的成本，而是行业（部门）的平均成本，即社会成本。流通费用包括生产单位支出的销售费用和商业部门支出的商业费用。商品价格中的流通费用是以商品在正常经营条件下的平均费用为标准计算的。

税金和利润是构成商品价格中盈利的两个部分。税金是国家通过税法，按照一定标准，强制地向商品的生产经营者征收的预算缴款。按照税金是否计入商品价格，可以分为价内税和价外税。利润是商品价格减去生产成本、流通费用和税金后的余额。按照商品生产经营的流通环节，可以分为生产利润和商业利润。

不同类型的价格，其构成要素及组合状态也不完全相同。例如，工业品出厂价格是由产品的生产成本加利润、税金构成；工业品零售价格由工业品批发价格加零售企业的流通费用、利润、销售税金构成。这两种价格的各个要素所占的比重也略有不同，如工业品出厂价格中利润所占的比重一般要高于工业品零售价格中的利润比重。

2. 企业制定价格需考虑因素

价格策略是企业营销组合的重要因素之一，它直接决定企业市场份额的大小和盈利率的高低。企业的定价决策既受企业内部因素的影响，也受外部环境因素的影响（如图 7－1－1 所示）。随着营销环境的日益复杂，制定价格策略的难度越来越大，不仅要考虑成本补偿问题，还要考虑消费者的接受能力和竞争状况。

图 7－1－1　影响定价决策的因素

2.1　影响定价的内部因素

2.1.1　营销目标

产品的定价要遵循市场规律，讲究定价策略，而定价策略又是以企业的营销目标为转移的，不同的目标决定了不同的策略和不同的定价方法和技巧。同时，价格策略作为企业实现经营目标的手段，直接影响企业的经营成效，具体表现在不同的价格水平会对企业的利润、销售额和市场占有率产生不同的影响。因此，企业在实施定价策略时，要结合企业内部情况，目标市场的经济、人文情况及竞争对手情况，根据对企业的生存和发展影响最大的战略因素来选择定价目标。

2.1.2　营销组合战略

由于价格是市场营销组合因素之一，产品定价时要注意价格策略与产品的整体设计、分销和促销策略相匹配，以形成一个协调的营销组合。如果产品是根据非价格图表来定位的，那么有关质量、促销和销售的决策就会极大地影响价格；如果价格是一个重要的定位因素，那么价格就会极大地影响其他营销组合因素的决策。因此，营销人员在定价时必须考虑到整个营销组合，不能脱离其他营销组合而单独决定。

2.1.3　成本

产品从原材料到成品要经过一系列复杂的过程，在这个过程中必定要耗费一定的资金和劳动，这种在产品的生产经营中所产生的实际耗费的货币表现就是成本。它是产品价值的基础，也是制定产品价格的最低经济界限，是维持简单再生产和经营活动的基本前提。产品的价格必须能够补偿产品生产、分销和促销的所有支出，并能补偿企业为产品承担风险所付出的代价。低成本的企业能设定较低的价格，从而取得较高的销售量和利润额。因此，企业想扩大销售或增加利润，就必须降低成本，从而降低价格，提高产品在市场上的竞争力。如果企业生产和销售产品的成本大于竞争对手，那么企业将不得不设定较高的价格或减少利润，从而使自己处于竞争劣势。

2.1.4 组织考虑

每个企业规模不同、财务状况不同、经销指标不同，企业价值取向也不同。对于追求利润型企业，高价格是企业选择的定价方向；而对于追求市场份额的企业来讲，中、低价格定位是企业的定价方向。同时根据企业自身状况需考虑综合因素（品牌、市场地位、推广费用、渠道建设情况、产品包装、产品规格）来制定价格。

2.2 影响定价的外部因素

2.2.1 市场和需求的性质

与成本决定价格的下限相反，市场和需求决定价格的上限。在设定价格之前，营销人员必须理解产品价格与产品需求之间的关系。

在市场经济条件下，市场结构不同，即企业及其产品在市场上的竞争状况不同，企业的定价策略也不同。企业价格决策面临的竞争主要是同行业生产者、经营者之间的竞争，尤其是在处于买方市场的势态下，卖方间的竞争十分激烈，企业价格决策者必须熟悉本企业产品在市场竞争中所处的地位，分析市场中竞争对手的数量，它们的生产、供应能力及市场行为，从而作出相应的价格策略。不同的市场结构采用的定价策略是不同的。根据市场竞争程度的具体因素，我们可以把市场结构划分为完全竞争市场、垄断竞争市场、完全垄断市场和寡头垄断市场四种类型。

同时市场供求状况也是企业价格决策的主要依据之一。企业对产品的定价，一方面必须补偿经营所耗费的成本费用并保证一定的利润；另一方面也必须适应市场对该产品的供求变化，使之能够为消费者所接受。例如企业的产品是供哪一个人群使用，是儿童、老人、男士、女士，是用于家庭消费、团体消费，还是豪华型消费、普通消费。一般来讲用于儿童、女士、团体消费或豪华型消费的产品价格都比较高，因此企业多采用高价位，反之亦然。否则，企业的价格决策会陷入一厢情愿的境地。企业需综合考虑整体消费水平、消费习性、市场规模和容量以及市场发展趋势等几个因素来对产品进行综合评价从而制定价格。

2.2.2 竞争对手

竞争价格因素对定价的影响主要表现为竞争价格对产品价格水平的约束。同类产品的竞争最直接表现为价格竞争。如果企业采取高价格、高利润的策略，就会引来竞争；而低价格、低利润的策略可以阻止竞争对手进入市场或者把他们赶出市场。如果企业试图通过适当的价格和及时的价格调整来争取更多顾客，这就意味着其他同类企业将失去部分市场，或维持原有市场份额要付出更多的营销努力，因而在竞争激烈的市场上，企业都会认真分析竞争对手的价格策略，密切关注其价格动向并及时做出反应。

2.2.3 其他外部因素（经济、中间商、政府、社会关注问题）

在设定价格时，企业还必须考虑外部环境中的其他因素。经济条件对企业的定价策略有很大影响，如经济增长和衰退、通货膨胀和利率调整等因素都会影响产品的生产成本以及消费者对产品和价值的看法。企业制定价格时应该能够给销售商带去可观的利润，鼓励他们对产品的支持，以及帮助他们有效地销售产品。营销人员需要了解影响价格的政府法律法规，并确保自己的定价决策具有可辩护性。同时企业在制定价格时，企业的短期销售、市场份额和目标利润必须服从于整个社会的需要。

3. 价格决策的程序

价格决策作为一项管理工作，有其一定的工作程序。一个完整的价格决策程序包括：

（1）选择定价目标。企业选择的价格目标通常有：

①利润目标，包括当期利润最大化目标、适度利润目标等；

②销量目标，包括最大销量目标、保持或扩大市场占有率目标等；

③竞争目标，包括应对和避免竞争目标、维持企业生存目标等。

以价格为基础的价格决策，其目标是寻求企业为消费者所创造的价值与成本之差的最大化，即从企业所创造的价值中获取应得的利润。

（2）核算产品成本。产品成本是定价的主要依据和最低经济界限。因此，定价离不开对产品成本的核算。这一阶段的策划应重点掌握产品本身价值量的大小和产品的供求关系，尤其是产品的需求价格弹性、国家政策对价格的规定、货币的价值、货币流通规律的影响、消费者心理对定价的影响等。

（3）调查和预测竞争者的反应。在商品经济条件下，竞争是无处不在的。尤其是产品的营销价格，是市场上最为敏感的竞争因素之一，因此，企业进行价格策划时，必须充分考虑到竞争者的可能反应，尽可能多掌握竞争者的可能反应，尽可能多掌握竞争者的定价情况，并预测其对本企业定价的影响，以调整和制定有利的价格策略和其他营销策略。

（4）选择定价方法。企业可选择的定价方法有很多，企业在分析测定以上各种因素的影响之后，就应该运用价格决策理论，选择出一定的方法来计算产品的基本价格，即根据产品成本、市场需求和竞争状况三要素来选择定价方法。

（5）确定定价策略。

①定价与产品的关系。产品的质量、性能是制定价格的重要依据。如果产品质量好、功能多、信誉高、包装美，就能把价格定得比一般产品高；相反，价格就要低一些。

②定价与销售渠道的关系。企业产品的直接销售对象和定价也有一定的关系。如果把产品大量批发给中间商，则价格应当定低一些；如果直接销售给消费者，价格就要定高一些。

③定价与促销的关系。产品花费的促销费用高，价格就应定得高一些；否则，价格就可以定得低些。

（6）确定最后价格。根据定价目标、选择某种定价方法所制定的价格常常并不就是该产品的最终价格，而只是该产品的基本价格。为了提高产品的竞争力及对顾客的吸引力，还应考虑一些其他的因素，对基本价格进行适当调整。

价格调整的方向有升有降，调整的时间有长有短，调整的幅度有大有小，调整的方法灵活多样，一切都要以市场为转移。调整也不可能一次就完成，市场环境再变化，价格就要再调整，直至产品生命周期结束，产品离开市场。

任务二　定价的方法

【引导案例】

某公司开发了一种饲料添加剂产品并获得专利，定价 78 元每单位。利润高达 200%。产品上市不久，竞争对手就推出了另外命名的竞争性产品，价格却低到了 50 元每单位。该公司希望通过该产品树立企业科技创新的形象，但却面临降价的压力，怎么办？

【引例分析】

这个案例表明，由于市场环境在不断变化，企业对传统产品进行价格制定时还应该掌握定价方法与策略，并且要灵活使用，以应对多变的市场。

1. 成本加成定价法

这是一种比较常见的产品定价方法，它以行业平均成本费用为基础，加上规定的销售税金和一定的利润所组成。用公式表示为：

$$\text{产品出厂价格}=\text{单位产品制造成本}+\text{单位产品应负担的期间费用}+\text{单位销售税金}+\text{单位产品销售利润}$$

$$=\text{单位产品制造成本}+\text{单位产品销售利润}+\text{出厂价格}\times(\text{期间费用率}+\text{销售税率})$$

移项整理后，得：

$$\text{产品出厂价格}=\frac{\text{单位产品制造成本}+\text{单位产品销售利润}}{1-\text{期间费用率}-\text{销售税率}}$$

$$=\frac{\text{单位产品制造成本}\times(1+\text{成本利润率})}{1-\text{期间费用率}-\text{销售税率}}$$

其中，期间费用包括管理费用、财务费用和销售费用。期间费用率为期间费用与产品销售收入的比率，可以用行业水平，也可以用本企业基期损益表的数据。

销售税金是指产品在销售环节应缴纳的消费税、城建税及教育费附加等，但不包括增值税。销售税率是这些税率之和。

销售利润可以是行业的平均利润，也可以是企业的目标利润。成本利润率是销售利润与制造成本的比率，即加成比例。这是成本加成法的关键。

成本加成定价法的优点是：产品价格能保证企业的制造成本和期间费用得到补偿后还有一定利润，产品价格水平在一定时期内较为稳定，定价方法简便易行。

成本加成定价法的缺点是：忽视了市场供求和竞争因素的影响，忽略了产品寿命周期的变化，缺乏适应市场变化的灵活性，不利于企业参与竞争，容易掩盖企业经营中的非正常费用支出，不利于企业提高经济效益。

【例 7-1】某企业生产一种产品，预计单位制造成本为 100 元，行业平均成本利润率为 25%，销售税率为 0.7%，企业基期的期间费用为 500 000 元，产品销售收入为 5 000 000 元。试用成本加成定价法制定该产品出厂价格。

分析：

$$\text{出厂价格}=\frac{100\times(1+25\%)}{1-\frac{500\ 000}{5\ 000\ 000}-0.7\%}=140.45\ (\text{元})$$

2. 市场竞争定价法

市场竞争定价法就是根据市场上同类商品竞争结果的可销零售价格，反向计算而确定出厂价格的方法。计算公式是：

$$\text{产品出厂价格}=\text{市场可销零售价格}-\text{零批差价}-\text{批进差价}$$

$$=\left(\text{同类产品市场基准零售价格}\pm\text{产品质量或规定差价}\right)\times\left(1-\text{零批差率}\right)\times\left(1-\text{批进差率}\right)$$

其中，在“同类产品市场基准零售价格”上加上或减去“产品质量或规定差价”，是指在使用这种方法时，要将本企业商品的质量、品种、规格、包装等与同类竞争商品进行充分比较，确定应加价还是减价。零批差价是指同一商品在同一市场、同一时间内零售价格与批发价格之间的差额。零批差价与零售价格之比称零批差率。批进差价是指同一商品在同一市场、同一时间内批发价格与出厂价格之间的差额。批进差价与批发价格之比称批进差率。

【例 7－2】某公司的新产品比市场上同类产品某方面性能明显优越，可以上浮 5% 差价，同类产品市场零售价格为 3 000 元，零批差率为 10%，批进差率为 5%。试问该新产品出厂价格应该定为多少？

分析：

出厂价格 = 3 000 × (1 + 5%) × (1 − 10%) × (1 − 5%) = 2 693.25（元）

这种定价法着眼于市场，考虑了市场的供求和竞争因素的影响，能够较好地适应市场，有利于企业参与竞争。但是，这种定价方法与企业成本费用脱节，不一定能保证企业要求的利润。

3. 目标利润定价法

目标利润定价法是指运用量本利分析原理，在保证目标利润的条件下确定产品出厂价格的方法。计算公式为：

$$\text{产品出厂价格}=\frac{\text{单位变动成本}+\text{单位固定成本}}{1-\text{销售税率}}+\frac{\text{目标利润}}{\text{预计销售量}\times(1-\text{销售税率})}$$

$$\text{目标利润}=\left(\text{单位变动成本}+\text{单位固定成本}\right)\times\text{预计销售量}\times\text{成本利润率}$$

$$\text{产品出厂价格}=\frac{(\text{单位变动成本}+\text{单位固定成本})\times(1+\text{成本利润率})}{1-\text{销售税率}}$$

【例 7－3】某产品预计销售量 2000 件，固定成本 200 000 元，单位变动成本 40 元，目标利润 80 000 元，销售税率为 0.7%。试问该产品出厂价格应该定为多少？

分析：

$$\text{产品出厂价格}=\frac{40+\frac{200\,000}{2\,000}}{1-0.7\%}+\frac{80\,000}{2\,000\times(1-0.7\%)}=181.27\text{（元）}$$

目标利润定价法与前面介绍的成本加成定价法中的“成本”是有区别的。差别在于成本加成定价法公式中的“成本”只是制造成本，不包括期间费用；而目标利润定价法公式中的“成本”包括制造成本和期间费用。相应地，两个公式中的“成本利润率”也有所不同。

4. 特殊追加订货的定价方法

特殊追加订货就是指在企业正常的产销计划之外，临时接到客户出价低于正常销售价格，甚至低于单位产品成本的订货。

对于这种特殊追加订货，若企业的产品正处于成长期或成熟期，且又是市场上的名牌产品，非常畅销，自信追加订货者还会很多，为维护产品声誉，则不能接受这种特殊追加订货。然而，若企业尚有剩余生产能力，为了开拓新市场，提高市场占有率，增强产品知名度，则在充分利用剩余生产能力的范围内，且客户出价高于单位变动成本时，可以接受，因为这有利于增加企业利润或减少企业亏损。因为，在一定产销量的范围内，企业产品成本中的固定成本总额是不变的。当生产能力有剩余时，产销量低，单位产品的固定成本分摊额就高；反之，当生产能力得到充分利用时，产销量增大，单位产品的固定成本分摊额就低。只要特殊追加订货的收入减去其变动成本总额后还有一定数量的边际贡献，就能相应提高企业利润或减少企业亏损。具体来说，对于这种特殊追加订货有以下三种定价方法：

（1）充分利用剩余生产能力，而不减少正常销售时，定价要求：

特殊追加订货产品价格 > 产品单位变动成本

（2）超越剩余生产能力，需减少部分正常产销量，以接受特殊追加订货时，定价要求：

$$\text{特殊追加订货产品价格} > \left(\text{产品单位变动成本} + \frac{\text{因减少正常销售而捐赠失的边际贡献}}{\text{特殊追加订货数量}}\right)$$

（3）利用剩余生产能力，但需增加部分设备、工具等专项费用时，定价要求：

$$\text{特殊追加订货产品价格} > \left(\text{产品单位变动成本} + \frac{\text{增加的专项费用}}{\text{特殊追加订货数量}}\right)$$

5. 合同定价法

合同定价法是指由购销双方以产品成本为基础进行协商定价，并签订合同的定价方法。对于无市价可参考的非标准产品或新产品，一般采取这种方法进行定价决策。根据合同协商的不同条件，合同定价方法有以下几种。

（1）固定价格合同定价。即购销双方在合同中确定一个一致同意的固定价格作为今后结算的依据，而不考虑实际成本为多少。

（2）成本加成合同定价。即购销双方在合同中规定，产品价格以完工后的实际成本为基础，再按合同规定的成本利润率进行加成，作为单位售价。

（3）成本加固定费用合同定价法。即购销双方在合同中规定，产品价格由实际成本和固定费用两部分构成，其中，固定费用在合同中事先确定。

（4）奖励合同定价法。即购销双方在合同中规定产品的预期成本和固定费用，实际成本超过预期成本时，按实际成本定价；实际成本低于预期成本时，其节约额按合同规定的比例由双方分享。

6. 弹性定价法

弹性定价法，即需求弹性定价法，是指根据产品需求弹性系数（产品销售价格变化所引起销售量变化的程度）来确定产品价格的一种方法。

一般情况下，当产品的需求弹性小或需求无弹性时，提高价格会增加总销售收入，降低价格会减少总销售收入。当产品需求弹性大时，提高价格会减少销售量，进而减少销售收入；降低价格会增加销售量，进而增加销售收入。产品需求弹性、需求量（或销售量）与价格的关系如下：

$$P = KQ\frac{1}{E}$$

式中，P——产品价格；

K——常数；

Q——销售量（需求量）；

E——需求弹性系数。

需求弹性系数 E 的计算公式为：

$$E = \frac{(Q_1 - Q_0)/Q_0}{(P_1 - P_0)/P_0}$$

式中，Q_0——原来售价的销售量；

Q_1——新售价的销售量；

P_0——原来售价；

P_1——新售价。

系数 K 可按下面公式计算：

$$K = P_0 Q_0^{\frac{1}{E}}$$

【例 7－4】某企业生产某产品，根据历史资料和调查预测，当价格为 100 元时，每月销售量为 1 000 件，当价格下降为 90 元时，每月可销售 1 400 件。试问该产品出厂价格应该定为多少？

分析：

$$E = \frac{(1\,400 - 1\,000)/1\,000}{(90 - 100)/100} = -4$$

$$K = 100 \times 1\,000^{\frac{1}{-4}} = 17$$

$P = 17 \times 1\ 000^{\frac{1}{4}} = 96$（元）

任务三　价格策略的制定

【引导案例】

新奥迪 A6 的定价策略

作为国内中高档车标杆的奥迪 A6 的换代车型 A6 系列——新奥迪 A6，在 6 月 16 日正式公布售价，除了核心配置和美国版有差异外，国产后的新奥迪 A6/3.0 高出了美国版逾 20 万元。据业内资深人士分析，德国大众旗下的奥迪品牌在主力车型上的过高定价一旦失误，很可能将加速大众汽车在华市场份额下滑，同时导致中国中高档车市重新洗牌。

一汽大众正式公布了全新奥迪 A6/L2.4 和 A6/L3.0 共 6 款车型的价格和详细装备表。其中 A6/L2.4 三款车型的厂家指导价格区间为 46.22 万～57.02 万元；A6/L3.0 三款车型的价格区间为 56.18 万～64.96 万元。这 6 款车型已于 6 月 22 日正式上市销售。

按照这个价格，新奥迪 A6 的最高价格已经打破了目前国产豪华轿车最贵的一款宝马 530i。国产宝马 5 系目前的价格是 53 万～61 万元，市场报价还更低；日产的价格是 24.98 万～34.98 万元、丰田的报价是 32.8 万～48 万元，新奥迪 A6 等于“让出”了原来销量最大的价格区间。

奥迪美国官方网站上写到，美国市场上目前新奥迪 A6 只有 3.2L 和 4.2L 两个排量，其价格分别为 4.262 万美元和 5.222 万美元。这样，美国版的 3.2L 折合人民币约为 35 万元，国内版本竟高出了 21 万～29.96 万元。

“和美国版的新奥迪 A6 相比，在核心配置方面，国内版的新奥迪 A6 发动机不是 FSI 的，而且不带全时四驱，变速箱还不是 Tiptronic，且价格也贵出很多。”某机构全球中国首席汽车分析师则认为，从目前 A6 的定价来看，肯定是改变老 A6 的产品定位了，这将使得原来老 A6 在 30 万～40 万元的区间被竞争对手们蚕食，假如奥迪今年年内没有弥补这个价格区间的车型，那么今年要想达到去年 5 万多辆的销量，几乎成了不可能完成的任务。

其实，奥迪采取高价策略，已经不是第一次了，以前奥迪 A4 也同样采用的是高价入市策略。这样，可以使汽车厂商在短时间内攫取大量利润，等到过一段时间后，竞争对手的车也上市了，消费者的热情也消退大半，再降价刺激市场，扩大市场占有率，提升销量。

奥迪自己不可能不知道高价入市的风险，但这两年大众在华业务销量和利润都逐年下滑，如果没有利润增长点，今年很可能出现20年来第一次亏损。奥迪A6新车型如果高价入市成功，则很可能避免全年的亏损。奥迪在中国这么多年的先入优势，品牌在消费者心目中的地位，经销商的实力，这次赌赢的胜算很大。但越往后，消费者越成熟，信息越透明，中国的消费者没理由愿意比美国的消费者买同样的车却多花二三十万。所以，大众奥迪就算赢了这次，使今年勉强不亏损，但明年能躲得掉吗？

【引例分析】

企业之间的竞争不仅是产品的竞争，也是定价模式的竞争。企业一方面要善于利用撇脂定价法，在新产品上市后的一段时期内尽量攫取丰厚利润，一方面要及时调整定价方法，以应对竞争对手的步步紧逼。

1. 定价策略

定价既是科学，又是艺术。如果说定价方法是从量的方面对产品的基础价格作出科学的计算，那么定价策略则是从艺术角度，根据市场具体情况制定出灵活机动的价格。常见的定价策略有：

1.1 高价攻入策略。企业在进入市场过程中，以产品为基础，采用高价攻入市场，获取一定的市场份额，进而建立长期的市场统治地位。这种策略的基础是高质量创新产品，可以为有名的大企业所采用，也适于中小企业。

例如，施乐公司以高价推出新型复印机。美国施乐公司1946年研制了干式复印机——施乐914型复印机。当时市场上所有的复印机均为湿式。湿式复印机在使用时，必须用专门涂过感光剂的复印纸，而印出来的是湿漉漉的文件，十分麻烦。相比之下，干式复印机就便利多了，不仅可以直接印出干燥的文件，而且成本也不高。该公司老板威尔逊决定把价格定为29 500美元，这个价格比成本高十多倍。他认为，只有高价才能体现其独特性。到了1960年，干式复印机畅销起来，公司拼命生产，仍然供不应求。仅1960年一年，公司出售干式复印机的营业额就高达3 300万美元，市场占有率15%。5年后，营业额高达39 263万美元，市场占有率66%。

1.2 低价攻入策略。企业在进入市场过程中，以低成本产品为基础，采用低价攻入市场，获取一定的市场份额，进而建立长期的市场统治地位。这种策略以长期的市场占有率为目标，有时甚至以初期的市场损失为代价，并视之为开发长期市场的投资。

例如，船王的低价秘方。1955年，包玉刚成立了环球航运公司，花了377万美元买了一艘已经使用了27年的旧货船，开始了航运的经营事业。那时世界经济兴旺，单程运费很高，但包玉刚不为暂时的高利润所动摇，从经营一开始就坚持采取低租金、长期合同的定价方法和经营方针。他不仅希望用低价策略吸引顾客，增强竞争能力，而且还希望用这种方式避免投机性业务，最大限度地减少风险。包玉刚正是在这种经营思想的指导下获得成功的。他将刚买到的第一艘船以比同行低得多的价格长期租给一家信誉好、财务可靠的租船户，然后再凭这长期租船合同向银行申请长期低息贷款。这样，包玉刚利用诚实和低价不仅获得了顾客和银行的青睐，而且依靠这种经营艺术使得他在短短的30年内一跃成为世界的著名船主之一。

1.3　优价攻入策略。企业在进入市场过程中，以优质产品为基础，采用中等价格攻入市场，使顾客以中等价格买到优质产品，获取一定的市场份额，进而建立长期的市场统治地位。这种优价攻入策略的基础是产品质量高于其价格，这种策略可为所有参与竞争的企业采用。

在举世瞩目的可乐战中，百事可乐成功利用优价攻入策略打入了为可口可乐所独霸的可乐市场。关键在于同样花5美分，顾客能够买到一瓶12盎司的百事可乐，而只能买到6.5盎司可口可乐。百事可乐在利用优价策略攻入市场的同时，还充分利用广告树立品牌形象。

2. 新产品定价策略

新产品定价分为受专利保护的创新产品的定价和仿制新产品的定价两种。创新产品的定价策略有以下几种。

2.1　撇脂定价

它是指在产品生命周期的最初阶段，把产品的价格定得很高，以攫取最大利润，这犹如从鲜奶中撇取奶油。企业之所以能这样做，是因为有些购买者主观认为某些商品具有很高的价值。从营销策划角度看，在以下条件下企业可以采取撇脂定价：市场有足够的购买者，他们的需求缺乏弹性，即使把价格定得很高，市场需求也不会大量减少。高价使需求减少一些，单位成本增加一些，但这不至于抵消高价所带来的利益。在高价情况下，仍然独家经营，别无竞争者。有专利保护的产品就是如此。以较高的价格刺激消费，以提高产品身份，创造高价、优质、名牌的印象，开拓市场。由于价格较高，可在短时间内获得较大利润，回收资金也较快，使企业有充足的资金开拓市场。在新产品开发之初，定价较高，当竞争对手大量进入市场时，也便于企业主动降价，增强竞争力，此举也符合顾客对价格由高到低的心理。

典型案例

索尼的HDTV定价策略

1990年，当索尼在日本市场首先引入高清晰度彩电（HDTV）时，这个高科技产品价值43 000美元，这种电视机定位于那些可以为高科技负担高价格的顾客。其后的三年，索尼不断降低价格以吸引更多的顾客，到1993年，日本顾客只要花费6 000美元就可以购得一台28英寸的高清晰度彩电。2001年，日本顾客仅需2 000美元就可以买到40英寸的高清晰度彩电，而这个价格是大多数人都可以接受的。索尼以此种方式从不同的顾客群中获得了最大限度的利润。

2.2 渗透定价

即企业把它的创新产品的价格定得相对较低，以吸引大量顾客，提高市场占有率。从市场营销策划角度看，企业采取渗透定价需具备以下条件：市场需求对价格极为敏感，因此，低价会刺激市场需求迅速增长；企业的生产成本和经营费用会随着生产经营经验的增加而下降；低价不会引起实际和潜在的竞争。

2.3 仿制新产品的定价

它需要决定：在产品质量和价格上，其产品应定位于何处。就新产品质量和价格而言，企业有9种可供选择的方式：优质高价；优质中价；优质低价；中质高价；中质中价；中质低价；低质高价；低质中价；低质低价。如果市场领导者正采取优质高价，那么新来者就应采取其他策略。

3. 现有产品定价策略

3.1 地区性定价策略

企业的产品不仅要销售给本地的顾客，还要销售给外地的顾客。产品运达地点不同，需要支付的费用也就不同。费用由谁承担，如何承担，对于不同地区的顾客是制定相同的价格还是不同的价格，这是企业需要面对的问题。地区性定价企划的形式主要有：

3.1.1 原地交货定价

企业可要求每一个购买者支付从工厂到目的地的运输成本。原地交货是将商品放到一个运载体上（船、火车、汽车等）时，就表明所有权和责任已转移到顾客手中，顾客就要支付从工厂到目的地的运费。采用此方法能公平合理地分派运输费用，但对偏远地区的顾客来讲，购买产品的价格则会上升。

3.1.2 统一运费定价

俗称邮标定价，即不论地理位置的远近，都向所有顾客收取同样价格的运费，这个运费是按平均运输成本来定的。采用此方法，对企业营销者来说容易管理，有利于巩固和增加企业的远距离目标市场占有率，但容易失去较近位置的部分市场。

3.1.3　区域定价

介于原地交货和统一运费两个定价方法之间。企业将销售市场划为若干区域，同一区域内的用户所付价格相同，较远区域的用户的价格略高一些。不同价格区域的两个相邻用户，对价格差异的存在具有较强的敏感性，所以在划定区域界线时，要注意价格差异程度，否则会引起消费者的不满。

3.1.4　基点定价

以某个城市为基点，向所有用户收取该城市到用户所在地的运费，无论货物实际运输的长短。倘若所有的卖主使用同样的基点城市，对所有顾客来讲交货价格就会相同，也就消除了价格竞争。

3.2　心理定价策略

心理定价策略，是针对顾客心理而采用的一类定价策略，主要应用于零售商业。

3.2.1　尾数定价

尾数定价，也称零头定价或缺额定价，即给产品定一个以零头数结尾的非整数价格。大多数消费者在购买产品时，尤其是购买一般的日用消费品时，乐于接受尾数价格。如0.99元、9.98元等。消费者会认为这种价格经过精确计算，购买不会吃亏，从而产生信任感。同时，价格虽离整数仅相差几分或几角钱，但给人一种低一位数的感觉，符合消费者求廉的心理。这种策略通常适用于基本生活用品。

3.2.2　整数定价

整数定价与尾数定价正好相反。企业有意将产品价格定为整数，以显示产品具有一定质量。整数定价多用于价格较贵的耐用品或礼品，以及消费者不太了解的产品。对于价格较贵的高档产品，顾客对质量较为重视，往往把价格高低作为衡量产品质量的标准之一，容易产生“一分钱一分货”的感觉，从而有利于销售。

3.3.3　声望定价

声望定价即针对消费者“便宜无好货，价高质必优”的心理，对在消费者心目中享有一定声望，具有较高信誉的产品制定高价。不少高级名牌产品和稀缺产品，如豪华轿车、高档手表、名牌时装、名人字画、珠宝古董等，在消费者心目中享有极高的声望价值。购买这些产品的人，往往不在于产品价格，而最关心的是产品能否显示其身份和地位，价格越高，心理满足的程度也就越大。

3.3.4　习惯定价

有些产品在长期的市场交换过程中已经形成了为消费者所适应的价格，成为习惯价格。企业对这类产品定价时要充分考虑消费者的习惯倾向，采用“习惯成自然”的定价策略。对消费者已经习惯了的价格，不宜轻易变动。降低价格会使消费者怀疑产品质量是否有问题。提高价格会使消费者产生不满情绪，导致购买的转移。在不得不需要提价时，应采取改换包装或品牌等措施，减少顾客抵触心理，并引导消费者逐步形成新的习惯价格。

3.3.5 招徕定价

这是适应消费者“求廉”的心理，将产品价格定得低于一般市价，个别甚至低于成本，以吸引顾客，扩大销售的一种定价策略。采用这种策略，虽然几种低价产品不赚钱，甚至亏本，但从总的经济效益看，由于低价产品带动了其他产品的销售，企业还是有利可图的。

小组讨论

案例1

北京地铁有家每日商场，每逢节假日都要举办“一元拍卖活动”，所有拍卖商品均以一元起价，报价每次增加五元，直至最后定价。但这种由每日商场举办的拍卖活动由于基价定得过低，最后的成交价就比市场价低得多。因此会给人们产生一种“卖得越多，赔得越多”的感觉。岂不知，该商场用的是招徕定价术。它以低廉的拍卖品活跃商场气氛，增大客流量，带动了整个商场的销售额上升。这里需要说明的是，应用此术所选择的降价商品，必须是顾客都需要，而且市价为人们所熟悉的才行。

案例2：

日本创意药房在将一瓶200元的补药以80元超低价出售时，每天都有大批人潮涌进店中抢购补药，按说如此下去肯定赔本，但财务账目显示盈余逐月骤增，其原因就在于没有人来店里只买一种药。人们看到补药便宜，就会联想到其他药也一定便宜，促成了盲目的购买行动。

【课堂讨论】

根据以上两个案例，请说说采用招徕定价策略时，要注意什么？

采用招徕定价策略时，必须注意以下几点：

（1）降价的商品应是消费者常用的，最好是适合于每一个家庭使用的物品，否则没有吸引力。

（2）实行招徕定价的商品，其品种要多，以便使顾客有较多的选购机会。

（3）降价商品的降低幅度要大，一般应接近成本或者低于成本。只有这样，才能引起消费者的注意和兴趣，才能激起消费者的购买动机。

（4）降价品的数量要适当，太多则商店亏损太大，太少则容易引起消费者的反感。

（5）降价品应与因伤残而削价的商品明显区别开来。

3.3.6 分档定价

分档定价，是指把同类商品比较简单地分成几档，每档定一个价格，以简化交易手续，节省顾客时间。

典型案例

服装店的定价策略

某服装店对某型号女装制定三种价格：260 元、340 元、410 元，在消费者心目中形成低、中、高三个档次。人们在购买时，就会根据自己的消费水平选择不同档次的服装。如果一味地定成一个价格，效果就不好了。一般情况下，如果相邻两种型号的商品价格相差大，买主多半会买便宜的；如果价格相差较小，买主则倾向于买好的。

4. 产品组合定价策略

大多数企业生产或营销的是多种产品，这些产品构成了该企业的产品组合。各种产品需求和成本之间存在着内在的相互联系。企业在修订价格时，要考虑到各种产品之间的关系，以提高全部产品的总收入。产品组合定价即从企业整体利益出发，对有关产品所做的价格修订。

4.1　产品线定价

产品线是一组相互关联的产品，企业必须适当安排产品线内各个产品之间的价格梯级。若产品线中两个前后连接的产品之间价格差额小，顾客就会购买先进的产品。此时，若两个产品的成本差额小于价格差额，企业的利润就会增加；反之，价格差额大，顾客就会更多地购买较差的产品。

4.2　任选品定价

任选品是指那些与主要产品密切相关的可任意选择的产品。许多企业不仅提供主要产品，还提供某些与主要产品密切关联的任选产品。最常见的例子是，顾客去饭店吃饭，除了要饭菜以外，还会要酒水等。在此酒水为任选品。

企业为任选品定价常用的策略有两种：第一，把任选品价格定得较高，靠它赢利多赚钱；第二，把任选品的价格定得低一些，以此招徕顾客。例如，有些饭店饭菜的价格定得较低，而酒水的价位则较高；另一些饭店正好相反，饭菜的价格定得较高，而酒水的价位则较低。

4.3　连带品定价

连带品是指必须与主要产品一同使用的产品。例如，胶卷是照相机的连带品，刀片是剃须刀架的连带品。

许多大企业往往是主要产品定价较低，连带品定价较高。以高价的连带品获取利润，补偿主要产品低价所造成的损失。例如，柯达公司给它的照相机制定较低的价格，而给胶卷制定较高的价格，增强了柯达照相机的市场竞争力，通过销售柯达胶卷赚钱，保持原有的利润水平。而不生产胶卷的中小企业，为了获取相同的利润，就只好把照相机的价格定高，其市场竞争力自然要受影响。

任务四　价格调整策略

【引导案例】

柯达公司生产的彩色胶片在20世纪70年代初突然宣布降价，立即吸引了众多的消费者，挤垮了其他国家的同行企业，柯达公司甚至垄断了彩色胶片市场的90%。到了20世纪80年代中期，日本胶片市场被“富士”所垄断。富士胶片压倒了柯达胶片。对此，柯达公司进行了细心的研究，发现日本人对商品普遍存在重质不重价的倾向，于是制定高价政策打响牌子，保护名誉，进而实施与富士竞争的策略。他们在日本发展了贸易合资企业，专门以高出富士1/2的价格销售柯达胶片。经过五年的努力和竞争，柯达终于被日本消费者接受，走进了日本市场，并成为与富士平起平坐的企业，其销售额也直线上升。

【引例分析】

这个案例表明，企业给产品定价以后，还应主动注意消费者对价格变动的反应，通过价格调整策略，帮助企业赢得市场。

1. 企业价格调整的原因

企业在给产品定价以后，由于情况变化，经常还要变动价格。变动价格主要有两种情况：一种是市场供求环境发生了变化，企业认为有必要调整自己的价格；一种是竞争者价格有所变动，企业不得不做出相应反应。

1.1　主动调整价格的策略

1.1.1　主动调整价格的原因

主动调整产品价格的策略，不外乎从两方面着手：降价，或是涨价。

（1）降价常见的原因。

①企业生产能力过剩，市场供大于求，需要扩大销售，但又无法通过改进产品和增加销售来达到目的，只好考虑降价。

②市场份额下降。如当日本小汽车以明显优势大量进入美国市场后，美国通

用汽车公司在美国市场份额明显减少，最后不得不将其超小型汽车在美国西海岸地区降价 10%。

③为争取在市场上的支配地位。公司用较低的价格，可增加产品的竞争力，扩大其市场份额，而销售的增加也降低了成本。

（2）涨价常见的原因。

涨价虽然给公司带来了利润，但是也会引起消费者、经销商和推销人员的不满，甚至会使公司丧失竞争优势。在下列情况下，企业会考虑涨价：

①成本膨胀。这是一个全球性的问题。材料、燃料、人工费、运费、科研开发费、广告费等不断上涨，导致企业压低了利润的幅度，因而也造成了公司要定期地提价。提高的价格往往比成本增加的要多。

②供不应求。当公司的产品在市场上不能满足所有消费者的需要时，可能会涨价，以减少或限制需求量。公司在涨价时，应通过一定的渠道让消费者知道涨价的原因，并听取他们的反映。公司的推销人员应帮助顾客找到经济实用的方法。

③竞争者提价。

1.1.2　主动注意各方面对价格变动的反应

（1）购买者对变价的反应。企业变价之后，要注意分析各方面的情况，特别是购买者对价格变动的反应。由于购买者对变价不理解，可能会产生一些对企业不利的后果。降价本应吸引更多的消费者，但有时对某些消费者却适得其反。这些消费者可能会认为降价是为了处理积压存货，降价的产品无好货，或是企业财务困难，该产品今后要停产，零配件将无处购买，价格可能还会进一步下跌，故会采取持币观望的态度。因此，不适当的降价反而会使销售量减少。

产品提价应该是抑制购买，但购买者可能会认为提高价是因为这种产品是畅销货，不及时购买将来可能买不到，或者以为该产品有特殊价值，值得购买，或认为该产品可能还要涨价，便会赶快去买。结果是涨风越大，抢购风越大。

因此，企业在产品涨价、降价之前和之后，都需要尽可能向消费者介绍清楚，让消费者了解情况，以便对变价做出正确的购买反应。

（2）竞争者对变价的反应。企业在营销中还往往会受到竞争变价的攻击，这就需要企业分析竞争变价的目的、持久程度和对本企业的影响并及时做出反应。可选择的策略如下：保持价格不变；保持价格不变的同时，改进质量、样式、包装等，用非价格手段来进行反攻；降价以扩大销售量；提价，同时研制新品牌以攻击对方，等等。

1.1.3　主动调价的方法

（1）调低价格对企业来说具有相当的风险。出于“一分钱一分货”的心理，消费者可能会认为降价产品的质量低于竞争产品质量。同时，降价也有可能引发价格战，造成不必要的过度竞争。所以调低价格策略应该与开发更有效。成本较低的产品相结合才会更有效。同时掌握好降价的时机与幅度。

①降价的时机。不同的商品的降价时机不同，日用品选择节日前后，季节性商品应选择节令相交之时。

②降价的方式。降价的方式有明降和暗降。暗降的方式有增加商品的附加服务、给予折扣和津贴、实行优待券制度、予以实物馈赠和退还部分货款等。

③降价的幅度。幅度一般不宜过大，尽量一次降到位，切不可出现价格不断下降的情况，以免造成消费者产生持币待购的局面。

(2) 消费者一般都不欢迎产品提价。因此策划人员应当合理掌握提价的时机、幅度及方式。

①涨价的时机。为避免顾客和中间商的不满，可以限时提价，在供货合同中写明调价的条款。

②涨价的幅度。涨价的幅度不宜过大，国外一般是5%，也可参照竞争者的价格变化。

③涨价的方式。涨价有明调与暗调两种方式。明调是直线提高价格，而其他条件不发生任何变化。暗调的方式有减少产品包装数量、更换商品型号种类、取消优惠条件等手段。一般的做法是避免明调，采用暗调。

1.2 被动调整价格的策略

1.2.1 一般市场者的对策

被动调价是指企业对率先进行价格调整的竞争者的价格行为所做出的调价反应。在市场经济的条件下，价格竞争随时都可能爆发，企业必须随时做好准备，建立自己的价格反应机制，始终关注市场价格动向和竞争者的价格策略。

(1) 应对措施。

面对竞争者率先调整价格，被动跟随竞争者调整的情况，对于不同的产品市场，其应对措施如下：

①对于同质产品，如果竞争者降价，企业也要随之降价，否则，顾客就会购买竞争者的产品。如果竞争者提价，企业可以灵活面对，或者提价，或者不变。

②对异质产品，企业有较大的余地对竞争者价格调整做出反应，如不改变原有价格水平，可采取提高产品质量和服务水平、增加产品服务项目、扩大产品差异等来争夺市场竞争的主动权。

(2) 探析问题。

在采取行动之前，企业应当先比较不同反应的可能结果。一般要分析研究以下问题：

①竞争者为什么要变动价格？是想扩大市场，以充分发挥它的生产能力，还是为了适应成本的变化？或者是希望引起全行业的一致行动，以获得有利的需求？

②竞争者的价格变动是暂时的，还是长期的？

③若对竞争者的价格变动置之不理，企业的市场占有率和利润等会受到什么

影响？其他企业又会怎么办？

④对企业每一个可能的反应，竞争者和其他企业又会有什么举动？

（3）主要对策。

由于企业市场地位和营销成本、产品特性以及市场环境的实际情况不同，企业被动调价时的策略也应不同，可供企业选择的对策主要有：

①随之调整价格，尤其对于市场主导者的降价行为，中小企业很少有选择的余地，只能被迫应战，随之降价；

②反其道而行之，同时推出低价或高价新品牌、新型号产品，以围堵竞争者；

③维持原价不变，如果随之降价会使企业利润损失超过承受能力，而提价会使企业失去很大的市场份额，维持原价不失为明智的策略选择，同时也可以运用非价格手段进行回击。

1.2.2　市场领导者的对策

市场领导者有如下对策可供选择：

（1）保持价格不变。

市场领导者认为，削价会减少太多利润，而保持价格不变，市场占有率也不会下降太多，必要时也很容易夺回来。借此机会，正好甩脱一些所不希望的买主，自己也有把握掌握住较好的顾客。

（2）运用非价格手段。

比如企业改进产品、服务和市场传播，使顾客能买到比在竞争者那儿更多的东西。很多企业都发现，保持价格不动，同时增加给顾客提供的利益，往往比削价和低利经营更合算。

（3）降价。

市场领导者之所以这么做，是因为削价可以增加销量和产量，进而增加市场占有率，同时，市场对价格非常敏感，不削价会丢失太多的市场占有率，而市场占有率一旦下降，就很难恢复。

（4）涨价。

有的市场领导者，不是维持原价或削价，而是提高原来产品的价格，并推出新的品牌，围攻竞争者品牌。

2. 价格折扣策略

为了鼓励顾客及早付清货款及大量购买、淡季购买，还可以酌情降低其基本价格。

典型案例

日本东京银座美佳西服店为了销售商品采用了一种折扣销售方法，颇获成功。具体方法是这样：先发一公告，介绍某商品品质性能等一般情况，再宣布打折扣的销售天数及具体日期，最后说明打折方法：第一天打九折，第二天打八折，第三、四天打七折，第五、六天打六折，以此类推，到第十五、十六天打一折。这个销售方法的实践结果是，第一、二天顾客不多，来者多半是来探听虚实和看热闹的；第三、四天人渐渐多起来；第五、六天打六折时，顾客像洪水般地涌向柜台争购。以后连日爆满，没到一折的售货日期，商品早已售罄。这是一则成功的折扣定价策略。妙在准确地抓住了顾客的购买心理，有效地运用折扣售货方法销售。人们当然希望买质量好又便宜的货，最好能买到二折、一折价格出售的货，但是有谁能保证到你想买时还有货呢？于是出现了头几天顾客犹豫，中间几天抢购，最后几天买不着者惋惜的情景。

价格折扣和折让的形式主要有以下几种。

2.1 现金折扣

这是企业给那些提前付清货款顾客的一种折扣。例如，顾客在 30 天必须付清货款，如果 10 天内付清货款，则给予 2% 的折扣。

2.2 数量折扣

这种折扣是企业给那些大量购买某种产品的顾客的一种优惠，以鼓励顾客购买更多的货物。因为大量购买能使企业降低生产、销售、储运、记账等环节的成本费用，进而增加利润。例如，顾客购买某种商品 100 单位以下，每单位 10 元；购买 100 单位以上，每单位 8 元。这就是数量折扣。

2.3 功能折扣

这种价格折扣又叫贸易折扣。功能折扣是制造商给某些批发商或零售商的一种额外折扣，以促使他们执行某种市场营销功能（如推销、储存、服务）。

2.4 季节折扣

这种价格折扣是企业给那些购买过季商品或服务的顾客的一种优惠，以使企业的生产和销售在一年四季保持相对稳定的状态。例如，滑雪橇制造商在春夏季给零售商以季节折扣，以鼓励零售商提前订货；旅馆、航空公司等在营业额下降时给顾客以季节折扣。

2.5 折让

折让即“以旧换新”。折让也是一种降低产品价格的方法。在购买企业新产品时，如同时交回旧货即给予降低售价的优惠待遇。如电视机、洗衣机的折让法，目的是树立一种处处为用户着想的企业形象。

3. 差别价格策略

通过制定两种或两种以上不反映成本比例差异的价格来推销一种产品或者提供一项服务，这就是差别定价。它有以下几种形式。

3.1　顾客差别定价

对同样的产品或服务，不同顾客支付不同的数额。如公交公司对成年人和120cm以下的儿童收取不同的费用。

3.2　产品差别定价

产品的品种、规格、牌誉和样式不同，制定的价格也不同。如自行车、服装等款式新颖的，其价格会比同类产品高。

3.3　地点差别定价

不同地点、区域、场所、位置、方位等可制定不同价格。如戏院的包厢收取的费用高于大厅；剧场中间和前面座位票价高，边座和后座票价低；飞机前舱票价高于后舱票价。

3.4　时间差别定价

不同日期，不同钟点，都可以采用不同的价格。如长途电话在晚间及节假日比平常便宜一半，旅游区在淡季和旺季收费也不同。

典型案例

蒙玛公司在意大利以无积压商品而闻名，其秘诀之一就是对时装分多段定价。它规定新时装上市，以3天为一轮，凡一套时装以定价卖出，每隔一轮按原价削10%，以此类推，那么到10轮（一个月）之后，蒙玛公司的时装价就削到了只剩35%左右的成本价了。这时的时装，蒙玛公司就以成本价售出。因为时装上市才仅一个月，价格已跌到1/3，谁还不来买？所以一卖即空。公司最后结算，赚钱比其他公司多，还没有积压。

【同步案例】

休布雷公司：巧妙定价

休布雷公司是美国生产和经营伏特加酒的专业公司，其生产的史密诺夫酒在伏特加酒市场享有较高的声誉，其市场占有率达23%。20世纪60年代，另一家公司推出一种新型伏特加酒，其质量不比休布雷公司的史密诺夫酒差，每瓶价格却比它低1美元。

面对对手的价格竞争，按照惯常的做法，休布雷公司有三种对策可以选择：

(1) 降价1美元，以保住市场占有率；

(2) 维持原价，通过增加广告费用和推销支出与竞争对手相对抗；

(3) 维持原价，任凭其市场占有率降低。

由此看出，不论休布雷公司采取其中哪种策略，它都似乎输定了。

思考题

如果你是休布雷公司的营销人员，你会怎样做？

【习题与思考题】

(一) 单项选择

1. 随行就市定价法是（　　）市场的惯用定价法。

A. 完全垄断　B. 异质产品　C. 同质产品　D. 垄断竞争

2. （　　）是企业把全国分为若干价格区，对于卖给不同价格区顾客的某种产品，分别制定不同的地区价格。

A. FOB原产地定价　B. 分区定价

C. 统一交货定价　D. 基点定价

3. 某服装店售货员把相同的服装以800元卖给顾客甲，以600元卖给顾客乙，该服装店的定价属于（　　）。

A. 顾客差别定价　B. 产品形式差别定价

C. 产品部位差别定价　D. 销售时间差别定价

4. 为鼓励顾客购买更多物品，企业给那些大量购买产品的顾客的一种优惠称为（　　）。

A. 功能折扣　B. 数量折扣　C. 季节折扣　D. 现金折扣

5. 企业利用消费者因仰慕名牌商品或名店声望所产生的某种心理而制定的价格为（　　）。

A. 尾数定价　B. 招徕定价　C. 声望定价　D. 反向定价

6. 统一交货定价就是我们通常说的（　　）。

A. 分区定价　B. 运费免收定价　C. 基点定价　D. 邮资定价

7. 企业因竞争对手率先降价而做出相应降价的策略主要适用于（　　）市场。

A. 垄断竞争　B. 差别产品　C. 完全竞争　D. 同质产品

8. 招徕定价指（　　）利用部分顾客求廉的心理，特意将某几种商品的价格定的较低以吸引顾客。

A. 生产者　B. 竞争者　C. 批发商　D. 零售商

9. 企业的产品供不应求，不能满足所有顾客需要的情况下，企业就应考虑（　　）。

A. 降价　　B. 提价
C. 维持价格不变　　D. 降低产品质量

10. 以高于价值的价格将新产品推入市场，然后再降价，这种新产品定价策略属于（　　）。

A. 撇脂定价　B. 渗透定价　C. 温和定价　D. 满意定价

（二）多项选择

1. 差别定价法的主要形式有（　　）。

A. 顾客差别定价　　B. 销售时间差别定价
C. 产品包装差别定价　　D. 产品形式差别定价
E. 产品部位差别定价

2. 影响企业定价的主要因素有（　　）。

A. 经营者意志　B. 定价目标　C. 产品成本
D. 竞争者价格　E. 市场需求

3. 地区定价策略有（　　）。

A. FOB 原产地定价　　B. 基点定价
C. 分区定价　　D. 运费免收定价
E. 统一交货定价

4. 下面的定价方法中，哪些属于成本导向法（　　）

A. 目标定价法　　B. 成本加成法
C. 随行就市法　　D. 密封投标定价法
E. 需求导向认知法

5. 下面的定价方法中，哪些属于竞争导向定价法（　　）。

A. 需求差别定价法　　B. 密封投标定价法
C. 随行就市定价法　　D. 地位标志定价法
E. 成本加成定价法

6. 以下情况下，企业往往采取随行就市定价法（　　）。

A. 产品属于异质性　　B. 企业打算与竞争对手和平共处
C. 难以了解另行定价的后果　　D. 难以估算成本
E. 企业有较大自由度

7. 心理定价的主要形式有（　　）。

A. 分区定价　B. 尾数定价　C. 招徕定价　D. 声望定价
E. 差别定价

8. 价格折扣的主要类型有（　　）。

A. 现金折扣　B. 价格折让　C. 数量折扣　D. 季节折扣

E. 功能折扣

9. 企业的定价目标包括（　　）。

A. 维持生存　　B. 击败竞争对手

C. 当期利润最大化　　D. 产品质量最优化

E. 市场占有率最大化

10. 引起企业提价的原因有（　　）。

A. 产品生产能力过剩　　B. 企业成本费用比竞争者低

C. 市场占有率下降　　D. 通货膨胀

E. 产品供不应求

（三）思考题

1. 价格策划的基本流程及步骤有哪些?

2. 制定价格可选择哪些基本方法与策略?

3. 价格折扣与折让有哪些形式?

4. 新产品定价策划有哪两种方式?

5. 怎样理解变动价格的策划?

6. 一家彩电生产企业的经理，发现彩电在农村市场和城市市场的需求是不同的，他会采取差别定价策略吗？谈谈实行差别定价策略的条件。

7. 在原材料价格上涨得很厉害，产品确实需要提价的情况下，你的老板因种种顾虑，又不想直接把销价提高，你会给他什么建议？为消除和降低顾客的不满情绪，你还有哪些比较好的建议?

【案例阅读与分析】

“原子笔”的定价策略

美国有一位名叫米尔顿·雷诺滋的企业家。在 1946 年 6 月，他到阿根廷谈生意，发现了圆珠笔。其实，圆珠笔的原始设计早在 1888 年就已问世，只是没有形成批量生产，不为世人所知罢了。

雷诺滋认为圆珠笔具有广阔的市场前景，于是立即赶回国内，与人合作，不分昼夜地研究改进，只用了一个多月的时间，他就拿出了自己的样品，并巧妙地利用当时人们原子热的情绪，将其取名为“原子笔”。之后，他拿着仅有的一个样品来到纽约的金贝尔百货公司，向公司主管们展示这种原子时代的奇妙笔的不凡之处：可以在水中写字，也可以在高海拔地区写字。这些都是雷诺滋根据圆珠笔的特点和美国人追新求异的性格，精心制定的促销策略。公司老板被这支奇妙的笔打动了，拍板订购了 2 500 支，并同意采用雷诺滋的促销口号作为广告。

当时，这种圆珠笔的生产成本仅 0. 50 美元，但雷诺滋认为，这种产品在美国是第一次出现，尚未有竞争者，就果断地将价格定在 12. 50 美元。零售商又以每支 20 多美元的价格卖给消费者。雷诺滋认为，只有这样的价格才能显示出这种笔的非凡之处，配得上“原子笔”的名称。尽管价格如此高昂，圆珠笔却在一段时间以其新颖、奇特和高贵的形象而风靡美国，在市场上十分畅销。金贝尔百货公司第一次销售这种笔时，竟出现几千人争购“奇妙笔”的壮观场面。订单像雪片般飞向雷诺滋的公司。短短半年，不仅收回了生产圆珠笔所投入的 2.6 万美元资本，还获得了 155 万美元的税后利润。后来，其他厂家蜂拥而上，导致产品成本下降到 0.10 美元一支，零售价也降到 0.70 美元，但雷诺滋已经大大地捞了一把。

思考题

1. 原子笔在当时作为新产品，其生产者采取的是何种定价策略？
2. 对原子笔采取高价策略的理由是什么？

【实训操作】

实训题一

指出下列产品的定价策略：

1. 单位产品总成本 50 元，销售价 90 元。
2. 单位产品销售价格 60 元，七折出售。
3. 一套产品八件，分别购买价格累计 150 元，成套购买 130 元。
4. 某产品定价 3.98 元。
5. 某产品定价 1 188 元。

实训题二

实训项目　手机市场价格策略评析

实训目的　加深对各种价格策略的理解，进一步了解价格制定、修订和变动的原因，培养价格策划的能力。

实训组织　选定调查对象、实施调查、分析讨论

实训内容　对手机市场价格现状进行调查；对某品牌手机价格策略进行评析。

实训考核　分组撰写评析报告，并进行班级交流

项目八

营销渠道决策

【学习目标】

知识目标

1. 了解营销渠道的含义。

2. 掌握营销渠道成员的类型，熟悉渠道成员的职能。

能力目标

1. 能运用营销渠道设计要求设计营销渠道。

2. 掌握渠道成员的类型及职能，并可以对其进行管理。

任务一　营销渠道的含义及作用

【引导案例】

奥康营销渠道的“三次革命”

这是一个凡事都讲创新的年代，市场用利润和销售增长的方式奖励着以创新赢得客户的公司。得终端者得天下。从过去到现在，渠道问题依然是企业营销的核心话题。从分销、扁平化到直销，从专卖店到大卖场，从制造商、经销商到零售商的这个链条里，新的故事不断上演。

20 世纪 90 年代早期，由奥康开创的“厂商联营，引厂入店”的营销渠道模式，是对鞋业营销渠道模式的第一次革命——厂家承租国营商场柜台，自产自销，进而开设“店中店”“专柜”。

奥康的第二次革命出现在 1998 年，当时王振涛意识到“麦当劳式”的连锁模式应该是奥康跑马圈地的最好选择。皮鞋的销售有着季节性强、小批量、型号多、服务性强等特点，比较适合采用专卖店的流通形式。如果发展连锁专卖网络，可以达到大量圈地，迅速在二、三级城市进行扩张的目的。

1998 年，奥康首开鞋业连锁，其专卖店在短短的 5 年时间内，在全国开设了 3 000 家，而鞋业连锁模式亦得到业界认可，已成为中小鞋业企业扩张之路的不二选择。

但后来，奥康在其“大本营”——长三角，却遭遇了始料未及的危机。因为在全国，长三角的房价上涨幅度首屈一指，上海、杭州、温州的房价全面上涨20%～30%，有的地段升幅甚至超过70%。所以销售终端的很大的一块利润都要被房租吃掉，很多商店只能惨淡经营。服饰行业、连锁专卖都面临同样的问题。而连锁店通常对选址的要求严格，一般要选在人流量大的城市中心位置。

从2002年开始，奥康计划将其下个品牌积聚起来在一个零售店出售，开设国内鞋业独有的“品牌超市”，定名为“名品空间”，包括自己的奥康、康龙、美丽佳人三个主力品牌和一个意大利鞋业巨头合作的GEOX品牌，分别代表四种不同风格消费体验的产品。“这是一个大趋势，多元化专卖店将取代单品牌专卖店。这可以视之为奥康对终端的又一次革命。”王振涛认为。

从2002年11月，温州总部的第一个“名品空间”样板店开业，短短数月中，在全国范围内复制了70余家连锁店，全部为直营。此外，“名品空间”也不必开在一流地段的一流位置，可以选取相应的二流地段的一流位置。同样的面积，地段租金至少相差3倍以上，这就给成本控制留下了很大余地。

【引例分析】

商品的营销渠道策略是企业面临的重要问题之一。社会生产力的发展水平是商品流通渠道和中间商形成和发展的基础。不同商品的自然属性、消费结构、消费方式等特点，形成了功能各异的代销、经销、批发、零售等销售渠道的组织形式。随着市场范围和规模的扩大，市场竞争的激烈，企业为了追求最佳的市场交易形式，总是选择最佳的营销渠道组织形式，实现企业市场的经营目标。

1. 营销渠道的含义

营销渠道就是指负责产品或服务从生产者向消费者或用户转移所有权或帮助所有权转移的一切组织和个人。绝大部分商品从生产者到达消费者手中需要经过一系列的中介机构，即中间商，这样就形成了营销渠道。

生产者、中间商、消费者因商品的流动而连接起来，被形象地称为渠道成员。

2. 营销渠道的模式

产品营销渠道可根据渠道层次的数目来划分类型，进而确定模式。在产品从制造商向消费者转移的过程中，任何一个对产品拥有所有权或负有推销责任的机构，都可成为一个渠道层次。渠道层次的多少决定了渠道的具体模式。由于产品的消费目的与购买特点等具有差异性，于是就形成了消费品市场的营销渠道和产业市场的营销渠道这样两种基本模式。每一种基本模式中又存在具体的营销渠道模式，如图8－1－1所示。

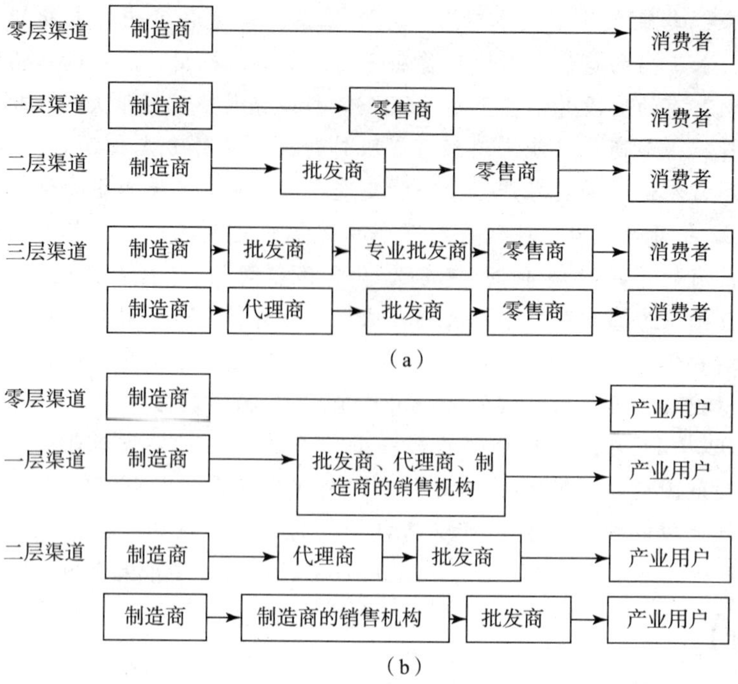

图 8-1-1　营销渠道

(a) 消费品市场的营销渠道；(b) 产业市场的营销渠道

2.1　直接渠道和间接渠道

按商品在交易过程中是否经过中间环节，可以将营销渠道分为直接渠道和间接渠道。直接渠道是指生产企业不通过流通领域的中间环节，将产品直接卖给消费者的营销渠道。间接渠道是指商品从生产者转移到消费者或用户手中需要经过若干中间商的营销渠道。

零层渠道通常叫做直接市场营销渠道。直接市场营销渠道是指产品从制造商流向最后消费者的过程中，不经过任何中间商转手的市场营销渠道。制造商直接销售的主要方式有上门推销、产品展示会、邮寄销售、电视直销、网上直销和生产者自设商店等。

一层渠道包括一种类型的中间商。在消费品市场，这个中介机构通常是零售商，在产业市场则可能是代理商或经纪人。

二层渠道包括两种类型的中间商。在消费品市场通常指批发商和零售商，在产业市场则可能是代理商和批发商。

三层渠道包括三种类型的中间商。在消费品市场上通常有一专业批发商处于大批发商与零售商之间，即专业批发商向大批发商进货，再卖给无法直接从大批发商进货的小零售商；或是制造商通过代理商将产品批给批发商、零售商。

更多层次的市场营销渠道虽然存在，但不多见。从制造商的角度来看，渠道层次越多越难控制，出现的矛盾和问题也会越多。

每个企业的经营战略不同，渠道策略也会有所区别。

2.2　长渠道和短渠道

营销渠道的长度也就是营销渠道中中间商层级数量的多少。如果用中间商的级数来表示渠道的长度，则级数越多，表明渠道越长，反之表明渠道越短。

2.3　宽渠道和窄渠道

营销渠道的宽度也就是营销渠道中每一流通层级中中间商的数量多少。如果用每一级中间商的数量来表示渠道的宽度，则数量越多，表明渠道越宽，反之则表明渠道越窄。饮料类产品采用的宽渠道图例如图 8－1－2 所示。

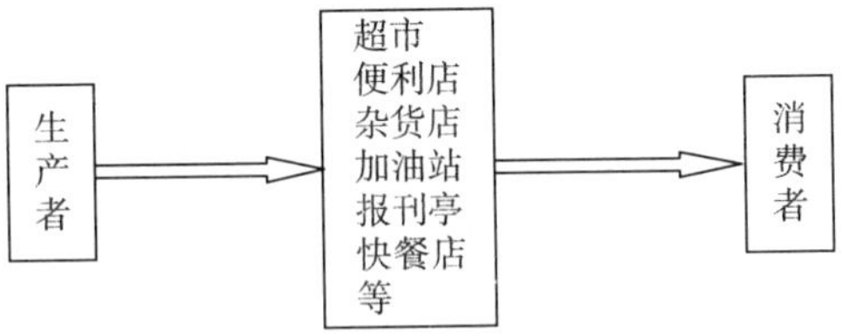

图 8－1－2　饮料市场营销渠道

可口可乐和百事可乐公司销售饮料时就选择了宽渠道，单单零售商这个层级中就拥有成千上万的零售商（超市、便利店、杂货店、加油站、报刊亭、快餐店、网吧等）。可口可乐和百事可乐这样像毛细血管一样的营销渠道，显然是其他品牌饮料无法比拟的。

而娃哈哈更注重和本土经销商共同成长和创造一个双赢的营销格局。目前，娃哈哈在全国各地有 1 000 多家经销商，这些直接向娃哈哈打抵押款的核心经销商同娃哈哈的 2 000 多名销售人员一起，构成了娃哈哈的一张销售大网。娃哈哈全系列的产品正是通过这个密如蛛网的“通路”遍布神州的。

任何一种渠道方式都不能达到十全十美。宽渠道范围广，广大消费者可以随时随地买到企业的产品，而且可以造成中间商之间的竞争。但由于同类型的中间商数目多，使中间商推销企业的产品不专一，不愿为一企业付出更多的费用。另外，在宽营销渠道下，生产企业和中间商之间的关系松散，使得在交易中中间商会不断变化。

采取窄渠道的生产者在中间环节上一般只选择一家中间商为之推销商品。窄营销渠道范围较窄，适用于销售技术性强、生产批量小的商品。生产企业只选择那些熟悉本企业产品技术性能的中间商经销自己的产品。如劳力士手表在营销中选择了窄渠道，在零售商这个层级中就只选择某个珠宝店推销商品。劳力士手表采用的窄渠道图例如图 8－1－3 所示。

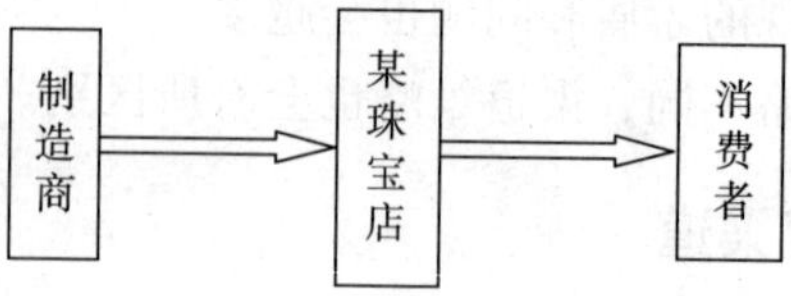

图 8-1-3　劳力士手表窄渠道图例

窄渠道的优点是生产企业和中间商之间的关系密切，相互有较强的依附关系，销售和生产相互促进。不足的是风险较大，一旦双方关系出现变化，便会影响生产或销售。

企业必须决定每个渠道层次使用多少中间商，即决定渠道的宽窄。渠道的宽窄体现在以下三种中间商的选择策略上，营销渠道的宽与窄图示如图 8-1-4 所示。

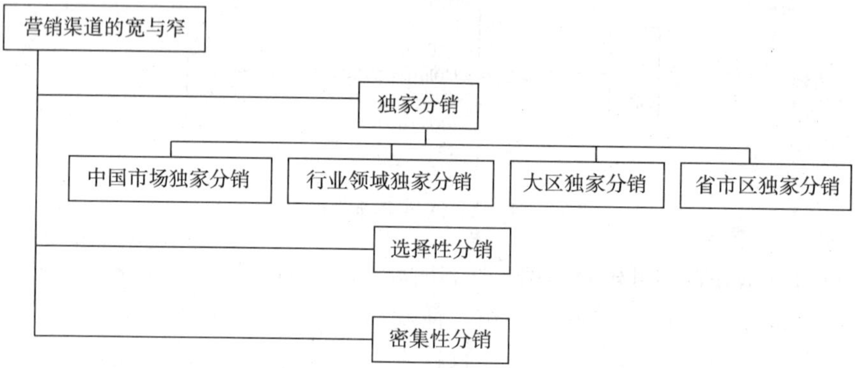

图 8-1-4　营销渠道的宽与窄图示

2.3.1　独家分销

独家分销指制造商在某一地区严格地选择一家最适合的中间商经营本公司产品或服务。通常双方协商签订独家分销合同，规定独家分销商不得经营竞争品牌。它适用于制造商想对分销商进行有效的控制的情况。这种策略适用于一些名牌和奢侈品，如汽车、家用电器、时装等。

美国通用汽车公司针对汽车市场的竞争状况，首先创立了独家代理的销售渠道。在一个城市，一个地区，甚至是一个国家只选择一家代理商，由它独家经营通用公司的产品。这一渠道模式使通用公司和代理商均获得了理想的收益，并为通用公司取得世界汽车的霸主地位奠定了基础。这一模式很快在汽车行业推广开来。

独家分销在形式上主要有以下几种模式。

（1）中国市场独家分销。这种模式是境外企业寻求开拓中国内地市场的常用办法，也为国内企业所采用。

2007 年 8 月 16 日下午，美国第三大 PC 厂商 Gateway 与中国最大的 IT 分销商神州数码在北京举行签约仪式，宣布 Gateway 正式进入中国。神州数码成为 Gateway 产品在中国市场的独家经销商。

要不要把偌大的“中国市场”放到一个“篮子”里，谁也不敢给出正确的答案，只能是具体情况具体分析。

(2) 行业领域内独家分销。例如，四川省泸州市邮政局受省邮政局委托，与四川郎酒集团有限责任公司签订了经销协议书，获得了郎酒集团公司系列酒产品在全国邮政系统内部的总经销权。

(3) 大区独家分销。即把整个中国市场划分为几大片区，把每个片区产品经销权交给一家企业。国内很多企业采用这种渠道开展营销活动。如神舟电脑，从原来的主要“店面直销”模式逐渐转变为大区域独家分销的模式。具体请看以下资料。

在2008年，全球电脑市场笔记本电脑的份额超过台式机已成定论，作为正在高速成长的全球第一大新兴市场，中国电脑市场的这一趋势也十分明显。作为近年来本土品牌中成长最为迅速的神舟电脑，更是走在了这一市场潮流的前头。从天运、承运再到优雅，三大系列神舟笔记本电脑产品在保持超卓的性价比的同时，更依靠神舟电脑独特的“店面直销”模式，在笔记本零售市场销量迅速扩大成为前三甲的品牌。

但神舟电脑并未故步自封于原有的优势模式上，在先后扩展了在线和电话直销、3C 连锁卖场等新兴模式和渠道后，又推出了新的“承龙”系列笔记本电脑，并采用大区域独家分销的模式，向更深层的市场迈进。

此次神舟电脑推出“承龙”系列笔记本及“商禧”系列液晶一体电脑，并首次采用大区域独家分销的新渠道模式，给那些为神舟电脑极具竞争力的产品所吸引，又想充分发挥自身在区域渠道分销优势的渠道商，提供了一个非常有吸引力的加盟机会。目前，神舟电脑仅把中国市场分为南方大区和北方大区。

(4) 省市区独家分销。目前，制造商采用最多的就是这种独家分销模式，但目前有渠道重心进一步下沉的趋势。总经销权向市县级移动，既能调动经销商积极性，又能完善市场布局，增强渠道的可控制性，如商务通采取省市区独家经销制。

2.3.2　选择性分销

选择性分销是指精心挑选愿意经销本公司产品的少数几家中间商经营本企业的产品。选择性分销市场覆盖面较宽，有利于实施市场控制和节约成本。一些有较高信誉的公司大多利用选择性分销方式来寻找和选择经销商。消费品中的选购品（如时装、鞋帽、家用电器等）适合选择性分销，新产品开发的试销阶段也适宜采取选择性分销。

“李宁”牌服装在全国每一个地市（包括县域），就是只精心挑选愿意经销“李宁”牌服装的少数几家中间商加盟，这样既统一了“李宁”牌服装的企业形象和产品形象，又有利于实施市场控制和节约渠道建设成本，使其可以在耐克、阿迪达斯、安踏、锐步等品牌的夹缝中稳步前行。

2.3.3 密集性分销

密集性分销是指尽可能多地使用经销商来销售本企业的商品或劳务，以求迅速进入目标市场或扩大市场的策略。一些日用小商品、生活必需品（如糖果、饼干、牙膏、肥皂、香烟、通用小工具等）和工业品中的通用机具多采用宽渠道的密集性分销。

在咽喉药市场上，广西“金嗓子”喉宝以6亿元的年销售收入和30%的市场份额稳居市场龙头老大的位子。“金嗓子”喉宝进入旅游点、机场、车站、商场、药店等便利店，渗透到千家万户。“金嗓子”喉宝选择的就是宽渠道的密集性分销。

以上三种营销渠道策略，应根据企业自身和产品市场变化情况灵活运用。例如，企业的产品处在生命周期的不同阶段，其营销渠道策略也应随其发生变化。

（1）在产品的投入期，消费者对新产品不了解，企业可采取选择性分销策略，选择几家有影响力的中间商经销自己的新产品；

（2）到了产品的成长期或成熟期，大部分消费者对产品已有所了解，企业就可采取密集分销策略，以扩大市场面，全面打开市场；

（3）当产品处于衰退期时，企业则可缩小销售面，以待产品的更新换代。

2.3.4 单渠道与多渠道

单渠道是指制造商采用同一类型渠道分销企业的产品，渠道比较单一。

多渠道是指制造商根据不同层次或地区的消费者的情况，选用不同类型的营销渠道。

3. 营销渠道的作用

营销渠道对产品从生产者转移到消费者所必须完成的工作加以组织，其目的在于消除产品（或服务）与使用者之间的分离。

（1）研究。收集制订计划和进行交换所必需的信息。

（2）促销。进行关于所供应商品的说服性沟通。

（3）接洽。寻找可能的购买者并与之进行沟通。

（4）配合。使所供应的商品符合购买者需要，包括分类、分等、装配、包装等活动。

（5）谈判。为了转移所供应商品的所有权就其价格及有关条件达成最后协议。

（6）实体营销。从事产品的运输、储存。

（7）融资。为补偿渠道工作的成本费用而对资金的获取与支出，以赊销和预收商品贷款等。

任务二 营销渠道的设计及管理

【引导案例】

美的公司营销渠道建设与管理案例分析

美的集团董事局主席何享健认为“以事业部为经营主体开展营销工作”已不适应目前市场，目前美的集团营销资源浪费严重，所以，美的集团从高层探索新营销模式，对美的集团旗下多个事业部的营销资源进行大整合。

美的此举自然而然引发了大量关于企业自建渠道究竟能不能继续走下去的讨论。其中不乏很多通过比较专卖店和大卖场两种渠道模式优劣，得出堪喜或堪忧的结论。单纯从两种渠道模式进行比较并不能如实反映中国特殊的家电市场业态并据以预测未来的发展前景，因此，必须结合中国家电市场渠道发展历程及背景来进行分析。

一、自建渠道＝冲动?

家电制造商们纷纷自建营销渠道，是当时特殊的背景催生出来的新生品，是企业站在战略高度实现未来良好稳定发展的战略选择。退一步而言，即使说家电制造商们的自建渠道是一种商业冲动，那也是具有中国特色的商业化冲动。

首先，巨大的尚待挖掘的二、三级市场及农村家电市场的潜在消费者是战略的根本。再好的产品如果没有销售、没有市场份额的支撑，根本毫无价值可言。尤其是在产品同质化和标准化横行的今天，企业难以复制、难以模仿的核心竞争力的培养就不断延伸到产品本身所不能解释的更加无形的能力和资源。

其次，紧张的零供关系是直接的导火线。家电连锁企业对家电制造商的威胁不光是进店费和占用现金流，它已经影响到企业的排产计划。在厂商博弈中，原本就处于下风的制造厂家现在更加弱势，家电制造厂家的市场话语权日趋减弱，利润空间日益缩小，但是，制造商想要快速走货，还得看国美、苏宁等家电连锁巨头的脸色。在中国家电企业日益利微化的严酷现实环境下，是制造商正面面对连锁大卖场的时候了。自建品牌专卖店也许是家电制造厂家的一剂良方。由此可见，对于家电制造商们而言，自建渠道不是简单的逃离连锁巨头的经济利润压榨问题，更多的是企业发展需要，企业战略需要。

二、专卖店优势对比

制造商们所倡导的专卖店形式的销售模式，与大卖场相比，具有独特的优势，这也成为其能继续生存发展的资源优势：网络覆盖广、门店投入不大、门槛相对较低、导购环境更优越、导购人员更专业、售后安装维修服务更及时，等等。因此，在专业性上，企业自身专卖店具有无可比拟的优势。虽然比不上大卖场的一站式服务和货比三家服务，专卖店却凭借独有优势在家电市场上拥有一席之地。

家电制造商们并不会就此停止自建渠道的步伐，只要自建渠道模式还能为其带来更高利润。

三、适合的才是最好的

当初格力与国美决裂之后毅然决然走向自建渠道之路，在很多业界人士对其前景颇为担忧的时候，格力不仅销售额没有下降，还保持了30%的年增长率。2006年，格力坚定地加速了扩张步伐，在全国广建专卖店，这种自建渠道的销售模式一度备受争议。但一年多后，格力用销售业绩“说话”，回击了业界对“自建渠道”的悲观主义论调。但是格力成功的模式并不是对每个企业都奏效，至少说不是全部都奏效。

我们知道，企业的经营除了营销模式，还受制于企业的发展战略、产品规划、品牌建设、企业文化建设等诸多方面，最主要的还是解决好发展战略问题。格力稳定的发展战略品是最有特色的，很值得力图赶上或者超越的企业学习。在发展战略上，除了格力一贯塑造的专业形象外，格力最突出的一点莫过于对品牌建设的持之以恒，足以见其企业战略的一致性和持久性。一个好的营销模式必须服务于一个好的符合企业发展规划的长期战略。

另外，资源整合和利益方关系处理是关键。自建品牌专卖店如果不能有效整合商家资源，创新专卖店模式，最终的结果只会是以失败而告终。美的事业部制度相对于职能制对经理人可能激励作用更大，但同时如果激励机制设立稍稍不当，潜在的资源浪费和各自为政、难以驾驭的问题也很头疼。而格力的“股份制区域销售公司”模式，通过相对清晰的股份制产权关系，很好地解决了利益的创造和分享的问题。

不仅如此，缺乏商业化操作的人才与经验是厂家自建品牌专卖店的另一大难题，在美的和经销商合作组建的合资销售公司中，经销商一般不参与合资销售公司的具体经营，而由美的空调下派的人员来打理。但是，美的集团本身并没有现成的品牌专卖店经营方面的人才，要培养出掌握商业化运作的专业化人才也绝非一朝一夕就能完成。而格力凭借其诚信践诺、制度严谨、执行到位的企业文化的张力，能够聚拢到一批大户有管理经验的经销商一起打拼市场。并且通过淡季贴息返利、年终返利，甚至不定期返利政策，有效地稳住了经销商。

【引例分析】

我们这里并不是说谁对谁错，我们想要说明的一个核心问题就是企业渠道模式的选择必须要基于自身发展需要和战略需要，要基于企业特殊文化和竞争性优势，在渠道建设上没有谁对谁错，只要满足企业和市场需要的，能够为企业带来更高利润，那对于企业来说就是一个正确的选择。

营销渠道选择的好坏很大程度上决定了企业营销的成败，谁掌握了主动权，谁就取得了终端的胜利。生产企业在选择营销渠道时，必须对图 8－2－1 所示的几方面因素进行系统的分析和判断。

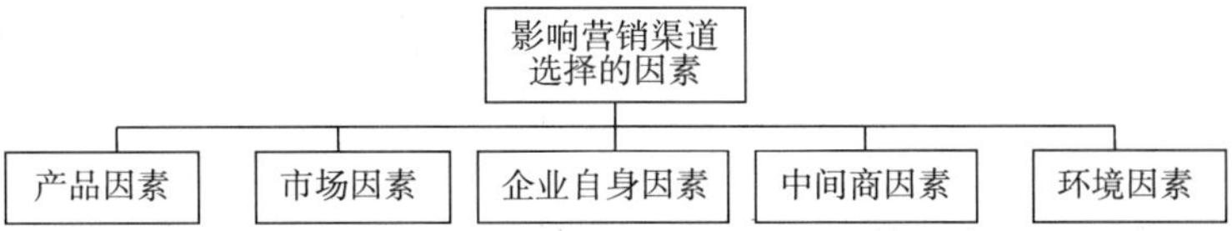

图 8－2－1　影响营销渠道选择的因素

1. 影响营销渠道设计的主要因素

1.1　产品因素

生产商在选择中间商时，首先要考虑产品的特性。

（1）产品的性质。如有的产品易毁或易腐烂，有的产品有效期短。这些产品应尽量减少中间商，采取尽可能短的营销渠道甚至专用渠道，以尽快送到消费者手中。还有一些体积大、分量重、移动不便的商品适宜选择最短的营销渠道。

（2）产品的价值。一般来说，产品价值越高，越倾向于减少流通环节，否则会造成销售价格的提高，从而影响销量，这对生产企业和消费者都不利。而价值较低的产品，则通常采用多环节的间接营销渠道来拓展市场。

（3）产品的技术。对于技术性强、专用性强的商品或需要专门复杂的技术服务与维修的产品，应使用直接渠道，采取产销见面的直接销售模式。直接销售给用户，向用户提供具有专门技术标准的产品和及时良好的技术服务。

（4）定制品和标准品。定制品一般由产需双方直接商讨规格、质量、式样等技术条件，不宜由中间商销售。标准品具有明确的质量标准、规格和式样，营销渠道可长可短。

（5）产品的新旧。许多新产品在试销阶段需要大量的售后服务工作，加上市场需求不稳定，商业利润低，中间商往往不愿意经销。这就迫使生产企业组织自己的推销队伍，直接与消费者见面，推介新产品和收集用户意见。

（6）产品的季节性。对于季节性强的商品，为了尽快将其销售出去，可考虑利用中间商来进行分销。

随着社会的发展，个性化消费的趋势越来越明显，那些需要高附加值服务的商品也以选择直接渠道为宜，如表 8－2－1 所示。

表 8-2-1 产品因素对营销渠道选择的影响

产品因素	产品属性	渠道短	渠道长	举例说明
产品的单位价格	高	√		大型机械设备
	低		√	日用品
产品的体积与重量	整、大	√		大型机械设备
	细、小		√	日用品
产品的易腐性和易毁性	强	√		鲜活产品
	弱		√	衣物
产品的技术与服务要求	高	√		医疗设备
	低		√	日用品
产品的标准化	高		√	小配件、日用品
	低	√		设计项目
产品专用性	高	√		医疗设备
	低		√	日用品

1.2 市场因素

渠道的选择还要受市场因素的影响，主要表现在以下几个方面。

（1）目标市场范围。目标市场范围越大，渠道相应越长越宽。

（2）购买量的大小。对于一次购买量小，购买频率高的商品适宜选择长渠道。反之，一次购买量大，购买频率低的则宜选择短渠道。

（3）顾客集中程度。对于某些商品，其消费者分布比较集中，适合直接销售；反之，适合间接销售。工业品用户相对集中，适合直接渠道销售；生活消费品顾客数目多且分散，流通成本偏高，就需要较多层次的中间商来建立营销渠道。

（4）顾客的购买习惯。顾客对各类消费品的购买习惯，如可接受的价格，购买场所偏好，对服务的要求等都会影响到企业的渠道选择。如消费品中的便利品，消费者对这类商品的购买表现为购买频率高，希望能随时随地买到，所以这类商品的制造商只能通过批发商，最后由为数众多的中小型零售商销售给消费者。

（5）竞争状况。一般情况下，应尽量避免与竞争者采用相同或者相近的营销渠道，除非自己的产品有独特的地方。

对于市场规模大，位置集中，顾客一次购买量大的商品，可采取直销或短渠道；反之，对于日用品，顾客习惯现买现用，所以最好选择大量且分布广泛的零售中间商。对高端产品，顾客往往要在充分了解信息做出选择后才会购买，这时渠道就不必长。另外，随着顾客消费习惯的改变，市场潜力的变化，企业也要适时地调整自己的营销渠道。

1.3　企业自身的因素

（1）生产企业自身的资源条件。如果生产企业自身规模大、财力雄厚、声誉高，则可以建立自己的销售网点，或选择短渠道策略。

（2）经营能力与管理经验。如果企业具备市场营销所需的人才、设施、技术和经验，具有经营能力和管理渠道的经验，则应选择直接渠道或短渠道；反之，则必须借助中间商，选择间接营销渠道。

（3）服务能力。如果生产企业有能力为最终消费者提供服务项目，如维修、安装调试、广告宣传等，则可以取消一些中间环节。

1.4　中间商因素

（1）中间商对生产的态度和要求。

（2）中间商的规模。如果大型零售商多，进货批量大，则生产者可以直接跟零售商交易，此时应使用短渠道策略。

（3）中间商提供服务的能力。如果中间商开拓市场能力和提供服务的能力高，就应该使用长渠道策略。

1.5　环境因素

渠道选择还要考虑到政治、经济、科技、法律、文化等因素。如整个社会的经济形势好、发展快，营销渠道的选择余地就大；在经济萧条时，市场需求下降，生产者要控制销售费用，降低售价，常常减少流通环节，使渠道变短变窄。如一些国家实施医药、烟酒专卖制度，对这些产品的分销渠道就必须依法进行选择，其分销自由度大大下降。某些按国家政策如专卖制度、反垄断法规、进出口规定等应严格管理的商品或计划分配的商品，企业无权自销和自行委托销售。此外，随着电子信息和网络技术的发展，电子商务逐步成为许多企业的渠道选择。

2. 渠道管理

2.1　渠道管理的内容

在渠道确定后，企业还要对渠道进行管理。营销渠道管理，主要是指对间接营销渠道中的成员的管理，即对中间商的管理。分销渠道选择后就产生了相互联系、相互影响的渠道成员。因此渠道管理主要包括协调渠道成员利益冲突、激励渠道成员、评估渠道成员、调整渠道成员等内容。

2.1.1 协调渠道成员利益冲突

今天，在大多数硬件厂商的渠道模式中，一个区域内会存在多家代理商。在同一区域中分食一块奶酪，磕磕碰碰是难免的。因此，如何去平衡和协调各代理商的利益是一件令厂商头疼且各方都非常关注的事情。从某种角度来看，渠道之间的利益冲突是必然的，我们努力的目标不是完全消灭冲突，而是规范冲突，使之保持在合理的范围内，起到良性的刺激竞争的作用。所以，我们的愿望是减少恶性冲突，保持良性竞争，鼓励一种竞争合作的状态，共同培育市场和品牌。

2.1.2 激励渠道成员

激励渠道成员，调动他们的积极性，使其具有良好的表现，是渠道管理的重要任务。中间商是独立经营者，为了实现自身目标，它会采取一些必要的有效措施。当生产者满足了中间商的要求时，它会积极扮演好产品销售和顾客购买代理的双重角色；当生产者不能满足中间商要求时，它会转向销售其他生产商的商品。一般说来，生产商激励渠道成员的方式有三种：合作、合伙和分销规划。

合作是指当中间商比较依赖生产商时，生产商往往会采用较高的利润、特殊优惠等正面激励和减少提供服务、终止双方关系等消极制裁措施相结合的办法。合作方式采取直接激励的方法。直接激励往往借助于物质的刺激，给予中间商附加利益。如较高的毛利、特殊优惠、各种奖金、返利、合作性广告补贴、陈列津贴及推销竞赛等。这是一种授之以鱼的做法。

合伙是指生产商和中间商致力于建立长期的合伙关系，他们会共同从市场覆盖面、市场开发、产品供应、技术支持、市场信息等方面来衡量市场情况。一些老于世故的企业往往试图与经销商建立长期合伙关系。这就要求制造商必须深入了解自己能从经销商那里得到些什么，以及经销商可从自己这里获得些什么。制造商希望经销商能同意它制定的有关政策，并根据遵守的具体程度确定付酬办法。

例如，某企业不直接付给经销商 25% 的销售佣金，而是按下列标准支付：如果保持适当的存货，则付 5%；如能达到销售配额，则再付给 5%；如能有效地为顾客服务，则再付 5%；如能及时报告最终顾客的购买水平，则再付 5%；如能对应收账款进行适当管理，则再付 5%。

分销规划是生产商和中间商之间最先进的联系方法，旨在建立一个有计划的、专业管理的纵向营销系统，把二者的需要有机地结合起来。合伙和分销规划方式应使用间接激励的方法。间接激励着眼于对中间商的长期激励，有利于帮助他们提高管理效率。制造企业建立一个有计划的专业管理的纵向营销系统，把制造商和分销商双方的需要结合起来。制造商的任务是分析分销商的各种需要，制定推销方案，使经销商的经营达到最佳水平。制造商和分销商联合制定销售目标、存货水平、铺面空间和商品陈列方式、销售培训要求，以及广告促销计划等。例如，过去经销商可能认为之所以能赚钱是因为他与购买者站在一起共同对抗制造商的结果，而现在他可能认为之所以能赚钱是因为他与销售者站在一起。

有些情况下，正面激励并非总是有效，这时需要一些负面强化激励。中间商如果不能很好合作的话，可以减少毛利、放慢供货，甚至终止合作关系。在分销商对制造商高度依赖的条件下，这种方法尤其有效。

2.1.3　评估渠道成员

生产者除了选择和激励渠道成员外，还必须定期评估他们的绩效。企业根据自己的营销目标，制定对中间商的工作绩效进行考核的办法。这通常包括：积极性、销售额、增长率、市场占有率、平均存货水平、回款速度、宣传推广、服务水平、顾客满意度等。对企业有较大影响的中间商，往往应成为企业合作的重点；对于绩效一般或低于企业要求的中间商，要找原因及补救办法，必要时，也可剔除绩效差的中间商来保证渠道的效能。评估渠道成员应遵循经济性、发展性、适应性和合作性原则。

2.1.4　调整渠道成员

渠道的建成，仅是迈向消费者的第一步。随着市场容量、消费者需求和产品寿命周期的变化，企业需要动态地对其进行调整，重新选择目标市场、细分市场与产品再定位，适当进行中间商的增减，整合优化配置与渠道创新等。

（1）增减渠道宽度。

当发现现有的渠道过少，不能使产品有效抵达目标市场而影响了产品销路时，应增加新的渠道，即增加同一层次的中间商数目；反之，则应减少、缩小渠道宽度。

（2）增减渠道长度。

当制造商在某目标市场上只通过增减个别中间商不能解决根本问题时，就会采取增减某一特定营销渠道的策略。效率低下，分销不力，对渠道整体运作有较大影响的中间商应以剔除，如有必要可另选合适的加入。如某饮料公司发现其经销商只注意成年人市场而忽视儿童市场时，为了促进儿童饮料市场开发，就可能增加一条新的营销渠道。当企业产品市场扩大，而中间商销售范围变化不大时，就可以增长渠道。

（3）调整整个渠道结构。渠道是为营销服务的，当企业原有的渠道产生严重矛盾冲突或不能满足市场需要时，或企业调整战略目标、营销组合发生重大变化时，就需要对渠道进行重新设计和组建。实际上，由于市场竞争激烈，生产者往往需要对整个分销模式进行调整，通过多种渠道模式将相同的产品送到不同的市场。

典型案例

春兰空调的"受控代理制"

春兰是中国最早生产空调的厂家之一。1997 年之前，春兰采用的是"受控代理制"，这种制度主要是协调一些超大型代理商的销售范围和销售政策，通过他们再往下面进行强行分销，俗称"大户制"。

"受控代理制"的好处是厂家省心省力，缺陷是对大户过度依赖，导致厂家对市场反应迟钝，以及经销商执行厂家的策略迟钝，甚至混乱。因此，春兰集团从 1997 年开始果断进行将"受控代理制"向"终端制"的变革。变革虽然困难重重，但春兰仍坚定不移地坚持执行这一变革，2001 年春兰已经建设了 59 家办事处、1 000 多家专卖店，以及由春兰管理的 6 000 多名导购员队伍。

"终端制"的成功建设拉近了春兰与消费者的距离，对市场掌控和反应能力有了脱胎换骨的变化。因此，当 2000 年空调市场竞争白热化时，春兰能够第一个对海信空调降价做出反击。

2.2 渠道冲突管理

2.2.1 渠道冲突类型

渠道冲突有如下 3 种类型。

（1）横向渠道冲突。

横向渠道冲突是指渠道中同一层次的渠道成员之间发生的冲突，如同级批发商或者同级零售商之间的冲突。表现为窜货、压价销售等。

（2）纵向渠道冲突。

纵向渠道冲突是指经销商与渠道上游的厂家或与下游的客户（二级批发商或终端零售商等）之间的冲突，具体表现为：与厂家在代理区域划分、经销权限和销售政策等重大问题上的冲突；平时市场运作中问题处理不当引起的冲突，如在市场秩序维护和市场推广执行中，双方的责任与利益失衡；与下游客户在应收账款、配送服务和库存处理上的冲突。

（3）多渠道冲突。

多渠道冲突是指厂家建立了两条或两条以上的渠道向同一市场销售产品而发生的不同渠道之间的冲突。现实中，这种冲突主要表现为新兴渠道对传统营销渠道的冲击。

2.2.2 化解渠道冲突的对策

低水平的渠道冲突对分销效率没有影响，但高水平的渠道冲突可能导致渠道崩溃，所以应尽可能化解高水平的渠道冲突。

积极的对策有以下 4 种。

（1）做好渠道成员的沟通工作。如何促进渠道成员之间的相互理解、相互信赖乃至达成紧密合作，是渠道冲突管理工作的一个重要方面。

（2）激励分销商。激励分销商的措施有：开展促销活动、提供资金资助、协助分销商搞好经营管理、提供情报、与分销商结成长期的伙伴关系等。

（3）建立长期合作关系。精明的企业常会与分销商建立长期合作关系。这样既可以激励分销商，又可以有效化解渠道冲突，把分销商的利益与企业的利益有机地捆绑在一起。

（4）建立产销战略联盟。所谓产销战略联盟，是指从企业的长远角度考虑，制造商与分销商之间通过签订协议的方式，形成风险利益联盟体。管理渠道冲突最有效的方法就是设法让渠道成员建立产销战略联盟。

除了以上谈到的积极对策以外，要解决渠道冲突，还有以下消极的方法。

（1）谈判。谈判的目的在于停止成员间的冲突。谈判是渠道成员讨价还价的一个方法。在谈判过程中，成员之间互相让步，从而避免冲突发生。

（2）调解。有效的调解可以消除误解，澄清事实，保持双方的接触，寻求达成一致的可能基础，促使双方同意某些提议。

（3）仲裁。仲裁可以是强制的也可以是自愿的。强制性的程序是：双方必须按照法律规定服从于第三方，由他做出最终的和综合性的决定。而自愿仲裁的程序是：双方自愿服从于第三方，由他做出最终的和综合性的决定。

（4）法律手段。当冲突通过谈判、调解等途径无法得到有效解决时，为了保证渠道畅通，就要通过法律的手段来强制解决。

（5）清除渠道成员。对于不遵守游戏规则、屡教不改的渠道成员，就必须采用渠道成员清除的办法了。

2.3 窜货管理

典型案例

娃哈哈集团的窜货管理

娃哈哈集团公司是中国饮料业当之无愧的老大，娃哈哈的每一个产品都没有什么高的技术含量，不存在技术壁垒，但娃哈哈却步步领先，一枝独秀，为什么？这与其牢不可破的分销网络密切相关。而分销是企业最难控制和管理的内容，特别是其中的窜货问题是所有企业面临的共同难题，被称为营销渠道的一个“顽疾”。娃哈哈曾经出现过严重的窜货现象，现在却基本上控制了窜货。那么，娃哈哈是怎样整治营销渠道的这个“顽疾”的呢？其实，从娃哈哈的管理制度上和实际操作中我们可以看出娃哈哈手握着对窜货极具杀伤力的“十把利剑”。

一是实行双赢的联销体制度。娃哈哈在全国31个省市选择了1 000多家能控制一方的经销商，组成了几乎覆盖中国每一个乡镇的联合销售体系，形成了强大的销售网络。娃哈哈采用收取保证金的方式，要求经销商先打预付款。经销商交的保证金也很特别，按时结清货款的经销商，公司偿还保证金并支付高于银行同期存款利率的利息。娃哈哈的“联销体”以互信、互助为前提，以共同受益为目标指向，能大大激发经销商的积极性和责任感，这些对防止窜货具有重要意义。

二是实行级差价格体系。为了从价格体系上控制窜货，保护经销商的利益，娃哈哈实行级差价格体系管理制度。娃哈哈根据区域的不同情况，分别制定了总经销价、一批价、二批价、三批价和零售价，在销售的各个环节上形成严格合理的价差梯度，使每一层次、每一环节的经销商都能通过销售产品取得相应的利润，保证各个环节有序的利益分配，从而在价格上堵住了窜货的源头。

三是建立科学稳固的经销商制度。娃哈哈对经销商的选取和管理十分严格。近年来，娃哈哈放弃了以往“广招经销商、来者不拒”的策略，开始精选合作对象，筛出那些缺乏诚意、职业操守差、经营能力弱的经销商，为防止窜货上了第一道保险。还在合同中明确加入了“禁止跨区销售”的条款，将经销商的销售活动严格限定在自己的市场区域范围之内，并将年终给各地经销商的返利与是否发生窜货结合起来。

四是全面的激励措施。娃哈哈各区域分公司都有专业人员指导经销商，参与具体销售工作；各分公司派人帮助经销商管理铺货、理货及广告促销等业务。娃哈哈的促销重点是经销商。公司会根据一定阶段内的市场变动和自身产品的配备，不定期推出各种各样针对经销商的促销政策，以激发其积极性。

五是产品包装区域差别化。在不同的区域市场上，相同的产品包装采取不同标志是常用的防窜货措施。娃哈哈和经销商签订的合同中给特约经销商限定了严格的销售区域，实行区域责任制。发往每一个区域的产品都在包装上打上了一个编号，编号和出厂日期印在一起，根本不能被撕掉或更改，除非更换包装。企业营销人员一旦发现了窜货，可以迅速追踪产品的来源，为企业处理窜货事件提供真凭实据。

六是企业控制促销费用。娃哈哈经常开展促销活动，但促销费用完全由娃哈哈自己掌控，从不让经销商和公司营销人员经手操作，以减少经销商和企业的营销人员从促销费用中拿出一部分钱用于低价窜货把销量做上去的现象发生。因此在促销费用管理上，娃哈哈杜绝了窜货。

七是与经销商建立深厚的感情。厂商之间的感情对防止经销商窜货也非常重要。经销商为了自身的利益，会维系这种已建立好的关系，不会轻易窜货来破坏这份感情。娃哈哈和经销商的关系是非常融洽的，感情是深厚的，有许多经销商都是与娃哈哈一起成长起来的。

八是注重营销队伍的培养。企业内部的销售人员参与窜货的现象也并不鲜见。有些营销人员，由于缺乏职业道德、操守不正，置企业的销售政策和利益于不顾，参与窜货。娃哈哈非常注重营销队伍的建设和培养。主要表现为：严格人员招聘、选拔和培训制度，挑选真正符合要求的最佳人选；在企业中营造一种有利于人才发挥所长的文化氛围；制定合理的绩效评估和奖罚制度，真正做到奖勤罚懒，奖优罚劣；实施关心人、理解人、体贴人的情感管理。

九是制定严明的奖罚制度。面对窜货行为，娃哈哈有严明的奖罚制度，并将相关条款写入合同内容。娃哈哈对越区销售行为严惩不贷，绝不讲任何情面，而且，娃哈哈在处理窜货上的严格，为业界罕见。年底时，对于没有遵守协议的销售商，公司将扣除经销商的保证金用以支付违约损失，情节严重的甚至取消经销资格。在保证金的约束和公司严厉的处罚下，经销商绝不敢轻举妄动。

十是成立反窜货机构。娃哈哈专门成立了一个反窜货机构，巡回全国，严厉稽查经销商的窜货和市场价格，严格保护各地经销商的利益。娃哈哈把制止窜货行为作为日常工作常抓不懈。反窜货人员经常检查巡视各地市场，随时发现问题随时会同企业各相关部门解决。

以上案例告诉我们窜货管理是营销取得成功的一个非常重要的环节，接下来将学习窜货管理的主要内容。

2.3.1 窜货现象的种类

窜货，又称为倒货、冲货，也就是产品跨区销售，是渠道冲突的典型表现形式。

根据窜货的表现形式及其影响的危害程度，可以把窜货分为以下几类。

（1）自然性窜货。

自然性窜货是指经销商在获取正常利润的同时，无意识地向辖区以外的市场倾销产品的行为。这种窜货在市场上是不可避免的，同种商品只要存在市场分割从而导致价格存在地区差异，或者只要在不同市场的畅销程度不同，就必然产生地区间的流动。它主要表现为相邻辖区的边界附近互相窜货，或是在流通型市场上，产品随物流走向而倾销到其他地区。

（2）良性窜货。

良性窜货是指企业在市场开发初期，有意或无意中地选择了流通性较强的市场中的经销商，使其产品流向非重要经营区域或空白市场的现象。在市场开发初期，良性窜货对企业是有好处的。一方面，在空白市场上企业无须投入，就提高了知名度；另一方面，企业不但可以增加销售量，还可以节省运输成本。

（3）恶性窜货。

恶性窜货是指为获取非正常利润，经销商蓄意向辖区以外的市场倾销产品的行为。经销商向辖区以外倾销产品通常以价格为手段，主要是以低价向非辖区销货，以加大自己的出货量拿到厂家所规定的销售奖励或达到其他目的。恶性窜货给企业造成的危害是巨大的。它会扰乱企业整个营销的价格体系，引发经销商之间的价格战，降低产品的通路利润，使得经销商对产品失去信心，丧失经营产品的积极性甚至最终放弃经销此种产品。混乱的价格将导致企业的产品、品牌、信誉失去消费者的信任和支持，从而导致企业的衰败和破产。曾经红极一时的“三株”口服液的倒闭原因之一就是恶性窜货。

经销商销售假冒伪劣产品是一种更为恶劣的窜货类型。假冒伪劣产品以其超低的价格、巨大的利润空间诱惑着经销商铤而走险。经销商往往将假冒伪劣产品与正规渠道的产品混合在一起销售，挤占正规产品的市场份额，或者直接以低于市场价进行倾销，打击了其他经销商对销售此种产品的信心。

综上所述可以看到，不是所有的窜货现象都具有危害性，也不是所有的窜货现象都应该加以制止。以往的销售经验表明：没有窜货的销售是不红火的销售，大量窜货的销售是很危险的销售。适量的窜货会形成一种红红火火的热烈销售局面，这样有利于提高产品的市场占有率和品牌知名度。同时需要严加防范和制止打击的是恶性窜货。

2.3.2　窜货现象的原因分析

窜货现象产生的原因是多种多样的，但根源还是在于利益驱动和人为因素。具体来说有以下原因：

（1）经销（代理）商选择不当.

窜货往往离不开经销（代理）商的参与，因此在选择经销（代理）商时必须慎重考虑。经销或代理商选择不当有两种情况：一种是独家与多家选择不当；二是代理或经销商资格审查不严。

（2）价格体系混乱。

目前，许多企业在产品定价上仍然是采用传统的“三级批发制”，即总经销价（出厂价）、一批价、二批价、三批价，最后加个建议零售价。这种价格体系中每一个阶梯都有一定的折扣，如果折扣设计不合理，导致利润空间非常大，只要市场与市场之间有一定的价格差，且价格差超过货物运费时，窜货就极有可能发生。

（3）企业盲目为经销商制定销售指标。

如果销售任务指标太高，目标奖励又十分诱人，往往就会导致经销商铤而走险，为了完成年度销售任务而窜货，致使市场秩序极度混乱。

（4）管理制度有漏洞。

管理制度的漏洞包括返利、奖励制度偏颇，区域价格设计不合理，没有窜货方面的惩罚制度，出问题无法可依等。

（5）企业的一些营销人员鼓励经销商违规。

营销人员的收入是与销售业绩挂钩的。因此，一些企业的营销人员或市场代表为了自己的个人利益，多拿提成，置企业的销售政策于不顾，鼓励经销商违规操作，甚至与经销商狼狈为奸，共同牟取私利。

（6）抛售滞销品和处理品。

一些企业为了蝇头小利，对积压货物不予退货，让经销商自行处理。经销商置企业信誉和消费者利益于不顾，将积压过期甚至变质的产品在市场上出售，严重扰乱了市场，对企业的品牌造成了恶劣的影响。

（7）竞争对手恶意造成的窜货。

有时竞争对手为了破坏市场用窜货作为工具，通过某种途径获取企业的产品，然后再低价抛向市场。

2.3.3 治理窜货现象的对策

治理窜货现象的对策主要有以下几个。

（1）加强自身销售队伍和外部中间商队伍的建设与管理。

企业自身销售队伍建设一方面要严格招聘、培训制度，另一方面还要设计合理的考核、激励制度。经销商队伍的建设也要在选择上下大功夫，绝不能让不合格的经销商或代理商滥竽充数。

（2）堵住制度上的漏洞。

不仅要防止制度缺失，更要防止制度不合理。例如，要严格窜货的处罚规定，销售目标要在调查的基础上做到切实可行，建立合理的差价体系等。

（3）签订不窜货乱价协议。

协议是一种合同，一旦签订就等于双方达成契约，如有违反就可以追究责任，为加大处罚力度提供法律依据。例如，奥普浴霸为防止窜货，与经销商签订了《防窜货市场保护协议》和《控价协议》，明确双方的责权利，较好地维护了市场秩序。

（4）归口管理，权责分明。

企业营销渠道管理应该由一个部门负责。多头负责，令出多门容易导致市场的混乱。

（5）加强销售通路监控与管理。

①要时刻观察销售终端，及时发现问题；

②信息渠道要畅通，充分利用受窜货危害中间商的反馈信息；

③出了问题，及时严肃处理。

（6）包装区域差异化。

厂家对销往不同地区的相同的产品采取不同的包装，可以在一定程度上控制窜货。主要措施有：给予不同的编码、外包装印刷条码、文字识别，采用不同颜色的商标或不同颜色的外包装等。

2.4 终端管理

终端是产品与消费者见面的场所，也是孕育品牌的肥沃土壤。终端管理效果的好坏，直接关系到企业产品的市场表现，但大大小小的公司一窝蜂地涌入终端，致使终端门槛越筑越高，千篇一律地开始收起进场费、展示费、陈列费、管理费、促销费、门店开业周年庆典费、门店老板的生日礼品费……不胜枚举。数据显示，2007 年仅酒类企业的营销费用就高达 37.2%，较 2006 年上涨了近 10 个百分点。很多企业甚至削减了硬性广告费用，如品牌宣传、公关宣传、公益宣传等费用，将其中的资源抽去支撑高昂的费用。

很多终端管理失败的案例告诉我们：忽视终端管理，听之任之，不加以规范和约束，不仅会造成终端失控，还会引发产品危机，导致市场网络崩溃，为企业带来无妄之灾；而过分地依赖终端，也会导致此终端自满情绪高涨，变异概率大幅度增加，成为埋藏在市场上的一个定时炸弹。事实证明，如何有效管理终端，是所有企业都应该思考的问题。

终端管理的措施主要有以下几点。

（1）建设好营销团队。

优秀的业绩必定来源于优秀的团队，但是优秀的团队绝不是生而有之的，必须经过持之以恒的长期培养才能形成。在团队建设方面，要努力培养团队高昂的工作激情，娴熟的业务知识和业务技巧，良好的基本素质，平和的从业观念，积极向上的工作心态，团结和谐的工作氛围。只有长期坚持，一支优秀的团队才能形成。

（2）做好市场调查工作。

在工作方法上可以采用摸底盘查和第三方资料印证的办法，让业务人员划片盘查，准确把握各个终端的经营位置、营业面积、总体销量和同类主要竞争产品的销量大小、电话、经理姓名、产品所属柜台的柜组长营业员、相关人员的联系方式、相应的个性业务关系、主要同类产品的终端运作方法。

（3）树立明星榜样。

榜样的力量是无穷的，每个人都需要一个目标，一个学习的对象。在开发初期，根据前期重点分类的情况，在人力物力上对一些终端进行重点支持，从产品陈列、终端包装、营业员口碑、促销活动、宣传推广等五个方面努力，在每个区域内成功树立若干个这样的明星店。在明星店的建设过程中，积极总结经验和教训，复制成功的模式，向其他终端推广。

（4）分层推进。

高楼大厦绝不是一天建成的，在追求速度的过程中切不可急于推进。凡事欲速则不达，终端工作同样如此。产品铺货、终端陈列、终端包装、营业员口碑、促销宣传等终端工作必须分层推进。在同终端要店的谈判之中，必须注意掌握好各项工作的火候，要巧借时机，巧妙、不动声色地完成。

（5）分工清晰，职责明确。

主管及业务人员要进行明确的分工，制定每个人的详细的工作职责和工作标准、每周每月详细的工作计划、详实深刻的统计分析和工作总结、工作难点职责范围、每周每月的工作目标，要让每个人明确自己该干哪些工作，不该干哪些工作，工作中的重点所在，各项工作具备什么样的工作标准和考核标准。

（6）计划详实、严格紧凑。

实行严格的计划管理制度，凡事预则立，不预则废，经理、主管和业务人员都要制订严格的每月、每周、每日的工作计划，绝不允许无计划地开展工作。没有效率的工作等于没有工作。

（7）严格考核，绝不手软。

终端工作的性质决定了严格考核的重要性，没有一套严格的可实施性强的考核制度和坚决的贯彻执行，所有的工作都会流于形式。同时在考核过程中要坚决杜绝人情管理现象的出现。实行层级考核制度，省级市场部对区域市场经理主管考核，区域经理主管对业务人员考核。

（8）激励政策，合理有效。

层次需求理论告诉我们，人的需求包括基本的物质生活的满足、更高物质和精神生活水平的需求、自我能力和职位提升的空间等方面，终端推广人员同样要满足这样的需求。在终端工作开展之前，就要制定一套合理有效的激励政策，内容包括奖金、晋级、通报奖励、总经理特别奖、发展机会和培训机会等，以最大限度地调动各级人员的积极性。

企业、批发商、终端、消费者如同一条链条，长有长的好处，短有短的特点。市场如同一张网，消费者如同水中的鱼。网眼太大，大鱼固然入网，但毕竟数量有限，小鱼很多，却从容而去；网眼太小，又会泥沙俱下，费时费力，也给鱼儿留下了逃避的空间。不见得网大就能捕捉到更多的鱼，撒网的时间、力度的大小、地点的选择，都对结果起着决定性的作用，终端管理同样如此。

任务三　渠道成员的类型与职能

【引导案例】

济南九阳电器有限公司设立于 1993 年下半年，起步资金仅有数千元，1994 年 12 月份推出产品豆浆机后，市场份额连年大幅度扩大。至今，公司已发展成全国最大的家用豆浆机生产厂家，市场遍及大江南北。这样一家品牌知名度并不高的中型企业，6 年来把豆浆机做到从无到有，做成了一个产业，创造了每年近百万台的市场需求。虽然现在市场上有了 100 多家生产豆浆机的企业，但无论在产品性能还是在市场营销上，都不能对九阳构成真正的威胁。九阳公司销售总经理说，“九阳有技术优势，但与技术上的领先优势相比较，九阳在市场营销上更为成功，特别是在全国 160 多个地级城市的营销网络，不仅是实现销售和利润的渠道，而且是构筑自身安全的体系，锤炼企业核心竞争力的‘法宝’。”

通过160多个地级市市场的建设，九阳形成了一套寻找和管理经销商的思路。九阳公司根据自身情况和产品特点采用了地区总经销制，以地级城市为单位，在确定目标市场后，选择一家经销商作为该地独家总经销，为达到立足长远做市场、做品牌、共同发展的目标，九阳公司对选择总经销商提出了较严格的要求。

（1）总经销商要具有对公司和产品的认同感，具有合作的态度，具有敬业精神，这是选择的首要条件。一个好的产品，不仅能给经销商创造一定的经营效益，而且能给其带来更大的市场空间和发展动力。经销商只有对企业和企业的产品产生认同，才能有与企业基本一致的对产品及市场的重视程度，才能树立起开拓市场，扩大销售的信心，将九阳的产品作为经营的主项，主动投入所需的人力、物力、财力。同时，对企业经营理念的认同，有助于经销商与企业的沟通和理解，有助于经销商自觉施行企业营销策略，与企业保持步调一致。这些是企业建立成功的网点和良好的合作关系的根本。九阳销售人员注意在帮助经销商分析认识企业的发展前景和产品的市场潜力，培养经销商的这种认同感方面做工作。

（2）总经销商要具备经营和市场开拓能力，具有较强的批发零售能力。这涉及经销商是否具备一定的业务联系面，分销通路是否顺畅，人员素质高低及促销能力的强弱。企业选择总经销商，就是要利用其开拓市场，扩散产品的能力。总经销商的市场营销能力直接决定着产品在该地市场能够在多大范围和程度上实现其价值，进而影响到企业的生产规模和生产速度。如果经销商不具备经营及开拓的能力以打开市场空间，仅靠企业一方的努力是不足以取得成功的。同时，总经销商作为企业产品流通中的一个重要环节，不仅要能够实现一部分终端销售，掌握第一手的市场消费资料，更重要的是要具有经销产品的辐射能力和批发能力，具有拓宽产品流通出路的能力。

（3）总经销商要具备一定的实力。实力是销售网点正常运营、实现企业营销模式的保证，但是要求实力并不是一味地求强求大。九阳公司在如何评价经销商实力上，采用一种辩证的标准，即只要符合九阳公司的需要，能够保证公司产品的正常经营即可，并不要求资金最多。适合的就是最好的，双方可以共同发展壮大。适用性原则扩大了选择的余地。

（4）总经销商现有经营范围与公司一致，有较好的经营场所。由于经销商直接面对顾客，经销商的形象往往代表着企业的形象和产品的形象，这会对顾客心理产生影响，所以对经销商的经营场所亦不能忽视。九阳公司要求总经销商设立九阳产品专卖店，由九阳公司统一制作店头标志，这对维护公司及经销商的形象产生了积极的作用。

【引例分析】

九阳公司与其经销商的关系，不是简单的立足于产品买卖的关系，而是一种伙伴关系，谋求的是共创市场，共同发展。因而公司在制定营销策略时，注意保证经销商的利益，注重的是利益均衡，不让经销商承担损失，解除经销商的疑虑。

从九阳公司选择经销商的案例里可以知道，按照选择的标准去选择中间商，对企业开拓市场及维护厂商关系有很大的作用。

相信大家经常会听到“经销商”“批发商”“零售商”“代理商”等词汇，那你是否了解它们的真正含义及它们之间的联系呢？本节就将讲解这些知识。

1. 渠道成员的含义

渠道成员（也称中间商）是指介于生产者和消费者之间，专门从事组织或参与商品流通业务，促进交易行为完成的企业和个人。如图 8 –3 –1 所示。

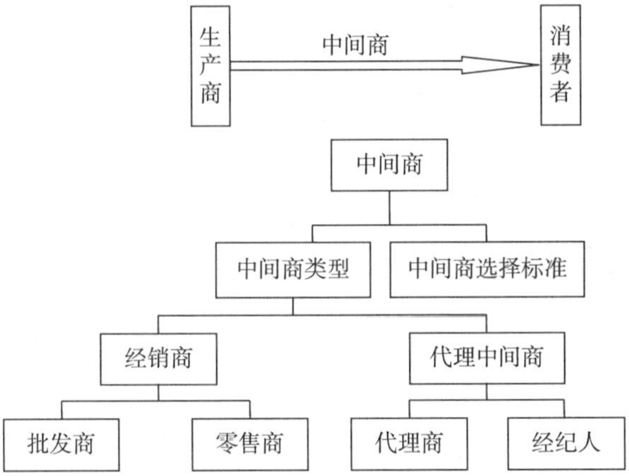

图 8 –3 –1　渠道成员

1.1　渠道成员的作用

（1）促成商品交换。中间商作为生产者和消费者之间的流通中介，促成商品交换。

（2）简化了交易。例如，有 3 家制造商，每家都向 3 个消费者出售自己的产品，总计要发生“3 ×3 =9”笔交易，而如果有一个中间商介入，则只需发生“3 +3 =6”笔交易。由于中间商的介入，减少了交易次数，节约了交易成本。

（3）扩大交易范围。中间商是专门化的市场营销组织，熟悉市场，市场信息灵通，接触面广，从而可以为生产者联系到更多的消费者。

（4）加快商品流转速度，保证市场供应，减少生产者商品占有资金。

（5）沟通信息。中间商连接产销双方，最了解市场状况，掌握市场信息，可以随时向生产企业和消费者传达信息，使产品适销对路，既可以避免生产的盲目性，又能指导消费。

2. 渠道成员的类型和职能

依据中间商在商品流通过程中是否取得商品的所有权，中间商可分为经销商和代理中间商。

2.1 经销商

经销商是从事商品交易业务，在商品买卖过程中拥有商品所有权的中间商。按商品销售对象的不同，经销商又可分为批发商和零售商。批发商、零售商的特点、作用和类型等对比简表如表 8－3－1 所示。

表 8－3－1 批发商、零售商的特点、作用和类型等对比简表

名称	批发商	零售商
概念	不直接服务于消费者，而是将产品或服务卖给零售商或工业用户的中间商	将产品或服务直接销售给最终消费者的中间商
特点	不直接与消费者打交道； 不注意促销、店址选择和装饰； 业务量大； 覆盖地区广	零售商数目多； 经营形态变化大； 分布广，布点多； 业务活动受季节的影响大
职能	连接作用； 推销和促销； 运输和储存； 融资作用； 信息沟通； 咨询服务； 分担风险	出售货品； 提供销售情况； 反映货品的意见； 提供货品； 提供选购意见； 提供售后服务
类型	完全职能批发商：提供存货、推销人员、顾客信贷、送货用协助管理等全面服务。主要包括向零售商服务的批发中间商和为制造商服务的工业分销商。 有限职能批发商：只提供有限服务。主要包括现金交易批发商、卡车批发商、直送批发商、专柜寄售批发商、生产者合作和邮购批发商等6类	店铺零售商：包括百货商店、超级市场、便利商店、折扣商店、专业商店、仓储式商场、超级商店和样品目录展示室。 无店铺零售商：直接销售、自动售货、购物服务、直邮营销、电话营销、电视营销和网络营销

2.2　批发商

批发是指将物品或服务销售给为了再生产或转卖而购买的个人或组织所发生的一切活动。批发商是指主要从事批发活动的企业。

对生产者来说，通过批发商的购买，可以减少产品库存，加速周转；批发商可以凭借自己的资金实力，为生产者解决部分生产资金；批发商可以为生产者提供市场信息，帮助生产者促销产品。

对零售商来说，批发商可为零售商组合产品的花色、规格，便于其配齐品种；批发商通过产品的加工、整理、分类和包装，方便零售商进货、勤进快销；批发商利用自身的仓储设施储存产品，减轻零售商存货负担；批发商还可为零售商提供各种支持，帮助其开展营销业务。

2.3　零售商

零售商是直接面向最终消费者销售商品或提供相关服务的企业或个人，是营销渠道的最终环节和出口。零售商处在商品流通的最终环节，直接为广大消费者服务。零售商的交易对象是最终消费者，交易结束后，商品脱离流通领域，进入消费领域。零售商销售产品的数量比较少，但销售频率高。零售商数量多，分布广。

零售商一般按业态进行分类，总体上分为有店铺零售和无店铺零售。有店铺零售是有固定进行商品陈列和销售所需要的场所和空间，并且消费者的购买行为主要在这一场所内完成的零售业态。无店铺零售是不通过店铺销售，由厂家或商家直接将商品递送给消费者的零售业态。

目前国内外的零售商根据其经营特征可分如下几种类型。

2.3.1　专业商店

这是专门经营某一类商品，或专门经营具有连带性的几类商品，或专门为特殊消费对象经营特殊需要商品的商店，如钟表店、眼镜店、妇女用品商店、体育用品商店、文化用品商店等。专业商店的经营要求具有较高的专业知识和操作技能，销售与服务密切结合，能提供周到的服务。

2.3.2　百货公司（或商场）

这是一种大型零售商店，分门别类地销售品种繁多的商品。其特点是经营范围广，商品类别多，花色品种齐全，能满足消费者多方面的购买需要。

2.3.3　超级市场

超级市场也叫自选商场。其特点是由顾客自取自选，自我服务，定量包装，预先标价，顾客出门时一次交款。因而可以节约售货时间，节约商店人力和费用，避免或减少顾客与售货员的矛盾。

2.3.4 购物中心

这是一种由多家商店组合而成的大型商品服务中心，一般设在公共建筑物内，以一家或数家百货商店、超级市场为骨干，由各类专业商店、书店、餐馆、旅馆、银行、影院等组合而成，融购物、服务和娱乐休闲于一体。

2.3.5 连锁店

它是由多家出售同类商品的零售商店组成的一种规模较大的联合经营组织。其特点是由中心组织统一向生产者进货（选购商品），以较大的订购批量，获得最大的价格优惠；采取薄利多销的方针，争取顾客；商品价格经常浮动，有竞争对手时便降价争取顾客，无竞争对手时则提价争取多盈利。

2.3.6 邮购商店

它主要通过向消费者寄送商品目录来吸引顾客购买商品。

此外，还有很多形式的零售商，诸如便利商店、折扣商店、自动售货机、街头摊贩、外汇商店等。

2.4 代理中间商

代理商是从事商品交易业务，接受生产者委托，但不拥有商品所有权的中间商。代理中间商又分为代理商和经纪人。代理商、经纪人的特点和类型对比简表如表 8－3－2 所示。

表 8－3－2 代理商、经纪人的特点和类型对比简表

名称	概念	特点	类型
代理商	不拥有所经营商品的所有权，受委托代理商品采购和销售业务，从代理业务中获得一定佣金的中间商	不发生独立的购销行为； 对产品不具有所有权； 不承担市场风险； 有广泛的社会关系； 信息灵通	企业代理商； 销售代理商； 采购代理商
经纪人	为买卖双方撮合从中取得佣金的人	无商品所有权； 无现成的货物； 不承担市场风险； 为买卖双方提供产品、价格和一般的市场信息	房地产经纪人； 保险经纪人； 证券经纪人等

3. 经销商与代理商的区别

经销商与代理商的区别如表 8－3－3 所示。

表 8－3－3　经销商与代理商的区别

名称	经销商	代理商
理论上的区别	经销的双方是一种买卖关系	代理的双方是一种代理关系
	以自己的名义从事销售	以厂家名义从事销售
	收入是买卖差价收入	收入是佣金收入
实务上的区别	以买卖商品为专业，为应付客户需要，需配备适当的库存，而且已多半拥有销售组织	多半只有样品而无存货，依订单进货
	一般是自己承担售后服务	一般在合同中定明不负售后服务责任
	发生索赔事件时，一般是自己承担索赔责任	一般在合同中定明，发生索赔事件时，不负索赔责任

4. 选择中间商所要考虑的因素

4.1　市场覆盖范围

企业所选定的中间商必须与其所确定的目标市场相一致，那就要考虑分销商的经营范围所包括的地区和分销商的销售对象是否分别和企业产品预期销售地区、潜在顾客一致，这是最基本的条件。因为生产企业希望所选的分销商能打入自己选定的目标市场。如专门生产高档服装的制造商，应选择有名的服装商店，或选择大型的综合商厦设立专柜销售。

4.2　中间商的声誉、信用和规模

在目前市场游戏规则不健全的情况下，中间商的声誉、信用显得尤为重要。它不仅直接影响货款回收，还直接关系到市场的网络支持。一旦中间商中途有变，企业会欲进无力，欲退不能。重新开发市场往往需要付出更大的成本。企业一般都会选择规模大的中间商经销其产品。

4.3　中间商的历史经验和经营表现

许多企业在选择分销商时很看重历史经验，往往会认真考察其一贯的表现和盈利记录。若中间商以往经营状况不佳，则将其纳入营销渠道风险就大。而且，经营某种商品的历史和成功经验是中间商自身优势的另一个来源。

4.4　中间商的职工素质及服务能力

如果中间商具有懂技术、善经营、会推销的营销职工队伍，在销售商品的过

程中能够向顾客提供比较充分的技术服务与咨询指导，则适宜选择这个中间商；否则不宜选用。

4.5 中间商的财务实力

生产企业倾向于选择资金雄厚、财务状况良好的分销商，这样不仅有还款保证，还可能在财务上给生产企业一些帮助，从而有助于扩大产品生产和销路。

4.6 中间商的地理区域优势

分销商理想的位置应该是顾客流量大的地点。批发商的选择则要考虑他所处的位置是否有利于产品的储运，通常以处在交通枢纽为宜。

4.7 中间商的储存、运输设备条件

选择的中间商要具备经营本企业产品的必要的仓库、运输车辆等储运设施设备。

4.8 中间商经营产品的结构

一般认为，如果经销商经销的产品组合丰富多样，竞争优势明显，便有利于企业的市场开拓。

4.9 中间商的合作态度

企业选择的中间商应对企业产品销售抱有积极的合作态度。分销商与企业合作得好，就会积极主动地推销产品，也不至于提出一些不切实际的经销或代销要求和条件。应及时放弃那些要求条件过高的中间商。

4.10 中间商的营销管理水平和营销能力

如果中间商的经营管理井然有序，则办事效率就高，推销能力就强，产品销售业绩就好；否则，就难以使产品占领市场。

任务四 物流管理

【引导案例】

沃尔玛是全球第一个发射物流通信卫星的企业。物流通信卫星使得沃尔玛产生了跳跃性的发展，很快就超过了美国零售业的龙头——凯玛特和西尔斯。

建立全球第一个物流数据的处理中心后，沃尔玛在全球第一个实现集团内部

24 小时计算机物流网络化监控，使采购库存、订货、配送和销售一体化。例如，顾客到沃尔玛店里购物，然后通过 POS 机打印发票，与此同时，负责生产计划、采购计划的人及供应商的电脑上就会同时显示信息，各个环节就会通过信息及时完成本职工作，从而减少了很多不必要的时间浪费，加快了物流的循环。具体措施如下。

（1）借助 IT。

20 世纪 70 年代沃尔玛建立了物流的信息系统，这个系统负责处理系统报表，加快了运作速度。20 世纪 80 年代沃尔玛与休斯公司合作发射物流通信卫星。1983 年的时候其采用了销售始点数据系统。1985 年建立了 EDI，即电子数据交换系统，进行无纸化作业，所有信息全部在电脑上运作。1986 年的时候它又建立了 QR，称为快速反应机制，对市场快速拉动需求起到重要作用。凭借这些信息技术，沃尔玛如虎添翼，取得了长足的发展。

（2）建立神奇的配送中心。

配送中心设立在 100 多家零售店的中央位置，也就是配送中心设立在销售主市场。这使得一个配送中心可以满足 100 多个附近周边城市销售网点的需求。另外，运输的半径基本上比较短，比较均匀，以 320 km 为一个商圈建立一个配送中心。沃尔玛配送中心采用的作业方式，一端为装货月台，另一端为卸货月台。

（3）交叉配送。

交叉配送的作业方式非常独特，而且效率极高，进货时直接装车出货，没有入库储存与分拣作业，降低了成本，加速了流通。800 名员工 24 小时倒班装卸搬运配送。沃尔玛工人的工资并不高，因为这些工人基本上是初中生和高中生，只是经过了沃尔玛的特别培训。

商品在配送中心停留不超过 48 小时。沃尔玛要卖的产品有几万个品种，吃、穿、住、用、行各方面都有。尤其像食品、快速消费品，这些商品的停留时间直接影响到使用。

沃尔玛不断完善其配送中心的组织结构。每家店每天送 1 次货（竞争对手每 5 天 1 次）。至少一天送货 1 次意味着可以减少商店或者零售店里的库存，这就使得零售场地和人力管理成本都大大降低。要达到这样的目标就要通过不断地完善组织结构，建立一种能够满足这样的需求运作模式。

沃尔玛的配送成本占它销售额的 2%，而一般来说物流成本占整个销售额要达到 10% 左右，有些食品行业甚至达到 20% 或者 30%。沃尔玛始终如一的思想就是要把最好的东西用最低的价格卖给消费者，这也是它的成功所在。另外，竞争对手一般只有 50% 的货物进行集中配送，而沃尔玛百分之九十几是进行集中配送的，只有少数可以从加工厂直接送到店里去，这样成本与对手就相差很多了。

【引例分析】

从这个案例中得知，没有物流现代化的运用，就没有曾一度雄踞世界500强之首的沃尔玛。

无论产品的所有权采用何种方法转移，产品要为最终消费者得到，就必须完成其实体部分从生产者向消费者所在地的空间流动才行，这就涉及实体分销的问题。实体分销实质上就是物流。

1. 物流的含义及目标

物流是指物品从供应地向接收地的实体流动过程，是根据实际的需要，运输、储存、装卸、搬运、包装、流通加工、配送、信息处理等基本功能的有机结合。

企业物流活动的目标就是以最小（最好是低于市场平均水平）的成本消耗来得到最大程度上的顾客满意度，即帮助企业以最低的总成本创造顾客价值。

企业物流作业的目标包括以下几方面，分别为快速反应、最小库存、集中运输、最小变更、保证质量等。

1.1 快速反应

这是企业物流作业目标中最基本的要求。快速反应关系到一个企业能否及时满足客户的服务需求。例如，一个远在上海的客户服务器出现问题，而作为提供服务器备件支援的厂商位于北京，若客户需要在3小时内恢复服务器正常运行，那么快速反应就至关重要。

1.2 最小库存

这是企业物流作业目标中最核心的要求。最小库存的目标同资产占用和相关的周转速度有关。库存越小，资产占用就越少；周转速度越快，资产占用也越少。因此，物流系统中存货的财务价值占用企业资产也就越低。在一定的时间内，存货周转率与存货使用率相关。存货周转率高，意味着投放到存货上的资产得到了有效利用。

1.3 集中运输

集中运输是企业物流作业中实施运输成本控制的重要手段之一。运输成本与运输产品的种类、运输规模和运输距离直接相关。许多具有一流服务特征的物流系统采用的都是高速度、小批量运输，这种运输通常成本较高。为降低成本，可以将运输整合。一般而言，运输量越大、距离越长，单位运输成本就越低。因此，将小批量运输集中起来以形成大规模的经济运输不失为一种降低成本的途径。不过，集中运输往往降低了企业物流的响应时间。因此，企业物流作业必须在集中运输与响应时间方面综合权衡。

1.4　最小变更

在企业物流领域，变更是指破坏系统作业表现的任何未预期到的事件，它可以产生于物流作业的任何地方。如空运作业因为天气原因受到影响，铁路运输作业因为地震等灾害受到影响。减少变异的传统解决办法是建立安全存货，或是使用高成本的运输方式。不过，上述两种方式都将增加物流成本，为了有效地控制物流成本，目前多采用信息技术以实现主动的物流控制，这样变异在某种程度上就可以被减少到最低。

1.5　保证质量

物流作业本身就是在不断地寻求客户服务质量的改善与提高。因为事实上一旦货物质量出现问题，物流的运作环节就要全部重新再来。如运输出现差错或运输途中货物损坏，企业不得不对客户的订货重新操作，这样一来不仅会导致成本的大幅增加，而且还会影响到客户对企业服务质量的评价，因此企业物流作业对质量的控制不能有半点马虎。

2. 物流决策

物流决策的范围很广，主要涉及的有订单处理、仓储决策、库存水平和运输管理等内容。

2.1　订单处理

物流开始于顾客的订货活动。企业一收到订单，就必须快速准确地加以处理。订单处理系统准备好票据，并将订货消息传给需要这些信息的部门。相关仓库收到指示后装货并发运订货的商品。快速的订单处理保障渠道库存信息的准确和最佳的渠道库存，也促进资金周转的加速，提高资金的时间价值。

2.2　仓储决策

仓储的存在解决了生产和消费在时间、空间和需求数量上的矛盾。仓储决策就是解决好运输成本、消费者需求的服务水平，以及仓库数量之间取得平衡的问题。运输成本在已经预定好的运输方式下，由运量和里程来决定。消费者需求的服务水平在运输方式已定的情况下由仓库到收货人的地方所需时间来决定。仓库数量越多，越有利于在最短的时间内满足顾客的要求，但仓库越多，成本越高。

2.3 库存水平

合理库存水平的主要目标是使存货数量能保持生产和销售的平衡。库存水平高，能更好地满足顾客的要求，有利于增加销售，但同时需要占用较大的仓储面积和商品资金，仓储成本也会增高。存货太少会导致脱销而支出昂贵的紧急运输费用，甚至引起消费者的不满。在做存货决策时，必须在管理较多存货的成本和由此产生的销售和利润之间做出权衡。

3. 运输管理

运输方式和运输线影响着运输速度、运输费用、产品价格和货运条件，也影响着消费者的选择。企业可以选择的运输方式有公路、铁路、水运、航空和管道。它们各自有其不同的特点。

3.1 公路运输

其主要的优点是灵活、使用面广、迅速，可以随意选择时间，而且可以到达指定的地点，特别适合中小企业批量商品的中、短距离运输。尤其是随着高速公路的发展，对于对时间要求高的企业运输商品，公路无疑是较好的选择。

3.2 铁路运输

铁路运输是一种低成本的方式，但不灵活。它适合运输大批量的笨重货物，特别是在一些地区，铁路运输承担着主要的长距离运输任务。

3.3 水路运输

水运特点是运输成本低，但时间长，适合运输分量重、速度要求不高、不易变质的大宗商品，如煤、重型机械等。

3.4 航空运输

其优点是速度最快，但成本最高。适合运输体积小、鲜活易腐、高价值或消费者对时间有要求的货物。

3.5 管道运输

其费用低，但是只适合运输石油和无然气。

4. 现代物流简介

随着现代工业的发展和科技的进步物流领域正发生着巨大的变化。一方面是硬件条件越来越好，如建设的高速公路、高等级公路网，新建和扩建的许多航空港、海港、铁路中转站，飞速发展的汽车制造、造船工业都给物流提供了良好的支持；另一方面，随着高科技的运用，物流正朝自动化、标准化、社会化和系统化方向发展。目前运用于物流的主要高新技术有以下几种。

4.1　条形码与光电扫描识别设备

条形码与光电扫描识别设备是商品国际化的标志，也是实现物流自动化与商品管理自动化的基础。商品条形码可分为原印码和店内码。原印码即国际商品条码，是指产品在出厂前就已印制的国际通用的条形码，用于标示商品的唯一性。有了这种区分商品的共同语言，商品就可以不受国界的限制，自由流通。店内码是由商店自己编制的标签，是为了管理商品的方便。

4.2　电子数据交换系统

电子数据交换系统，简称 EDI，即按照商定的协议，将商业文件标准化和格式化，并通过计算机网络，在贸易伙伴的计算机网络系统之间进行数据交换和自动处理的系统。

4.3　电子订货系统

电子订货系统，简称 EOS，是零售商、批发商、生产商运用电脑对订购商品进行全面管理的技术。它可以迅速传递订货、检货和补货信息。

4.4　管理信息系统

管理信息系统，简称 MIS，是整个物流自动化的中枢。它主要包括现代电子技术、计算机技术和通信技术。通过它可以实现信息管理自动化。

【习题与思考题】

（一）单项选择

1. 协助买卖成交、推销产品，但对所经营产品没有所有权的中间商是（　　）。

A. 批发商　　B. 运输公司　　C. 制造商代表　　D. 代理商

2. 在连锁商店种类中，（　　）是指保留单个资本所有权的各店铺的联合经营。

A. 直营连锁　　B. 契约连锁

C. 自由加盟连锁　　D. 特许加盟连锁

3. 光明牛奶公司希望为它的新品酸奶获得额外的展示货架空间以提高市场份额，而分销商则关心这种新产品是否会创造更多利润，结果导致渠道冲突。这种冲突产生的原因是（　　）。

A. 角色失称　　　　B. 感知偏差

C. 沟通困难　　　　D. 目标不相容

4. 下列运输方式中，运量最大的方式是（　　）。

A. 铁路　　B. 飞机　　C. 卡车　　D. 水运

5. 物流的主要职能是将产品由其生产地转移到消费地，从而创造（　　）。

A. 时间效用　　B. 形式效用　　C. 地点效用　　D. 占有效用

6. 财务薄弱的企业，一般采用（　　）的分销方法。

A. 选择分销　　B. 佣金制　　C. 代理　　D. 直销

7. 含有一个销售中介组织的销售渠道称（　　）。

A. 二层渠道　　B. 零层渠道　　C. 一层渠道　　D. 三层渠道

8.（　　）是批发商最主要的类型。

A. 经纪人　　　　B. 商人批发商

C. 代理商　　　　D. 制造商销售办事处

9. 某公司建立了三条渠道进行分销活动，则该公司的渠道模式属于（　　）。

A. 传统分销渠道模式　　　　B. 垂直分销渠道模式

C. 水平分销渠道模式　　　　D. 多渠道分销渠道模式

10. 对产品实体具有控制力并参与产品销售协商的代理商是（　　）。

A. 产品经纪人　B. 制造商代表　　C. 采购代理商　　D. 佣金商

（二）多项选择

1. 渠道成员包括（　　）。

A. 生产企业　　B. 用户　　C. 物流公司　　D. 代理商

2. 指出下列哪些销售方式属于"直销"范畴。（　　）

A. 邮购　　B. 店铺销售　　C. 电话订购　　D. 上门销售

3. 制造商自组销售队伍的原因是（　　）。

A. 与顾客已有广泛接触，拥有广泛顾客群

B. 会全力倾注于公司的产品上

C. 受过较好的训练

D. 由于其前途维系于公司的发展，他们表现会比较积极

4. 物流的职能包括（　　）。

A. 运输　　B. 保管　　C. 装卸　　D. 包装

5. 物流业务包括（　　）

A. 销售　　B. 运输　　C. 仓储　　D. 装卸

6. 恶性窜货的影响有（　　）。

A. 填补市场空白　　　　B. 易引发价格战

C. 使经销商对产品失去信心　　　　D. 使品牌失去消费者的信任与支持

7. 营销渠道通过（　　）完成与产品转移有关的一系列价值创造活动。
A. 形式效用　B. 所有权效用　C. 时间效用　D. 地点效用
8. 在渠道组织中，银行、保险、广告公司属于（　　）。
A. 渠道成员　B. 渠道参与者
C. 非渠道成员　D. 辅助代理机构
9. 公司主要从以下方面选择和评估中间商（　　）。
A. 财务能力　B. 产品能力
C. 市场能力　D. 组织管理能力
10. 中间商和制造商虽然同属一条供应链，却有自己显著的特点，比如（　　）。
A. 经销商具有相对独立性
B. 对经销商而言，最重要的是制造商，而不是客户
C. 关心的是单个商品种类的销量，而不是整个产品组合的销量
D. 如果没有一定的激励，经销商不会记录其出售的各种品牌的销售情况

（三）思考题

1. 为什么说营销渠道能够增强企业的竞争优势？
2. 试述渠道管理与物流管理的联系与区别。
3. 营销渠道设计策划应考虑的因素有哪些？
4. 简述渠道冲突的类型并说明如何解决渠道冲突。
5. 营销渠道管理的内容有哪些？

【案例阅读与分析】

乐华彩电渠道激变酿悲剧

在不停的价格战攻势下，家电行业飞速进入“战国”时代。家电行业通过激烈的价格战，形成了专业家电连锁终端商，导致行业整体利润率不断下降，行业进入微利时代。这时候，在大厂家和强势终端的共同挤压下，中小家电厂家的日子愈发艰难。

怎样降低成本，怎样获取更多的利润就成了家电行业迫切需要解决的问题。曾为本土家电厂家建功立业的自建渠道就成了它们“不能承受之重”，渠道变革被提上日程。

2002 年乐华彩电扮演了彩电渠道变革的急先锋。乐华渠道改革的核心是全面推行“代理制”。为了完成从渠道自营制到代理制的根本转变，乐华首先对企业结构进行了调整。做好必要调整后，乐华开始了疾风暴雨式的渠道革命。

乐华一口气砍掉旗下 30 多家分公司及办事处，同时对其选定的代理商提出

了严格要求："现款拿货"。从理论上分析，全面推行代理制后，厂家集中精力搞研发，代理商做渠道、分销、售后服务。因为采用现款现货，厂家不仅提高了现金流转速度，还能够节省一大笔自营渠道的运营支出，可谓益处多多。

然而是否有经销商愿意加盟呢？对代理商来说，他们没有账期、没有了厂家的终端和市场支持，风险和压力大增。这样，代理制能否推行下去，就取决于企业的品牌和实力。而作为二线彩电品牌，乐华彩电并不具备吸引经销商的足够实力和品牌资源。

从公开资料上看，乐华也估计到了这种情况，因此，乐华在调整渠道前预想，可以借助国内新出现的强力家电连锁终端进行销售，继而争取专业代理商加盟。在这种思路下，乐华匆匆砍掉了自己的自建渠道，从全国各大商场、超市中撤柜，并大量裁撤售后服务人员。

乐华的渠道激进很快让自己尝到了苦果。强力家电连锁终端主要集中在一类、二类城市，在这些城市中间，乐华彩电因为不是著名品牌，对消费者吸引力不强，因此其销售额直线下降，同时又因为乐华彩电大量裁撤其售后服务人员，致使正常的售后服务不能提供。以广州为例，最多的时候，广州消费者协会一周就能接到来自消费者的40多个对乐华彩电的投诉。

销量锐减切断了乐华彩电的现金流，售后问题则直接打击了消费者和终端商对乐华彩电的信心。2002年11月，曾被乐华彩电寄予厚望的连锁家电销售商对乐华彩电丧失信心，北京国美率先对乐华撤柜。至此，乐华彩电无力回天。从5月到11月，半年内乐华彩电就轰然坍塌。

乐华渠道变革失败的原因是，乐华推行的渠道革命太过激进，对于市场形势、代理商的反应、自身实力缺乏准确估计。

思考题

1. 你认为该如何协调渠道成员的利益冲突？
2. 调整渠道成员需要考虑哪些因素？

【实训操作】

实训题

实训项目 渠道模式建立与分析

实训目的 通过实训帮助学生提高营销渠道模式的分析能力，掌握设计营销渠道的技能，培养学生团队合作精神。

实训组织 学生分成若干组，每组选择一个熟悉的食品生产品牌，分析其营销渠道模式，并对该渠道进行分析和评估。

实训内容 在充分调研的基础上，分析渠道特点、优势、问题和解决对策。

实训考核 分组撰写评析报告，适当插入表格和图片，800～1 000字。

项目九

整合营销传播决策

【学习目标】

知识目标

1. 了解营销沟通的含义，掌握有效营销传播的步骤。

2. 了解广告的含义及种类，掌握广告促销方案的制定。

3. 了解推销人员应具备的能力，了解人员推销的基本形式，掌握人员推销的程序。

能力目标

1. 能够进行促销方案的策划，能够在促销中利用营业推广手段。

2. 掌握人员推销的程序和技巧，提高人员推销的能力。

任务一　整合营销传播决策

【引导案例】

“爸爸去哪儿”的日益火爆，不仅使湖南卫视笑得合不拢嘴，其赞助商也获益匪浅，虎跃营销曾服务的客户思念食品就是其中之一。“爸爸去哪儿”的成功看似无心插柳之举，却隐藏了诸多的必然成功要素。“广告商蜂拥而至”，谈及“爸爸去哪儿”的收益，湖南卫视方面给出这样一个令人遐想的答案。这档每周五晚非黄金时段播出的户外亲子真人秀正在成为荧屏新宠。

作为一个整合营销策略，我们从营销策划的角度来分析下“爸爸去哪儿”走红背后的原因。

1. 整合营销策略成熟品类引进

成熟品类的引进已经不是什么新鲜事，从早期的可口可乐到现在热门的黄色旋风香蕉牛奶，都是将国外成熟期的品类复制到中国市场，激发市场需求，令其在异地生根发芽。整合营销策略用国外成熟品类冲击市场，一方面在消费者心智有一定的感知，降低市场教育成本，另一方面有足够多的市场成功经验可以借鉴，规避掉了市场开拓期弯路。

“爸爸去哪儿”亦如此。其节目版权和模式购自韩国MBC电视台的“爸爸！我们去哪儿?”，此节目在韩国一经推出，收视便一路飘红，稳坐该时段收视率冠军宝座。从受众人群的角度，中韩文化差异性相对较小，韩国观众喜欢的节目复制到中国不会发生水土不服，且明星爸爸与可爱宝宝的组合卖点十足，有足够的受众基础。从节目制作的角度，将韩国团队制作经验引进，扫除了节目制作的硬件问题。无论从外在需求角度，还是从内在硬件实力，湖南卫视都驾驭自如，奠定了“爸爸去哪儿”火爆的基础。

2. 整合营销策略产品差异化

现在的市场属于“乱花迷人眼”的阶段，消费者（观众）不会记得没有特点的产品（节目）。因此，形成自己的特点，满足消费者（观众）产异化需求成为一个品牌（节目）能否留在消费者（观众）心中的关键。卡士牛奶作为一家乳制品行业新进挑战者，如何在红海中寻找蓝海关乎其生死。虎跃营销总经理韩虎在调研中发现，中国市场上缺少高端牛奶这一品类，于是以此切入，开创高端品牌牛奶先河。只有做到产品差异化才能满足隐藏消费者的独特需求，才能抢占消费者独特心智。

在狼烟四起的荧屏，观众们对于千篇一律的选秀类、相亲类节目早已经视觉疲劳。泛滥的煽情手法，更使得消费者产生厌烦，选秀逐渐成为互相比惨。突破传统综艺节目的窠臼，才能抢占收视率。“爸爸去哪儿”将室内综艺升级为野外综艺，将虚假的比惨变成突出节目的记录性而忽略综艺性的真人秀。父子/女搭档真实、温馨的小清新情调，唤起了观众内心最温柔的情感。

3. 整合营销策略本土化包装

正所谓“入乡随俗”，无论是产品还是综艺节目，本土化都是赢得消费者与受众的重要手段。国际连锁快餐巨头肯德基、麦当劳纷纷推出中式米饭套餐，冰淇淋中的贵族哈根达斯也卖起了月饼。整合营销策略本地化的实质是通过形式（口感、形态、包装）来获得本地消费者的情感认同。

中国的观众有着自己的特点，在目前的浮躁、快节奏的社会环境下，观众喜欢简单直接的刺激感受。“中国好声音”弱化了主持人的作用，直接用内容给观众带来一波又一波的高潮。韩国版“爸爸去哪儿”受韩剧影响内容拖沓，显然不适合中国的本土观众的观看习惯。湖南卫视将原版拖沓的环节省去，换成了接地气的快节奏剪辑，马上让人耳目一新，迎合了中国观众的口味。

4. 整合营销策略明星产品塑造

市场统计机构CSM46城数据显示，“爸爸去哪儿”第二集收视率从第一期的

1.3%飙升至近2.6%，收视份额从首期的5.12%飙升至11.53%。收视率是同一时段观看某档节目观众人数和该地区总人口的比例，收视份额则是观看某档节目观众和所有看电视人口的比例。

【引例分析】

通过以上案例，我们应明确，营销推广不能单单靠一种方式，要有针对性地结合多种社会化媒体营销及移动营销。在新媒体时代下，客户的关注点和注意力是分散的，需要进行多渠道的布点覆盖，从而形成大的阵势，最终取得最大的收益。

1. 营销沟通

沟通营销是指在（一个品牌的）营销组合中通过与（该品牌的）顾客进行双向的信息交流建立共识而达成价值交换的过程。

就本质而言，营销与沟通是不可分割的：营销就是沟通，沟通就是营销。营销沟通的目的有两个：创建品牌和销售产品。

2. 营销沟通的分类

可以将营销沟通按功能、沟通双方的性质、信息传递方向和目的等进行分类。

（1）按功能划分，可分为工具式沟通和感情式沟通。

（2）按沟通双方的性质可划分为人际沟通、群体沟通、组织沟通和大众媒体传播沟通等。

（3）按信息传递的方向划分，可分为单向沟通和双向沟通。

（4）按沟通目的划分，又可分为告知性沟通和说服性沟通。

3. 营销沟通的主要形式

营销沟通的主渠道，主要有广告、人员推销、销售促进、公共关系、包装、电话、文信推销等。中小公司通常会根据一个时期、一个市场区域的经营目标的不同，分别采取不同方式，或者以一种沟通方式为主，灵活运用其他方式，或者采用以某种方式之长去弥补另一种方式之不足。但不论采取何种沟通方式，均应掌握有效沟通原则和经济实用原则，严格避免不必要的铺张。应有计划、有审批，然后执行。

3.1 广告

广告是高度大众化的媒体传播方式，具有传播范围广、速度快、重复性好，并因充分引用文字、声音、色彩而极富表现力的特点，适合向分散的受众和众多目标顾客传递信息。但应注意其投入比与市场效果，并严格掌握使用。

3.2 人员推销

人员推销虽是一种古老的方式，但灵活、有助于建立长期信任与联系、能及时获得信息反映，因此，营销人员应予以广泛应用。

3.3 销售促进

销售促进是指采用刺激手段，吸引顾客。如赠样品、优惠券、以旧换新、减价、免费限期试用、示范、竞赛、折扣、商品津贴、合作广告、有奖销售等方法，均属此列。具体需采取何种方式，应预拿方案讨论、报批。

3.4 公共关系促销

对于大型工程和批量消费，应充分运用各种手段，发挥经纪人作用，利用一切关系，广泛开展公共联系（政治关系、亲朋关系、业务关系、协作关系及其他关系等）促销。因此，要求营销人员要充分掌握信息源头，分析出目标顾客，物色好关键公关人物，予以重点突破。公司应对此给予大力支持。

4. 营销沟通与整合营销传播

4.1 整合营销传播的概念

整合营销传播，是指将与企业进行市场营销有关的一切传播活动一元化的过程。整合营销传播一方面把广告、促销、公关、直销、CI、包装、新闻媒体等传播活动都涵盖于营销活动的范围之内，另一方面则使企业能够将统一的传播资讯传达给顾客。其中心思想是以通过企业与顾客的沟通满足顾客需要的价值为取向，确定企业统一的促销策略，协调使用各种不同的传播手段，发挥不同传播工具的优势，从而使企业实现促销宣传的低成本化，以高强冲击力形成促销高潮。

4.2　整合营销传播与传统营销传播的区别

（1）整合营销传播更为关注顾客。传统营销传播以 4P 为核心理念，是以产品为导向的营销传播理念。而整合营销传播以 4C 为核心理念，是以顾客为导向的营销传播理念。关于 4P 和 4C 大家已经不再陌生。4P 指的是产品，价格，促销和地点，它所关注的是与产品相关的几个因素；而 4C 指的是研究消费者想要什么，理解顾客的成本并满足他们的需求，怎么方便怎么来买，以沟通替代促销。4C 理论解释了营销必须从以产品为中心的方式转向以顾客为中心的方式。

（2）整合营销传播更为注重对技术的开发与使用。可以说，从传统营销过渡到整合营销的关键是技术带来了变革因素。这主要体现在整合营销传播对于消费者数据库的建立上。数据库的建立是通向人性化的基础，而数据库的建立则需要高端的信息科技知识。其次体现在整合营销传播注重多种媒体的整合，而不仅仅是过去的大众传播媒介。如分众传媒、舆论领袖、触动传媒等都有可能成为新的营销渠道。这与时代发展的要求是相一致的。

典型案例

多芬的“真美运动”之潮

2005 年和 2006 年多芬发起了一股“真美运动”之潮。基于详尽的消费者调查，针对只有 2% 的女性认为自己美丽，多芬提出了深入地解析“什么是美”——自然是美，内心是美，学会欣赏自己的美丽。从此极具话题性的主题出发设计了一套整合线上线下，运用多种创意媒体、概念作推广，此外，多芬公司运用公关、店内促销、户外媒体及其他营销手段，取得了非常好的效果。2005 年，多芬产品销售额为 5.35 亿美元．同比增长 12.5%；2006 年多芬品牌的销售额增长了 10.1%，增至 5.89 亿美元。

（3）“整合营销传播”理论更为注重“一对一”的传播。传统营销传播理论运用广告等营销方式，借助广播、电视、报纸等营销渠道，所倾诉的对象是广大受众。在这个层面上，它无法关注不同受众的具体要求，也无法针对不同受众满足他们个性化的服务。而整合营销传播试图从传统营销传播的“定位”方式入手，通过对顾客需求的分析和多种媒介手段的运用来满足顾客的个性化需求。

由此看来，整合营销传播与传统营销传播的本质区别并不在手段上，而是在观念上。

任务二 广告决策

【引导案例】

山西人民广播电台的“健康专线”

1996年，为了适应听众市场的需求，充分体现广播的社会化服务，山西人民广播电台“市场流行网”节目专门开设了为广大患者进行医疗、医药咨询的“健康专线”直播栏目，邀请医疗、医药专家为栏目嘉宾在直播室坐诊，患者或其亲人、好友可通过电话直接向专家进行咨询。每到该栏目开播的时间，热线咨询电话的显示灯就不停地闪烁，来自天南地北的咨询电话接连不断地切入直播室，专家接待不迭。不难看出，还有很多听众或患者在有意无意中接触到广播，接受着广播信息，并“对号入座”，“诊治”着自己的疾病。更有不少听众或患者有意无意地传递着这种信息，影响着他人。

广播广告的交流是跃动的和生动的，这种双向交流的功效是广播媒体所特有的，广播媒体的意境性是丰富的和深邃的。有人说，看电视长书连播不如听广播小说连播“味道可口”，原因是广播可以使人对感知的一切事物和事理出现反跳，并依此再造一个“世界”。而电视的图像是一种成型的和定格式的表现手段，因为它的直观性，丁是丁，卯是卯，必然使人的想象空间产生局限性，必然使人的想象力受到限制。广播却可以从播报的语言、气息、情感等声音的多种表现手法中，充分开启人的心扉，掀动人的感情，使人产生一种最为和谐与完美的想象。所以，如果把电视比作一幅色彩艳美，一目了然的油画，广播则是一幅水墨渲染、气韵生动的国画。

【引例分析】

广告策略是企业营销组合策略的重要内容，也是企业进行产品促销的常用手段。企业营销人员在此项目实施中的主要工作任务就是对企业的产品，目标顾客的媒体习惯，广告媒体的知名度、影响力、适用范围以及企业自身的经济承受能力进行全面客观的分析，并协助企业的决策者，从经费投入与广告效应出发选择适合自己产品的有效力的广告媒体。

1. 广告的概念

所谓广告，从汉语的字面意义理解，就是“广而告之”，即向公众通知某一件事，或劝告大众遵守某一规定。但这并不是广告的定义，而是对广告的一种广义的解释，说明广告是向大众传播信息的一种手段。从狭义解释，广告则是一种付费用的宣传。

1.1　广告的几个关键问题

（1）广告是一种有计划、有目的的活动；

（2）广告活动的主体是广告主，而广告活动的对象是广大消费者；

（3）广告活动是通过大众传播媒介来进行的，而不是面对面的传播；

（4）广告活动的内容是经过有计划的选择的商品或劳务信息；

（5）广告活动的目的，是促进商品或劳务的销售，并使广告主从中获取利益。

1.2　广告的基本要素

对于一则具体的广告，它有这样一些基本要素：广告主、信息、广告媒介、广告费用。

（1）广告主，即进行广告者，是指提出发布广告的企业、团体或个人。

（2）信息是指广告的主要内容，包括商品信息、劳务信息、观念信息等。

（3）广告活动是一种有计划的大众传播活动，其信息要运用一定的物质技术手段，才能得以广泛传播。广告媒介就是这种传播信息的中介物，它的具体形式有报纸、杂志、广播、电视等。

（4）所谓广告费，就是从事广告活动所需付出的费用。

1.3　广告活动的基本原则

广告活动必须遵守一些最基本的原则。这些原则主要有：真实性原则、主题鲜明性原则、计划性原则、艺术性原则、思想性原则。

（1）真实性原则，主要是指对广告所传播的经济信息要真实的要求。

（2）主题鲜明性原则，也就是在进行产品宣传时，要突出产品的特性，切忌用一些与主题无关的词语和画面，避免不着边际的空谈。

（3）计划性原则，具体指两方面的内容：一是广告宣传活动的计划性，二是广告制作的计划性。

（4）艺术性原则，是指为了加强广告的感染力，激发人们的审美情趣，从而引发人们的兴趣和欲求，在广告创作中进行必要的艺术夸张，以增强消费者的印象。

（5）思想性原则，是指广告内容与形式要健康。

2. 广告的种类

广告可以按各种不同的方式进行分类，而系统分类有助于对广告进行全面深入的研究。

（1）按地域空间分为：全国性广告、地区性广告、城市广告、农村广告等。

（2）按传播对象分为：儿童广告、妇女广告、情侣广告、青年广告等。

（3）按企业广告策略分为：产品广告、品牌广告、企业形象广告、企业服务广告等。

（4）按目的分为：公共服务性广告和商业性广告两大类。前者有节日庆典广告、社会保护广告、社团活动广告、个人启事广告等；后者以经济活动为主，有商品及服务广告、文化娱乐广告。

（5）按传播媒介分为：报纸广告、广播广告、电视广告、杂志广告、户外广告、销售点（POP）广告、邮递（DM）广告、网页广告等。

3. 广告促销方案的制订

3.1 确定广告目标

制订广告促销方案的第一步是确定广告目标。

3.1.1 广告目标的概念

广告目标是指在一个特定的时间内，对某个特定的目标接受者所要完成的沟通任务和所要达到的沟通效果。

3.1.2 广告目标的分类

可供企业选择的广告目标很多，大致可分为三类：

（1）通知广告（报道性广告），主要适用于产品生命周期中的介绍期，主要目标是促使初步需求的产生。

（2）劝说广告（竞争性广告），主要用于产品的成长期，主要目标是劝导顾客购买自己的产品，突出产品特色，介绍本产品优越于其他产品之处，促使顾客形成品牌偏好。

（3）提示广告（提醒性广告），是指对已进入成熟期后期或衰退期的产品所进行的广告宣传。广告的目标不再是介绍、劝说人们购买，而是提示人们购买。

3.2 确定广告信息

3.2.1 广告信息的创意

3.2.1.1 广告创意的定义

广告创意是广告的灵魂。它包含了广告活动中创造性的思维，主要是涉及创新的方面，从战略、形象，到战术以及媒体的选择等。

3.2.1.2　广告创意的形成

“笔墨当随时代”，广告创意也如此。人们的审美情趣随着时代而前进，随着生活而升华，随着个性张扬而追求独创。带有时代精神独创性的广告创意的诞生要经历四大环节：境域—启迪—顿悟—验证。

（1）境域，是广告创新思维的生成环境。

在广告创作之前，应对设计对象的有关条件和限制有透彻了解，并尽力将其投入思维活动中。在广告创意过程中，对所思考的问题越有激情，进行各种尝试的积极性就越高。

（2）启迪，是广告创新思维的信息纽带。

当广告构思陷入僵局难得其解时，不妨从其他艺术形式和相关学科中寻找新的意象，形成完整而清晰的新思路，再经反复酝酿，用自己的设计语言把它“译解”出来。

（3）顿悟，是广告创新思维的灵感显现。

通俗地说，就是相关的知识信息在人脑中重新组合后的即时凸现，有一种“茅塞顿开”的感觉。就像在黑暗的剧场里点亮一盏灯，把一些零星的观众及场景照亮，出现一个个活生生的形象。

（4）验证，是对广告创新思维结果进行多角度分析的审视过程。

通过这一过程，验证广告创意是否拨动了读者的心弦，创意的表现是否清晰，创意是否给读者留下了想象的空间等。

3.2.2　广告信息的载体——广告文案

3.2.2.1　广告文案的定义

所谓广告文案，就是以语辞进行广告信息内容表现的形式。广告文案指已经完成的广告作品的全部文字部分。它不同于广告运动中广告策划书、媒体计划书、广告市场调研报告等。其语言是有声语言，包括人物对白、画外音；文字是平面媒体文字部分，包括电子媒体文案脚本及字幕。

3.2.2.2　广告文案的构成

广告文案是由标题、广告正文、广告口号和随文组成的。它是广告内容的文字化表现。在广告设计中，文案与图案图形同等重要，图形具有前期的冲击力，广告文案具有较深的影响力。

（1）广告标题。

它是广告文案的主题，往往也是广告内容的诉求重点。它的作用在于吸引人们对广告的注目，留下印象，引起人们对广告的兴趣。只有当受众对标语产生兴趣时，才会阅读正文。广告标语的设计形式有：情报式、问答式、祈使式、新闻式、口号式、暗示式、提醒式等。广告标语撰写时要语言简明扼要，易懂易记，信息传递清楚，新颖个性，句子中的文字一般以12个字以内为宜。

（2）广告正文。

广告正文是对产品及服务，以客观的事实、具体的说明，来增加消费者的了解与认识，以理服人。广告正文撰写内容要求实事求是，通俗易懂。不论采用何种题材式样，都要抓住主要的信息来叙述，言简意明。

典型案例

大众汽车平面广告文案

标题：1.02 美元 1 磅

正文：一辆崭新的大众轿车价值 1 595 美元。并不是像你听说的那么便宜。如果磅数相等，一辆大众轿车的价格可能超过你能说出的任何牌子的汽车。实际上，当你观察大众轿车的内部时，你就不会对这样的价格感到意外了。（开头的两句话完全承接标题对价格的奇特计算方法）

并没有多少汽车像大众这样在自己的内部装很多东西（注：意指在内部下很多功夫）。（开始解释原因，展开对汽车品质的诉求）光是手工就很明显。大众的引擎是手工装配起来的。一个零件接一个零件。每一台引擎都要测试两次，一次是在它还是一台引擎时，另一次是在它成为整车的一部分后。一辆大众要涂四遍油漆，每次油漆之间都要用手持砂纸将表面磨光。甚至车顶材料也是手工填装的。你不会在任何地方发现一个裂口、一道凹陷或一团胶水糊。因为如果必要，大众会为一个小小的细节而拒绝让整部车出厂。因此当你以磅计算大众轿车时，就会知道它为什么如此之贵。这是值得考虑的事情。（开始行动号召）尤其假如你因为它的价格还不够高而还没买它时请快行动吧。

（3）广告口号。

口号是战略性的语言，目的是经过反复和相同的表现，让消费者明白它与其他企业精神的不同，使消费者掌握商品或服务的个性。这已成为推广商品不可或缺的要素。广告口号常用的形式：联想式、比喻式、许诺式、推理式、赞扬式、命令式。广告口号的撰写要注意简洁明了、语言明确、独创有趣、便于记忆、易读上口。

（4）随文

在广告文案中，随文一般非常短小，通常包括品牌名称和标志、企业名称和标志、购买商品或获得服务的方法、权威机构证明标志、特别需要说明的内容、必要的表格等。

3.2.2.3　广告文案的写作要求

（1）准确规范、点明主题。

准确规范是广告文案最基本的要求，是实现对广告主题和广告创意的有效表现和对广告信息的有效传播的基本要求。

首先要求广告文案中语言表达规范完整，避免语法错误或表达残缺。其次，广告文案中所使用的语言要准确无误，避免产生歧义或误解。第三，广告文案中的语言要符合语言表达习惯，不可生搬硬套，自己创造众所不知的词汇。第四，广告文案中的语言要尽量通俗化、大众化，避免使用冷僻以及过于专业化的词语。

（2）简明精练、言简意赅。

广告文案在文字语言的使用上，要简明扼要、精练概括。首先，要以尽可能少的语言和文字表达出广告产品的精髓，实现有效的广告信息传播。其次，要尽量使用简短的句子，以防止受众因繁长语句而产生反感。

（3）生动形象、表明创意。

生动形象的广告文案能够吸引受众的注意，激发他们的兴趣。国外研究资料表明：文字、图像能引起人们注意的百分比分别是22%和78%；能够唤起记忆的文字是65%，图像是35%。这就要求在进行文案创作时，在采用生动活泼、新颖独特的语言的同时，辅助以一定的图像来配合。

（4）动听流畅、上口易记。

广告文案是广告的整体构思，对于其中诉之于听觉的广告语言，要注意优美、流畅和动听，使其易识别、易记忆和易传播，从而突出广告定位，很好地表现广告主题和广告创意，产生良好的广告效果。同时，也要避免因过分追求语言和音韵美，而忽视广告主题，生搬硬套，牵强附会，因文害意。

3.3　确定广告预算

3.3.1　广告预算的概念

广告预算是企业广告计划对广告活动费用的匡算，是企业投入广告活动的资金费用使用计划。它规定在广告计划期内从事广告活动所需的经费总额、使用范围和使用方法，是企业广告活动得以顺利进行的保证。

3.3.2　确定广告预算的方法

（1）销售额百分率法。

销售额百分率法即企业按照销售额（上年度销售实绩或次年度预计销售额）的一定百分比来决定广告开支。这就是说，企业按照每完成100元销售额需多少广告费来决定广告预算。在美国，汽车公司一般是以每辆汽车预估价格的某一固定比率来作为确定广告预算的基础，而石油公司则一般是以每加仑汽油价格的某一固定比率来确定广告预算。

（2）销售单位法。

这是以每件产品的广告费摊分来计算广告预算的方法。按计划销售数为基数计算，方法简便，特别适合于采用薄利多销的商品。运用这一方法，可掌握各种商品的广告费开支及其变化规律。同时，可方便地掌握广告效果。公式：

广告预算 =（上年广告费/上年产品销售件数）×本年产品计划销售件数

（3）目标达成法。

这种方法是根据企业的市场战略和销售目标，具体确立广告的目标，再根据广告目标要求所需要采取的广告战略，制订出广告计划，再进行广告预算。这一方法比较科学，尤其对新上市产品发动强力推销是很有益处的，可以灵活地适应市场营销的变化。广告阶段不同，广告攻势强弱不同，费用可自由调整。目标达成法是以广告计划来决定广告预算。广告目标明确也有利于检查广告效果，其公式为：

广告费 = 目标人数×平均每人每次广告到达费用×广告次数

（4）竞争对抗法。

这一方法是根据广告产品的竞争对手的广告费开支来确定本企业的广告预算。在这里，广告主明确地把广告当成了进行市场竞争的工具。其具体的计算方法有两种，一种是市场占有率法，一种是增减百分比法。市场占有率法的计算公式如下：

广告预算 =（对手广告费用/对手市场占有率）×本企业预期市场占有率

增减百分比法的计算公式如下：

广告预算 =（1 ± 竞争者广告费增减率）×上年广告费

注：此法费用较大，采用时一定谨慎。

3.4 广告媒体及选择

广告信息要到达目标受众，必然要经过一定的信息传播载体，这种信息传播载体，就是我们通常所说的广告媒介（Advertising Media）。常见的广告媒介有报纸、杂志、广播、电视、户外、POP、DM、网络。

3.4.1 报纸

报纸广告的媒体特征主要有以下几点。

（1）保存信息持久，可反复阅读。报纸是印刷品，可以保存，从而使广告信息比较持久，便于消费者随时阅读和反复阅读。

（2）说服性强。报纸可以保存时间较长的特点决定了它是解释性媒介，可以传播较为复杂的信息，提供详细的说明性材料，展开深度说服。

（3）信任度高。报纸长期积累起来的优良信誉，使报纸广告也因此而受惠。

（4）传播及时。报纸一般以日报较多，出版周期短，使广告可以及时到达目标受众。

（5）灵活性高。广告版面、次数、刊载日期等能灵活机动地安排。

（6）认知卷入度高。报纸广告多数以文字符号为主，要了解广告内容，要求读者在阅读时集中精力，排除其他干扰。所以当读者愿意阅读时，他们对广告内容的了解就会比较全面、彻底。

（7）广告的注意度低。报纸报道本身以图文为主，而报纸广告也以图文为主来传递信息，而且广告大多数情况下刊登在专门的广告版面中，使得单个广告受到注意的程度大大降低。

（8）印刷质量差，视觉冲击力弱。相对于专业杂志、海报招贴等媒体高质量的印刷效果，报纸广告由于技术和纸质的影响，其还原性比较差，视觉冲击力较弱。

3.4.2　杂志

杂志广告的媒介特征主要有以下几点。

（1）受众针对性强。杂志是分层媒介，内容上的高度细分使得其目标受众的细分度非常高，广告主可以根据自己的目标消费者群体准确地选择杂志类型来发布广告。

（2）注目率和理解度高。杂志一般采用高质量的彩色印刷，使广告具有高质量的产品复原能力和突出的表现效果，从而使广告的注目率和理解度都比较高。

（3）信息的持久性强，可反复阅读。一般人们在购买杂志后都会保存起来而不会随手丢弃，留待以后有兴趣的时候再看。这就意味着杂志的广告信息可以保存较长的时间，为受众反复接触广告信息提供了机会。

（4）出版周期长，灵活性差。杂志因为版面和出版时间的局限，一般要求广告主提前相当一段时间送交广告，这意味着广告信息传递的不及时和不能随时按需修改广告内容。

（5）同类产品广告竞争激烈。由于杂志内容和目标受众的高度细分，导致同类广告的相对集中。也就是说，可能在同一期的杂志中出现若干同类产品的广告，这就造成了同类产品的直接交锋，因此对广告的创意、制作和设计提出了更高的要求。

3.4.3　广播

广播广告的媒介特征主要有以下几点。

（1）广告成本低廉。广播广告的播出成本和制作成本都比较低廉，这就为中小型企业提供了利用大众传媒的机会，也为广告主以较低的成本反复地传播广告信息提供了机会。

（2）信息传播及时。广播可使广告内容在信息所及的范围内，迅速传播到目标消费者耳中。不论身在何地，只要打开收音机，广告对象就可以立即接收到。

（3）信息传播灵活。广播广告制作简单，修改方便，可形成适时的广告。

（4）传播范围广泛。在所有的大众媒介中，广播的到达范围最广，受时间和空间的限制最少。

（5）受众的抵触度低。由于受众在收听广播时可以同时做其他的事情，因此，受众对广播广告的接受度比较高，抵触情绪相对较少。

（6）说服性差。线性传播的特点使广播广告的信息稍纵即逝，难以保存和反复接触，这使广播广告只能传递简单的信息，不能进行深度的说服。

（7）广告的冲击力较弱。广播广告虽然可以借助声音形象的塑造来打动受众，但其单纯利用声音的局限使广播广告的表现手段比较单一，受众感受广告信息的直观性差，距离感大，使广告的冲击力减弱。

3.4.4 电视

电视广告的媒介特征主要有以下几点。

（1）冲击力和感染力强。电视媒介是唯一的视听兼具的广告媒介，受众感受信息的直观性最强，距离感最小，可以同时调动声音、图像、音乐、音响、色彩等多种表现手段来展现产品、营造特定的情绪情感和意境，多方位地影响消费者，因此广告信息的冲击力和感染力是所有媒介中最强的。

（2）覆盖范围广，单位成本低。电视的覆盖范围非常广泛，在我国大多数地区都能自由接受电视信号。这使广告可以达到的受众群体范围非常广泛，同时单位接触成本也因此而大大降低。

（3）信息持久性差，不能反复接触。跟广播一样，电视线性传播的特点使电视广告的信息不能保存，不能反复地阅读，只能依靠增加广告的暴露次数来增加目标受众接触广告信息的机会，这会造成两个方面的影响：一是不便于展开深度说服；二是增加了电视广告的播出成本，使电视广告在高制作成本和高单次播出成本的基础上雪上加霜，使电视广告的绝对成本大大提高。

（4）受众抵触度高。由于电视广告往往在受众接受电视节目的中间强行插入，对受众形成了较强的干扰，因此人们对电视广告的抱怨是最多的，大多数针对广告的抱怨都是针对电视广告的。这种强烈的抵触情绪使受众养成了规避广告的习惯，不利于信息有效地到达目标受众。

3.4.5 其他广告媒介

3.4.5.1 网络

随着互联网普及程度的提高，上网人口的迅速增长，网络已经成为人们获得信息的一种常见手段。很多广告主开始逐渐把网络纳入自己的广告策略和媒介组合范畴。网络逐步成为一种重要的广告媒介。

网络广告最常见的形式是企业主页广告，企业通过建立自己的主页来宣传自己的产品和传递广告信息，并通过一定的手段和消费者建立广泛的互动和联系。还有一种常见的网络广告形式是横幅广告。这种广告就像是在传统媒介上购买版面和空间一样，广告主也可以在网站上购买广告空间，通过文字和图片、动画、视频等手段来传递广告信息。横幅广告还提供链接，用户只要点击该广告就可进入企业主页获得更详细的广告和产品信息的服务。另外一种常见的网络广告是弹出窗口广告。弹出窗口广告是独立制作好的广告小页面，载入时通常出现在网页的顶端。它的好处是不妨碍网页上的内容，因为它不占有网页的空间。缺点是消费者会对不断弹出的广告窗口感到厌烦从而不假思索地关闭弹出窗口。

3.4.5.2 户外广告

户外广告的形式有路牌、招贴、设置在大楼墙体或屋顶的广告牌、大型的影像屏幕、广告气球等。由于设置在固定位置上，户外广告往往成为区域性标志，能够对受众进行反复的诉求；户外广告的表现效果突出，同时具有符号和动作的综合效果，很适合展示品牌形象和标志。户外广告如路牌往往设置在人们上下班经常要路过的地方，因此也特别适合制作悬念式广告。但户外广告的局限性也显而易见，那就是作为一种告知性媒体，户外广告长于展示形象但不便于传播长而复杂的信息，更不适合做深度说服，而且户外广告的成本也相对昂贵。

3.4.5.3 DM

DM（Direct Mail Advertising）是直邮广告的简称，它通过将广告以邮件的形式直接邮寄给潜在的消费者，希望以此来获得目标消费者直接订货或索取有关产品更详细的信息的行为。直邮广告由于将产品目录或广告直接邮寄到目标消费者手中，因此广告信息的针对性最强，可以针对目标消费者的需要展开有效的诉求，最适合细分战略；广告还可以通过附加优惠券等方法来把握效果；作为一对一的个人媒体，广告主能和受众建立人际关系；直邮广告能得到即时的效果反应，便于及时调整广告内容和形式；而且发布广告的时机自由度大，可以在产品销售旺季展开有效的广告攻势，等等。直邮广告的缺点是单位成本高，广告发布工作量大。

3.4.5.4 POP

POP（Point of Purchase）是销售点广告的意思，是指在销售地点（店面、店内以及附属设施）设置的所有广告的总称。包括橱窗陈列、柜台、货架陈列、货摊陈列等，还包括销售地点的现场广告，以及有关场所门前的海报、招贴；也包括售点发布的各种广告包装纸、说明书、霓虹灯、小册子、赠品、奖券等。不过售点广告最主要的形式还是以商品本身为媒体的陈列广告。

作为在销售现场或附近出现的广告形式，售点广告最大的功能是能够在消费者采取购买行动的最后阶段帮助其在品牌间做出选择；售点广告的另一个作用是能增强销售现场的装饰效果，美化购物环境，制造气氛，增进情趣，对消费者起诱导作用。

此外，还有一些其他类型的特殊的广告媒体，也在企业广告运动中被经常采用，如挂历、笔记本、钥匙扣、T恤衫等。这类广告媒体最大的特点是因为有一定的实用效果而不易被丢弃，这就增加了目标受众反复接触广告信息的机会，也因此而容易获得消费者的亲近感。

3.4.6 影响媒介目标设定的主要因素

（1）产品的生命周期。

产品的生命周期是设定广告运动目标的一个非常重要的参考因素，也是设定媒介目标的一个非常重要的参考因素。一般说来，当产品处于导入阶段时，提高品牌的认知度是非常重要的。对于媒介目标来讲，可能会更加强调到达率，为了提高到达率有时会放弃部分的接触频次。因为更大的到达率可以使更多的目标消费者接触到广告信息，产生对品牌的初步印象。在产品处于生命周期的成熟阶段时，需要的是不断提示购买和保持与目标消费者适当的接触度的广告策略，这时的媒介目标可能把重点放在提高接触频次上，保证广告信息能够最大限度地被理解和传递。当然具体的情形可能要更加复杂，比如还要同时兼顾到竞争对手的广告策略，来自渠道方面的要求等。

（2）目标消费者的地理和人口分布。

目标消费者的地理和人口分布情况是影响媒介目标设定的另一个重要因素。如果目标消费者在地理上和人口统计上的分布都非常分散，媒介目标就要考虑大面积地投放广告以获得必要的到达率，接触频次往往被放在次要的位置。如果目标消费者的地理和人口统计上的分布都非常集中，意味着到达目标市场比较容易，这时媒介目标考虑的重点可能就转移到广告接触频次上。

（3）购买的周期和购买的时机。

购买周期和购买时机是影响媒介目标和媒介排期的又一个重要因素。有的产品购买周期非常短暂，比如软饮料和日用品，购买周期就比较短，这就意味着该产品类别的广告要保持一定的接触频次。有的产品购买周期比较长，比如家用电器，可能要几年后才能重复购买，这时我们一定要先确认消费者的购买意愿和倾向，争取在他们购买倾向最强的时候投放广告，用比较密集的广告暴露来提醒购买和引导品牌选择。所以广告的暴露频次是确定媒介目标的主要考虑因素。还有一种情况是有的产品的季节性非常明显，购买行为集中在某个特定的季节中，比如空调，这时候保持广告的密集投放也是非常重要的。

（4）竞争对手的广告策略。

竞争对手的广告策略也会影响到媒介目标的设定。对于在市场上处于跟随地位的品牌来讲，当市场领导者的广告攻势比较强烈的时候，可能要选择避其锋芒的媒介策略，选择在与之不同的时期发布广告，并通过一定的广告暴露频次来获得竞争优势。当被迫与竞争对手品牌同时发布广告时，也要争取在暴露频次上不要落后于对手，保持与自己的市场份额相对应的暴露频次。

（5）预算和时间的约束。

媒介目标是在一定的时间框架里完成的，在一年内有 3 次达到 75% 的目标消费者和在一个月有 3 次到达 75% 的目标消费者是完全不同的两个概念。同时，设定媒介目标也要受到一定的预算的约束，预算不仅迫使媒介策划人员要在频次和到达率方面进行权衡，还对媒介的排期方式产生重要的影响。

3.5　评估广告效果

所谓广告效果，不仅是指人们通常所理解的扩大销售，还应包括传播效果。而实际上，传播效果是一种潜在的销售效果，它的影响比销售效果本身更为巨大、更为长远。因此，广告效果的评估应从传播效果和销售效果两方面进行。

（1）传播效果的评估。

广告的传播效果是广告接受者对广告本身的记忆、回忆、理解、认识的情况。测定传播效果的项目有：注意度、知名度、记忆度、视听率等。通过这些项目的测定来判定广告对消费者的心理效应的大小。广告的传播效果主要取决于广告自身，包括广告目标的选择、广告设计制作技巧、媒介选择等诸多方面。

（2）销售效果评估。

广告的销售效果是指通过广告活动而呈现出的产品销售状况。广告的重要目的之一就是促进销售。评估广告的销售效果是测定广告整体效果的重要内容。如果通过广告，使得产品销售量增加、销售面扩大，则说明广告效果良好；反之，效果则不好。销售效果评估，即通过广告宣传后，对销售面和销售量进行测定。计算方法有：

①广告效果比率法。

广告效果比率即一定时期内销售额增加率与广告费增加率的比率。公式为：

广告效果比率 = 销售量（额）增加率/广告费增加率 × 100%

按这种方法计算，广告费增加率越小，销售额增加率越多，广告效果就越好。

②广告效益法。

广告效益即广告引起的销售额增加数与广告费之比。公式为：

$$R = (S_2 - S_1)/P$$

其中，R——每元广告效益；

S_2——本期广告后平均销售额；

S_1——本期广告前平均销售额；

P——广告费用。

③广告费比率法。

广告费比率即是一定时期内广告花费与同期商品销售额之比。公式为：

广告费比率 = 一定时期的广告费/一定时期的销售额 × 100%

按这种方法计算，广告费越小，广告效果越好；反之，广告效果越差。

对于销售效果的测定，还应注意：

（1）比较广告前后的实际销售水平，看销售额增长速度如何；

（2）商品的市场占有率是否有提高；

（3）广告投入后，企业利润是否增加；

（4）广告媒体的选择是否合理；

（5）广告策略是否运用得正确；

（6）广告目标是否实现。

任务三　人员推销决策

【引导案例】

一位老太太每天去菜市场买菜买水果。一天早晨，她提着篮子，来到菜市场。遇到第一个小贩，卖水果的商贩问："您要不要买一些水果？"老太太说："你有什么水果？"小贩说："我这里有李子、桃子、苹果、香蕉，您要买哪种呢？"老太太说："我正要买李子。"小贩赶忙介绍："我这个李子，又红又甜又大，特好吃。"老太太仔细一看，果然如此。但老太太却摇摇头，没有买，走了。

老太太继续在菜市场转。遇到第二个小贩。这个小贩也像第一个一样，问老太太买什么水果。老太太说买李子。小贩接着问："我这里有很多李子，有大的，有小的，有酸的，有甜的，您要什么样的呢？"老太太说要买酸李子。小贩说："我这堆李子特别酸，您尝尝？"老太太一咬，果然很酸，满口的酸水。老太太受不了了，但越酸越高兴，马上买了一斤李子。

但老太太没有回家，继续在市场转。遇到第三个小贩，同样，问老太太买什么。（探寻基本需求）老太太说买李子。小贩接着问："您买什么李子呢？"老太太说要买酸李子。他很好奇，又接着问："别人都买又甜又大的李子，您为什么要买酸李子？"（通过纵深提问挖掘需求）老太太说："我儿媳妇怀孕了，想吃酸的。"小贩马上说："老太太，您对儿媳妇真好！儿媳妇想吃酸的，就说明她想给您生个孙子，所以您要天天给她买酸李子吃，说不定真给您生个大胖孙子！"老太太听了很高兴。小贩又问："那您知道不知道这个孕妇最需要什么样的营养？"（激发出客户需求）老太太不懂科学，说不知道。

小贩说："水果之中，猕猴桃含维生素最丰富，所以您要经常给儿媳妇买猕猴桃才行！这样的话，可以确保您儿媳妇生出一个漂亮健康的宝宝。"老太太一听很高兴啊，马上买了一斤猕猴桃。当老太太要离开的时候，小贩说："我天天在这里摆摊，每天进的水果都是最新鲜的，下次来就到我这里来买，还能给您优惠。"从此以后，这个老太太每天都在他这里买水果。

【引例分析】

在这个故事中，我们可以看到：第一个小贩急于推销自己的产品，结果什么也没有卖出去。第二个小贩首先进行促成式提问，当他探寻出客户的基本需求后，并没有马上推荐商品，而是进一步纵深挖掘客户需求。当明确了客户的需求后，他推荐了对口的商品，很自然地取得了成功。

第三个小贩是一个销售专家。他的销售过程非常专业，他首先探寻出客户深层次需求，然后再激发客户解决需求的欲望，最后推荐合适的商品满足客户需求。

1. 人员推销的概念及特点

1.1　人员推销的概念

人员推销是企业的销售人员用面对面的沟通方式向潜在顾客做口头宣传，以达到推销产品，满足消费者的需求，实现企业营销目标的一种直接销售方法。

1.2　人员推销的特点

1.2.1　人员推销的优点

（1）信息传递双向性；

（2）推销目的双重性；

（3）推销过程灵活性；

（4）长期协作性。

1.2.2　人员推销的缺点

（1）支出较大，成本较高；

（2）对推销人员的要求较高。

2. 人员推销的基本形式

（1）上门推销。它是指由推销人员携带样品、说明书和订货单等走访顾客，推销产品。这是一种向顾客靠拢的积极主动的蜂蜜经营法，也是被企业和公众广泛认可和接受的一种推销方式。

（2）柜台推销。它是指由营业员接待进入商店的顾客，销售商品，营业员在与顾客当面接触和交谈中介绍商品、回答询问、促成交易。这是一种等客上门式的推销方法。

（3）会议推销。它是利用各种会议的形式介绍和宣传产品，开展推销活动，这种推销形式具有接触面广、推销集中、成交额大等特点。

3. 推销人员应具备的素质

3.1　态度热忱，勇于进取

推销工作是一项很辛苦的工作，有许多困难和挫折需要克服，有许多冷酷回绝需要去面对，这就要求推销人员必须具有强烈的事业心和高度的责任感，把自己看成是“贩卖幸福”的人，有一股勇于进取、积极向上的劲头，发扬为人民服务的精神，“磨破嘴、跑断腿”，过千山万水，进千家万户，尝千辛万苦，讲千言万语，想千方百计，达到开拓市场的目的。

3.2 敏锐的观察能力

市场和顾客的情况是很复杂的，不仅差别很大，而且受许多因素的制约。一个有敏锐观察能力的推销人员，能眼观六路，耳听八方，及时发现和抓住市场机会，揣摩顾客的购买意图和购买心理，提高推销的成功率。

3.3 良好的服务态度

推销人员不仅是企业的代表，也应是消费者的顾问。应真正树立“用户第一”“顾客是上帝”的思想，想顾客所想，急顾客所急，积极为顾客服务。这样才能较快地赢得顾客的信任。

3.4 说服顾客的能力

推销人员要能熟练地运用各种推销技巧，成功地说服顾客。要熟知推销工作的一般程序，了解顾客的购买动机和购买行为，善于展示和介绍自己的产品，善于接近顾客，善于排除顾客的异议直至达成交易。要做到这些，首先必须相信自己，相信自己的产品，相信自己所代表的企业。这样才能产生积极性和动力，继而才能成功。

3.5 宽阔的知识面

推销人员经常与各种各样的顾客打交道，需要具有宽阔的知识面。知识面的宽阔与否在一定程度上决定了推销人员的推销能力，所以，推销人员应有旺盛的求知欲，善于学习并掌握多方面的知识，这样运用起来才会游刃有余。

一般来讲，一个优秀的推销人员应该具备下列几方面的知识：

(1) 产品知识。推销人员必须全面了解所推销商品的技术性能、结构、用途、用法、维修与保养；不同规格、型号、式样的差别；本行业中的先进水平；产品性能的发展趋势；现有用户的反应；使用中应注意或避免的问题；与竞争对手产品相比的特征及其他有关的商品知识。如果推销人员对所推销的商品缺乏全面的了解，那是不可能得到顾客信任的。

(2) 企业知识。推销人员应掌握本企业的历史背景、在同行业中的地位、生产能力、产品种类、技术水平、设备状况、企业发展战略、定价策略、销售政策、交货方式、付款条件、服务项目等。

(3) 用户知识。谁参与影响消费者购买决策？企业的实力信誉如何？对交易条件、交易方式和交易时间有什么要求?

（4）市场知识。推销人员应能够研究和分析目标市场环境变化，发现市场需求并找到满足需求的方法，同时考察其盈利能力。

（5）社会知识。推销人员应了解市场所在地区的经济地理知识和社会风土人情，以及和推销活动有关的民族、宗教、心理等多方面的知识。这些知识越丰富，越有利于推销。

（6）美学知识。追求美是人类的天性，任何一位顾客都是追求美的。所以推销人员还必须具有美学知识。用美的眼光欣赏人，用美的语言赞美人。

4. 人员推销的程序

4.1　寻找顾客

寻找顾客有很多种办法，如地毯式访问法，介绍法，个人观察法，广告开拓法，市场咨询法，资料查阅法等。寻找顾客的目标是找到准顾客。准顾客，指一个既可以获益于某种推销的商品，又有能力购买这种商品的个人或组织。

4.2　访前准备

访前准备对于业务工作而言是一项重要的工作计划，有经验的业务员知道，妥善计划并有准备的科学销售法是推销的有力武器。

4.2.1　明确目标

业务人员首先要明确了解自己的销售目标，然后才能计划要从哪得到销售量。当销售目标或产品类别够明确时，才不会失去瞄准的焦点。

4.2.2　知识方面的准备

（1）商品知识及专业知识。

热爱本身所推销商品的心，是业务员最基本的条件。基本上充分了解商品的内容及特性，是建立专业业务员的基本要求，也是建立这种爱心的首要条件。要把所有产品的特性牢记在心，这样在与客户打交道时，才能充分发挥FAB的功能，得心应手。

（2）对顾客的各方面知识与了解。

了解客户的嗜好、兴趣、个性、时间等方面，有利于确定如何运用有效的方法对顾客进行成功的推销，于未拜访前先做一番收集及分析，作为访问时的参考。

（3）竞争者的分析。

所谓知己知彼百战百胜，对客户目前所使用的产品，应给予基本上的尊重，不应借故中伤，但事先应收集有关其使用的产品特性，并加以分析、比较，针对其弱点，提出有利于本身产品的论点，进而赢得客户。

4.2.3 访前活动

业务人员如何把非生产性的时间，降低到最低的程度呢？这完全在于拜访前是否能够拟定一个具有战略性的访问计划。

（1）销售通路开拓的方向及目标。

首先必须对经充分市场调研后设定出目标客户的名单加以分析，进而思考要请求何种支援。是借重要客户的介绍，还是靠公司相关人员的配合呢？我想，只要您对前两项的内容有所了解，加以分析，您必能为您的销售通路打出一条康庄大道。

（2）顾客资料卡及行销的准备。

拜访前先得阅读顾客资料卡，把潜在客户的资料卡挑出来细心阅读，对相关资料加以分析，作为访问时的参考，此为最节省时间的方法，免得一直拜访那些不可能成交的客户，浪费时间。

（3）访问计划。

营业额与访问次数及商谈时间成正比，因此我们应每周花 1 ~ 2 个小时拟出下星期的访问计划，再与上级讨论。如此可由表上明显看出哪些是自己想去拜访的，哪些是上司指定的，拜访后必须再行检讨工作。如此才能提高自己销售活动的效率。

（4）访问路线的安排。

在拟定访问计划时，必须重视访问路线的安排方式，否则会在交通上浪费很多时间，无法达到实际的效果，因此安排所谓重点性的访问路线是非常重要的。因为拜访这些客户，可以马上影响该月的成绩，但是在路线的安排中，也应安排一般性的访问，因为这些客户群是将来生意成交的目标群。

4.2.4 推销工具的准备

推销工具对业务员，就像枪之于士兵，不能不随身携带。平常应准备的工具如下：

（1）样品（随时更新）；

（2）推销所用产品说明书、价格表；

（3）技术性的资料及企业文化宣传；

（4）您想提供或客户要求的资料，有时主动提供资料是事半功倍的做法；

（5）笔记本；

（6）计算器。

4.3 推销接近

推销接近包括：

（1）产品接近法。推销员直接利用推销的产品引起顾客注意。它适用于本身有吸引力、轻巧、质地优良的商品。

（2）利益接近法。利用商品的实惠引起顾客注意和兴趣。

（3）问题接近法。

（4）馈赠接近法。推销人员利用赠品来引起顾客注意和兴趣，进入面谈。

推销员接近顾客时，一定要信心十足，面带微笑。

4.4　面谈

它是整个推销过程的关键性环节。

4.4.1　示范与讲解

在推销过程中，应注意使用示范和讲解的手段，争取顾客注意、引起顾客兴趣、激发顾客欲望等。在示范过程中，应注意技巧的使用。

（1）任何产品都需要作示范。顾客可能已经了解你的产品，或者对你的示范不大感兴趣，即使如此，也要作示范。而且，示范得越早，顾客的精力越集中，示范的效果就会越好。产品越复杂、越精密，就越有必要把你的介绍具体化。有些产品可能无法随身携带，不能作实物示范，但只要推销员掌握了产品的资料、数据，就可以利用模型、照片和纸、笔把产品介绍给顾客。

（2）在操作中示范。仅仅向顾客介绍产品的外观形态是不够的。在条件允许的情况下，推销员应该向顾客介绍怎样使用产品，边操作边讲解产品的功能和特点。

（3）戏剧性地示范。有时，用一点戏剧化的手法进行示范，可以大大增强示范的效果。例如，一个清洗剂推销员曾用他推销的清洗剂把一块脏布洗净，借以说明清洗剂的性能优良。后来，他把自己的衬衣袖子弄脏，然后用他推销的清洗剂洗净，推销效果就大不一样了。

（4）让顾客加盟示范。只要有可能，应尽量让顾客参与示范表演，尤其是对于所推销的机械、电子产品，应满足顾客亲手操作的愿望。

（5）要有重点地示范。作示范的时间不宜过长，示范的内容不要过于全面，否则，会使顾客疲倦厌烦，影响示范的效果。示范的目的在于证明所推销产品的特性，借以引起顾客对产品的兴趣。因此，只要示范一下想证明的东西就够了。

（6）引导顾客得出正确结论。在产品示范中，有两项十分重要而又很容易被忽视的内容，这就是检验示范效果，引导顾客从你的示范中得出正确的结论。检验示范效果的方法，通常是在示范结束后，采用提问的方式来进行，也可以是让顾客亲自动手操作，推销员在一旁进行指导。不过，切勿迫使顾客过早形成结论，否则将对以后的推销产生不利的影响，特别是在顾客需要对产品进行选择时，更不能让他们产生受有压力的感觉。

小组讨论

哪种效果好?

甲:“使用这种机器,可以大大地提高生产效率、减轻劳动强度。它受到用户们的好评,订货量与日俱增。”

乙:“××钢铁厂使用了这种机器,生产效率比过去提高了40%,工人们反映操作方便,效率高,非常欢迎。现在,该厂又追加订货10台。”

【课堂讨论】

试比较分析以上两种说法,哪种效果好?

4.4.2 推销异议的处理

4.4.2.1 顾客异议的种类

推销工作的一条黄金法则:不与顾客争吵。在面谈中顾客往往会提出各种各样的购买异议。这些异议可分为:

(1)需求异议:顾客自以为不需要推销的商品。

(2)财力异议:顾客自以为无钱购买推销品。

(3)权力异议:决策权力异议,指顾客自以为无权购买推销品。

(4)产品异议:指顾客自以为不应该购买此种推销品的一种异议。

(5)价格异议:指顾客自以为推销品价格过高的一种异议。

另外还有货源异议,推销人员异议,购买时间异议等。

4.4.2.2 推销异议的处理

在推销过程中,常见的处理顾客异议的方法有以下几种:

(1)转折处理法。

转折处理法,是推销工作的常用方法,即营业员根据有关事实和理由来间接否定顾客的意见。应用这种方法时应首先承认顾客的看法有一定道理,也就是向顾客作出一定让步,然后再讲出自己的看法。此法一旦使用不当,可能会使顾客提出更多的意见。在使用过程中要尽量少地使用“但是”一词,而实际交谈中却包含着“但是”的意见,这样效果会更好。只要灵活掌握这种方法,就会保持良好的洽谈气氛,为自己的谈话留有余地。

(2)转化处理法。

转化处理法,是利用顾客的反对意见自身来处理异议。顾客的反对意见是有双重属性的,它既是交易的障碍,同时又是一次交易机会。营业员要是能利用其积极因素去抵消其消极因素,未尝不是一件好事。

这种方法是直接利用顾客的反对意见,并将其转化为肯定意见,但应用这种技巧时一定要讲究礼仪,而不能伤害顾客的感情。此法一般不适用于与成交有关的或敏感性的反对意见。

（3）以优补劣法。

以优补劣法，又叫补偿法。如果顾客的反对意见的确切中了产品或公司所提供的服务中的缺陷，千万不可以回避或直接否定。明智的方法是肯定有关缺点，然后将之淡化处理，利用产品的优点来补偿甚至抵消这些缺点。这样有利于使顾客的心理达到一定程度的平衡，有利于使顾客作出购买决策。

（4）委婉处理法。

营业员在没有考虑好如何答复顾客的反对意见时，不妨先用委婉的语气把对方的反对意见重复一遍，或用自己的话复述一遍，这样可以削弱对方的气势。有时转换一种说法会使问题容易回答得多。但只能减弱而不能改变顾客的看法，否则顾客会认为你歪曲他的意见而产生不满。营业员可以在复述之后问一下："你认为这种说法确切吗?"然后再继续下文，以求得顾客的认可。比如顾客抱怨"价格比去年高多了，怎么涨幅这么高。"营业员可以这样说："是啊，价格比起前一年确实高了一些。"然后再等顾客的下文。

（5）合并意见法。

合并意见法，是将顾客的几种意见汇总成一个意见，或者把顾客的反对意见集中在一个时间讨论。总之，是要削弱反对意见对顾客所产生的影响。但要注意不要在一个反对意见上纠缠不清，因为人们的思维有连带性，往往会由一个意见派生出许多反对意见。摆脱的办法是在回答了顾客的反对意见后马上把话题转移开。

（6）反驳法。

反驳法，是指营业员根据事实直接否定顾客异议的处理方法。理论上讲，这种方法应该尽量避免使用。直接反驳对方容易使气氛僵化，使顾客产生敌对心理，不利于顾客接纳营业员的意见。但如果顾客的反对意见是产生于对产品的误解，而你手头上的资料可以帮助你说明问题时，你不妨直言不讳。但要注意态度一定要友好而温和，最好是引经据典，这样才有说服力，同时又可以让顾客感到你的信心，从而增强顾客对产品的信心。反驳法也有不足之处，这种方法容易增加顾客的心理压力，弄不好会伤害顾客的自尊心和自信心，不利于推销成交。

（7）冷处理法。

对于顾客一些不影响成交的反对意见，推销员最好不要反驳，采用不理睬的方法是最佳的。千万不能顾客一有反对意见，就反驳或以其他方法处理，那样就会给顾客造成你总在挑他毛病的印象。当顾客抱怨你的公司或同行时，对于这类无关成交的问题，都可以不予理睬，转而谈你要说的问题。

4.5　签约成交

解说产品及其好处，处理好顾客异议后，销售人员需要设法让顾客采取行动，达成交易。在销售展示中销售人员可以定期的提醒交易，测试潜在的客户的够买力。方法之一是提出潜在客户愿意购买假设的问题，例如，您打算购买10箱还是20箱？在与顾客就产品达成一致时，要不失时机地为顾客办理成交手续。

4.6 售后服务

好的销售人员并不仅仅在于签下订单。销售过程的最后阶段是一系列的售后服务，售后服务不但可以建立客户的好感，降低客户购买后的不一致感，也可以为将来生意打下基础。优秀或尽职的销售人员会追踪订单的交货，融资，安装，员工培训和其他事项，并确保客户真正满意。

任务四 销售促进决策

【引导案例】

山东某美容院推出一项新的答谢老顾客的促销措施。其促销措施规定：凡在该美容院购买过“年卡”和“半年卡”的顾客，若在2012年继续购买“年卡”和“半年卡”，则可以在“年卡”和“半年卡”的折扣基础上“半年卡”多折“0.5折”，“年卡”多折“1折”。而且，今后每年如此，直至折扣为“0”时，便可终生享受该美容院的免费服务。新顾客，即拥有2011年“年卡”的顾客也可在未来的消费中享受该措施，继续办理“年卡”享受“6折”优惠，2012年购买“年卡”则享受“5折”，2013年购买“年卡”则享受“4折”。促销措施宣布后的一周内，有100余名消费者购买了该美容院的“年卡”和“半年卡”，同时仍有人陆续咨询该活动。

【引例分析】

通过分析可以看出此案例具有以下特点：

（1）是典型的留住老顾客的促销案例。通过折扣的不断递减，使消费者能够长期进行稳定的消费。

（2）通过递减折扣，在消费者面前展现了企业的实力和声誉，对吸引新消费者有一定的帮助。

（3）鼓励消费者进行高价位消费和长时间消费。

（4）由于促销时间过长，是长期促销，容易导致部分消费者出现观望态度，而不急于消费。

（5）利用折扣递减至“0”，引起消费者注意，创造消费者自身消费的广告效应，从而赢得口碑相传的市场结果。

（6）除去在未来几年内需要给予的“折扣优惠”外，整个促销活动花费极少。

1. 销售促进的含义与作用

1.1　销售促进的含义

销售促进是指企业运用各种短期诱因鼓励消费者和中间商购买、经销企业产品和服务的促销活动。

1.2　销售促进的作用

（1）缩短产品入市的进程。使用促销手段，旨在对消费者或经销商提供短程激励。在一段时间内调动人们的购买热情，培养顾客的兴趣和使用爱好，使顾客尽快地了解产品。

（2）激励消费者初次购买，达到使用目的。消费者一般对新产品具有抗拒心理。因为通常使用新产品的初次消费成本是使用老产品的一倍（对新产品一旦不满意，还要花同样的价钱去购买老产品，这等于花了两份的价钱才得到了一个满意的产品，所以许多消费者在心理上认为买新产品代价高）。

（3）激励使用者再次购买，建立消费习惯。当消费者试用了产品以后，如果是基本满意的，可能会产生重复使用的意愿。但这种消费意愿在初期一定是不强烈的，不可靠的。促销却可以帮助他实现这种意愿。如果有一个持续的促销计划，便可以使消费群基本固定下来。

（4）提高销售业绩。毫无疑问，促销是一种竞争，它可以改变一些消费者的使用习惯及对品牌的忠诚度。因受利益驱动，经销商和消费者都可能大量进货与购买。因此，在促销阶段，常常会增加消费，提高销售量。

（5）侵略与反侵略竞争。无论是企业发动市场侵略，还是市场的先入者发动反侵略，促销都是有效的应用手段。市场的侵略者可以运用促销强化市场渗透，加速市场占有。市场的反侵略者也可以运用促销针锋相对，来达到阻击竞争者的目的。

（6）带动相关产品市场。促销的第一目标是完成促销产品的销售。但是，在甲产品的促销过程中，却可以带动相关的乙产品的销售。比如，茶叶的促销，可以推动茶具的销售。当卖出更多的咖啡壶的时候，咖啡的销售量就会增加。在20世纪30年代的上海，美国石油公司向消费者免费赠送煤油灯，结果其煤油的销量大增。

（7）节庆酬谢。促销可以使产品在节庆期间或企业庆日期间锦上添花。每当例行节日到来的时候，或是企业有重大喜庆的时候（例如开业上市的时候），开展促销可以表达市场主体对广大消费者的一种酬谢和联庆。

2. 销售促进的方式

2.1 面向消费者

（1）赠送促销。向消费者赠送样品或试用品。赠送样品是介绍新产品最有效的方法，缺点是费用高。样品可以选择在商店或闹市区散发，或在其他产品中附送，也可以公开广告赠送，或入户派送。

（2）折价券。在购买某种商品时，持券可以免付一定金额的钱。折价券可以通过广告或直邮的方式发送。

（3）包装促销。以较优惠的价格提供组合包装和搭配包装的产品。

（4）抽奖促销。顾客购买一定的产品之后可获得抽奖券，凭券进行抽奖获得奖品或奖金，抽奖可以有各种形式。

（5）现场演示。企业派促销员在销售现场演示本企业的产品，向消费者介绍产品的特点、用途和使用方法等。

（6）联合推广。企业与零售商联合促销，将一些能显示企业优势和特征的产品在商场集中陈列，边展销边销售。

（7）参与促销。消费者通过参与各种促销活动，如技能竞赛、知识比赛等，获取企业的奖励。

（8）会议促销。各类展销会、博览会、业务洽谈会期间的各种现场产品介绍、推广和销售活动。

2.2 面向中间商

（1）批发回扣。企业为争取批发商或零售商多购进自己的产品，在某一时期内给经销本企业产品的批发商或零售商加大回扣比例。

（2）推广津贴。企业为促使中间商购进企业产品并帮助企业推销产品，可以支付给中间商一定的推广津贴。

（3）销售竞赛。根据各个中间商销售本企业产品的实绩，分别给优胜者以不同的奖励，如现金奖、实物奖、免费旅游、度假奖等，以起到激励的作用。

（4）扶持零售商。生产商对零售商专柜的装潢予以资助，提供 POP 广告，以强化零售网络，促使销售额增加。可派遣厂方信息员或代培销售人员。生产商这样做的目的是提高中间商推销本企业产品的积极性和能力。

2.3 面对内部员工

主要是针对企业内部的销售人员，鼓励他们热情推销产品或处理某些老产品，或促使他们积极开拓新市场。一般可采用的方法有：销售竞赛、免费提供人员培训、技术指导等形式。

3. 销售促进的步骤

（1）确定推广目标。销售促进目标的确定，就是要明确推广的对象是谁，要达到的目的是什么。只有知道推广的对象是谁，才能有针对性地制定具体的推广方案，例如是以培育忠诚度为目的，还是以鼓励大批量购买为目的。

（2）选择推广工具。销售促进的方式方法很多，但如果使用不当，则会适得其反。因此，选择合适的推广工具是取得销售促进效果的关键因素。企业一般要根据目标对象的接受习惯和产品特点、目标市场状况等来综合分析选择推广工具。

3. 推广的配合安排。销售促进要与营销沟通的其他方式，如广告、人员销售等整合起来，相互配合，共同使用，才能形成销售促进期间的更大声势，取得单项推广活动达不到的效果。

4. 确定推广时机。销售促进的市场时机选择很重要，如季节性产品，节日、礼仪产品，必须在季前节前做销售促进，否则就会错过时机。

5. 确定推广期限。即销售促进活动持续时间的长短。推广期限要恰当。过长，消费者新鲜感丧失，产生不信任感；过短，一些消费者还来不及接受销售促进的实惠。

任务五　公共关系决策

【引导案例】

“穿越天门洞”，天门山名动天下

天门山距张家界郊区南侧约 8 千米，山顶南北宽 1.93 千米，东西长 1.96 千米，面积 2.2 平方千米，海拔 1 518.6 米，它以发育较完整的岩溶地貌区别于张家界武陵源风景区的砂岩峰林景观。令人惊讶的是，在天门山 1 264 米高的山壁之上，有一个南北洞穿的自然门洞，洞底至洞顶 131.5 米，宽 37 米，当地人称之为天门。但这一奇异的景观却连续多年不为人所知。游客到了张家界，一般都是只到武陵源风景区，而不走天门山。

为了改变这一景象，1999 年 11 月，当地旅游部门策划了一次“穿越天门”的世界特技飞行大奖赛。由于这将是人类首次驾驶飞机穿越自然溶洞，加上参与

这一壮举的都是来自世界各地的特技飞行妙手，具有很强的新闻性，因此这一计划一公布，就成为媒体关注的焦点，种种关于“穿越天门”活动进展的报道接连不断。媒体还对此发起了辩论，比如“万一特技飞行员失手让飞机撞到‘天门’上，会不会毁坏这一自然奇观?”但由于这些辩论围绕的都是景点掩护，反而对景点的胀吹起到了更好的推动作用。到了正式穿越这一天，“穿越天门”更是惹起了轰动，不但各地媒体蜂拥而至，电视台还向全国进行了现场直播，使天门山“天门”的名字一下子就走进了众人的视野。

毫无疑问这是一个非常好的新闻策划。假如经过广告来推一个新景点，不但太费钱，效果也不会太好。而“穿越天门”策划直接突出了景点，飞机穿越天门又是一种惊险的运动，其内在气质和作为“自然天险”的天门是非常相符的。这样的一种冒险和壮举，实践上授予了“天门”一段传说，除了正在飞越之时孕育发生的轰动和吸收无数眼球外，更重要的是在卖前的景点推介中可以连续地谈到这个故事，勾起人们的美好回想。

2001 年 3 月，张家界市政府特地给“穿越天门”的策划人一次重奖人民币—— 30 万元。由于这一策划给“天门”带来了巨大的知名度，而这一知名度又有效地推动了整个张家界的旅游业。用当时张家界市市长鲁平益的话来说，就是“旅游人数增长了 1.1 倍，收入增长了 70%”。

【引例分析】

这个案例中的自然景点也是一种产品，是旅游消费品，因此也需要新闻策划。从中不难看出，好的新闻策划可以有效地提高企业和产品的知名度。这正是公共关系的作用之一。

1. 公共关系的含义

公共关系是指某一组织为改善与社会公众的关系，促进公众对组织的认识、理解及支持，达到树立良好组织形象、促进商品销售的目的的一系列公共活动。

它的本意是社会组织、集体或个人必须与其周围的各种内部、外部公众建立良好的关系。它是一种状态，任何一个企业或个人都处于某种公共关系状态之中。它又是一种活动，当一个工商企业或个人有意识地、自觉地采取措施去改善和维持自己的公共关系状态时，就是在从事公共关系活动。

2. 公共关系的特征

公共关系是社会关系的一种表现形态，科学形态的公共关系与其他任何关系都不同，有其独特的性质，了解这些特征有助于我们加深对公共关系概念的理解。

（1）情感性。

公共关系是一种创造美好形象的艺术，它强调的是成功的人和环境、和谐的人事气氛、最佳的社会舆论，以赢得社会各界的了解、信任、好感与合作。我国古人办事讲究“天时、地利、人和”，把“人和”作为事业成功的重要条件。公共关系就是要追求“人和”的境界，为组织的生存、发展或个人的活动创造最佳的软环境。

（2）双向性。

公共关系是以真实为基础的双向沟通，而不是单向的公众传达或对公众舆论进行调查、监控，它是主体与公众之间的双向信息系统。组织一方面要吸取人情民意以调整决策，改善自身；另一方面又要对外传播，使公众认识和了解自己，达成有效的双向意见沟通。

（3）广泛性。

公共关系的广泛性包含两层意思：一层意思是公共关系存在于主体的任何行为和过程中，即公共关系无处不在，无时不在，贯穿于主体的整个生存和发展过程中；另一层意思指的是其公众的广泛性。因为公共关系的对象可以是任何个人、群体和组织，既可以是已经与主体发生关系的任何公众，也可以是将要或有可能发生关系的任何暂时无关的人们。

（4）整体性。

公共关系的宗旨是使公众全面地了解自己，从而建立起自己的声誉和知名度。它侧重于一个组织机构或个人在社会中的竞争地位和整体形象，以使人们对自己产生整体性的认识。它并不是要单纯地传递信息，宣传自己的地位和社会威望，而是要使人们对自己各方面都要有所了解。

（5）长期性。

公共关系的实践告诉我们，不能把公共关系人员当作“救火队”，而应把他们当作“常备军”。公共关系的管理职能应该是经常性与计划性的，这就是说公共关系不是水龙头，想开就开，想关就关，它是一种长期性的工作。

3. 公共关系在促销中的作用

（1）收集社会信息。

收集影响企业营销的各类信息，如产品信息、企业形象信息、宏观经济方面信息、竞争者信息等。通过收集信息，提出对企业营销环境的预警分析和企业形象的评估，供决策者参考。

（2）树立企业形象。

通过设计相关的公益活动，制造气氛，引起社会公众的关注和好感，迅速提升企业美誉度。例如可口可乐公司进入中国市场后捐赠中国希望工程，帮助中国援建希望小学，通过支持中国教育事业，使公众对企业逐渐认可和接受。

（3）协调媒体关系。

现代社会，大众传媒对人们的生活有很重要的影响。企业公关部门应与各种传播媒体协调好关系，引导社会舆论朝着有利于企业的方向发展，以获取广大公众的赞誉和支持。

（4）协调内外关系。

公共关系是内求团结，外求发展的艺术。因此，公关首先要重视内部关系，做好内部管理信息交流和情感交流，做到政通人和，上下一致；其次，对外要协调好相关公众关系，包括消费者、政府、社区等相关利益团体，通过公关等一系列活动，能运用利益、形象、信息、特色等吸引广大公众，促使他们理解、信任、偏爱企业，使企业得到和谐发展的外部环境。

（5）处理突发事件。

当企业一旦遇到突发的危及企业形象的事件时，公共关系要及时收集事件发生的各种信息，妥善处理，使不利影响因素降到最低点。

4. 公共关系策略

要提高企业公共关系工作的有效性，必须讲求恰当运用公共关系策略。公共关系策略的选择，要以组织一定时期的公共关系目标和任务为核心，并针对特定公众的不同特点。公共关系策略可以分为两大类，一类是突出公共关系功能的公关策略；另一类则是以组织发展的不同阶段为依据的公关策略。

4.1 突出公关功能的公关策略

（1）宣传型公共关系策略。

这种策略就是运用各种传播沟通媒介，将需要公众知道和熟悉的信息广泛、迅速地传达到组织内外公众中去，以形成对企业有利的公众舆论和社会环境。这种策略具有主导性强、时效性好、传播面广、容易操作等特点。选择这种策略时，必须强调应坚持双向沟通和真实客观的原则。应用这种策略的常见做法是：做公关广告，开展新闻宣传和专题公关活动。

（2）交际型公共关系策略。

这种策略就是运用人际交往，通过人与人的直接接触，深化交往层次，巩固传播效果。实际上就是运用感情投资的方式，与公众互利互惠，为组织建立广泛的社会关系网络。这种策略的特点是直接、灵活、富于人情味。常见的做法有招待会、座谈会、茶话会、宴会、交谈、拜访、信函、馈赠礼物等。应用这一策略时一定要注意不能把一切私人交际活动都作为公共关系活动。

（3）服务型公共关系策略。

这种策略就是以向公众提供优质服务为传播途径，通过实际行动获得公众的了解和好评。它的突出特点是用实际行动说话，因而极具说服力。常见的做法有：增加服务种类、扩大服务范围、完善服务态度、扩展服务深度、提高服务效率等。应用这一策略时要注意：言必信，行必果，承诺一定要兑现。

（4）社会型公共关系策略。

这是一种以各种社会性、文化性、公益性、赞助性活动为主要内容的公共关系策略，其目的是塑造组织良好的社会形象、模范公民形象，提高组织知名度和美誉度。这一策略的特点是：文化性强、影响力大，但活动成本较高。因此，运用这一策略时要注意量力而行。常见做法有：为灾区捐款；赞助文化、体育活动；利用重要机会组织一些大型活动，邀请嘉宾，渲染气氛等。

（5）征询型公共关系策略。

该策略就是围绕搜集信息、征求意见来开展公共关系活动。目的是通过掌握公众信息和舆论，为组织的经营决策提供依据。其特点是长期、复杂，且需要耐力、诚意和持之以恒。常见做法有热线电话、有奖征询、问卷调查、民意测验等。

典型案例

由英国航空公司所属的波音747客机008号班机，准备从伦敦飞往日本东京时，因故障推迟起飞20小时。为了不使在东京候此班机回伦敦的乘客耽误行程，英国航空公司及时帮助这些乘客换乘其他公司的飞机。共190名乘客欣然接受了英航公司的妥当安排，分别改乘别的班机飞往伦敦。但其中有一位日本老太太叫大竹秀子，说什么也不肯换乘其他班机，坚决要乘英航公司的008号班机不可。实在无奈，原拟另有飞行安排的008号班机只好照旧到达东京后飞回伦敦。

一个罕见的情景出现在人们面前：东京—伦敦，航程达13 000公里，可是英国航空公司的008号班机上只载着一名旅客，这就是大竹秀子。她一人独享该机的353个飞机座席以及6位机组人员和15位服务人员的周到服务。有人估计说，这次只有一名乘客的国际航班使英国航空公司至少损失约10万美元。

从表面上看，的确是个不小的损失。可是，从深一层来理解，它却是一个无法估价的收获，正是由于英国航空公司一切为顾客服务的行为，在世界各国来去匆匆的顾客心目中换取了一个用金钱也难以买到的良好公司形象。

4.2 以组织发展阶段为依据的公关策略

（1）建设型公共关系策略。

这一策略适用于企业初创阶段和开创企业新局面的阶段，如有新产品或新服务面世时，这种策略也适用。其主要做法是高姿态、高频率地宣传和交际，向公众作自我介绍，其目的在于在公众中形成良好且深刻的第一印象，提高知名度，扩大影响力，为日后发展奠定基础。

（2）维系型公共关系策略。

该策略适用于企业的稳定发展阶段。具体做法是通过各种传播媒介，以较低的姿态持续不断地向公众传达各种信息，使组织的有关形象潜移默化在公众的长期记忆当中。其主要目的在于对已经形成的良好的公关状态进行加固。

（3）防御型公共关系策略。

该策略适用于企业与外部环境发生整合上的困难，与公众的关系发生一些摩擦时。其主要功能是防患于未然，防止公共关系失调。具体做法是，发挥内部职能，及时向决策层和各业务部门提供外部信息，特别是反映批评的信息，并提出改进的参考意见，进行全员公关教育，使全体员工从思想到行动自觉维护组织形象，避免出现漏洞。

（4）矫正型公共关系策略。

这一策略适用于公共关系严重失调，企业形象受损时。具体做法是迅速与相关公众取得联系，如上级机关、媒体机构等，采取一系列有效措施做好传播沟通与善后工作。其目的是尽快平息风波，恢复公众对组织的信任，挽回组织声誉，改善被损坏的形象。

（5）进攻型公共关系策略。

该策略适用于企业与周围环境发生不协调甚至形成某种冲突时。具体做法是，采取以攻为守的方式，抓住有利时机和条件，主动调整组织政策并采取相应措施，以改变对原有环境的过分依赖。其主要功能在于摆脱被动局面，开创新局面。

在选择运用以上公共关系策略时，企业一定要准确分析自身发展和所处环境的特点，分析自身的公关状况、公众的基本情况及相关因素，避免因选择不当而劳民伤财，甚至出现适得其反的结果。

5. 公共关系的工作程序

公共关系的工作程序如图 9 －5 －1 所示。

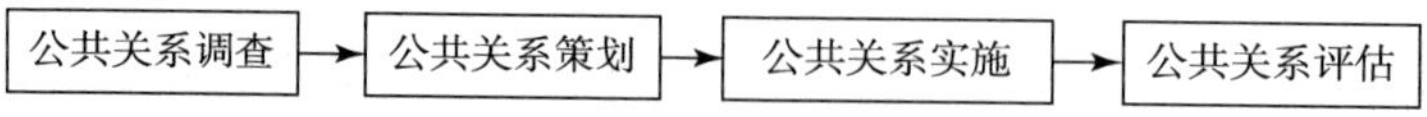

图 9 －5 －1　公共关系工作程序

5.1　公共关系调查

公共关系调查是指社会组织通过运用科学方法，搜集公众对组织主体的评价资料，进而对主体公共关系状态进行客观分析的一种公共关系实务活动。公关调查作为公关工作程序的基础步骤和首要环节，对组织的整个公关活动具有重要意义。

5.2　公共关系策划

在完成了调查研究以后，公关活动就进入了制订计划阶段。这是公共关系工作中最富有创意的部分。公共关系策划可以分成战略策划和战术策划两个部分。战略策划指对组织整体形象的规划和设计，因为这个整体形象将会在相当长一段时间内连续使用，关系到组织的长远利益。而战术策划则是指对具体公共关系活动的策划与安排，是实现组织战略目标的一个个具体战役。制订公关计划，最根本的任务就是组织形象的战略策划。在每一次具体公关活动中，公关部门究竟要完成什么任务，首先取决于在计划阶段的形象设计。只有在此基础上，组织才能进一步策划具体的公关活动。换言之，离开了组织形象的战略策划，具体的公关活动就失去了灵魂，变成了一种效益低下的盲目投资，有时甚至会产生负面的效果

5.3　公共关系实施

计划制订好之后，就进入到了实施阶段。公共关系活动的性质非常复杂，但以传播性活动为主。公关传播的方法很多，要获得理想的传播效果，首先需要正确选择传播渠道。

5.4　公共关系评估

公共关系作为现代社会的一项管理方法，应当设计周密，有头有尾。因此，公共关系工作程序的第四步就是对公共关系活动效果的总结评估。所谓总结评估，就是有关专家或机构依据科学的标准和方法，对公共关系的整体策划、准备过程、实施过程以及实施效果进行测量、检查、评估和判断的一种活动。

【同步案例】

美国IBM公司每年都要举行一次规模隆重的庆功会，对那些在一年中做出过突出贡献的销售人员进行表彰。这种活动常常是在风光旖旎的地方进行，被称作“金环庆典”。在庆典中，IBM公司的最高层管理人员始终在场，并主持盛大、庄重的颁奖酒宴，然后放映由公司自己制作的，表现那些作出了突出贡献的销售人员工作情况、家庭生活，乃至业务爱好的影片。在被邀请参加庆典的人中，不仅有股东代表、工人代表、社会名流，还有那些作出了突出贡献的销售人员的家属和亲友。整个庆典活动自始至终都被录制成电视（或电影）片，然后被拿到IBM公司的每一个单位去放映。

IBM公司每年一度的“金环庆典”活动，一方面是为了表彰有功人员，另一方面也是同企业职工联络感情，增进友情的一种手段。在这个过程中，销售人员更增强了对企业的“亲密感”和“责任感”。

思考题

1. IBM公司的庆功会在公司内部都有哪些重大意义？
2. 这种活动对其他公司有何借鉴意义？

【习题与思考题】

（一）单项选择题

1. 促销的目的是引发刺激消费者产生（　　）。
   A. 购买行为　B. 购买兴趣　C. 购买决定　D. 购买倾向
2. 下列各因素中，不属于人员推销基本要素的是（　　）。
   A. 推销员　B. 推销品　C. 推销条件　D. 推销对象
3. 对于单位价值高、性能复杂、需要做示范的产品，通常采用（　　）策略。
   A. 广告　B. 公共关系　C. 推式　D. 拉式
4. 公共关系是一项（　　）的促销方式。
   A. 一次性　B. 偶然　C. 短期　D. 长期
5. 营业推广是一种（　　）的促销方式。
   A. 常规性　B. 辅助性　C. 经常性　D. 连续性
6. 人员推销的缺点主要表现在（　　）。
   A. 成本低、顾客量大　B. 成本高，顾客量大
   C. 成本低、顾客有限　D. 成本高，顾客有限
7. 企业广告又称（　　）。
   A. 商品广告　B. 商誉广告　C. 广告主广告　D. 媒介广告
8. 公关活动的主体是（　　）。
   A. 一定的组织　B. 顾客　C. 政府官员　D. 推销员
9. 公共关系的目标是使企业（　　）。
   A. 出售商品　B. 盈利　C. 广结良缘　D. 占领市场

（二）多项选择题

1. 促销的具体方式包括（　　）。
   A. 市场细分　B. 人员推销　C. 广告　D. 公共关系
   E. 营业推广
2. 推销人员一般应具备如下素质（　　）。
   A. 态度热忱，勇于进取　B. 求知欲强，知识广博
   C. 文明礼貌，善于表达　D. 富于应变，技巧娴熟

E. 了解企业、市场和产品知识

3. 推销员应具备的知识有以下几个方面（　　）。

A. 企业知识　B. 产品知识　C. 市场知识

D. 心理学知识　E. 生活知识

4. 人员推销的基本形式包括（　　）。

A. 上门推销　B. 柜台推销　C. 会议推销　D. 洽谈推销

E. 约见推销

5. 广告最常用的媒体包括（　　）。

A. 报纸　B. 杂志　C. 广播　D. 电影

E. 电视

6. 公共关系的活动方式可分为（　　）。

A. 宣传型公关　B. 征询型公关　C. 交际型公关

D. 服务型公关　E. 社会型公关

7. 常用的推销人员绩效考核指标有（　　）。

A. 销售量与毛利　B. 访问率和访问成功率

C. 销售费用及费用率　D. 订单数目

E. 新客户数目

8. 广播媒体的优越性是（　　）。

A. 传播迅速，及时　B. 制作简单，费用较低

C. 较高的灵活性　D. 听众广泛

E. 针对性强，有的放矢

（三）简答题

1. 营销沟通包含哪几方面的含义？

2. 人员推销与非人员推销相比，其优点表现在哪些方面？

3. 如何认识广告效果的好坏？

4. 企业公共关系有哪些作用？

【案例阅读与分析】

这批牛奶该不该倒掉

阳光食品饮料公司请某机电公司为该公司生产牛奶的搅拌配料缸施工。9 月 10 日下午，该机电公司在施工过程中，由于施工工人大意，不慎将一滴锡渣遗留在生产牛奶的搅拌配料缸里。由于锡渣太小而没有被及时发现，但在事后的质检中，检验员发现了这一事故，并及时向经理报告了这一情况。然而，此时生产线上已有 30 万瓶牛奶下线。当时，有人认为，由于用肉眼无法发现分布在 30 万瓶牛奶的微小锡颗粒，就算是消费者喝进肚子也不会有任何不良后果。到底是倒

掉还是继续包装出售，众说纷纭。

提示：30 万瓶牛奶如果倒掉，企业的经济损失将达 69 万元。

思考题

这批牛奶该不该倒？此中奥妙何在？假如你是该食品饮料公司总经理，你是如何看待这一问题的，将如何处理？

【实训操作】

实训项目 促销活动策划

实训目的 通过实训，使学生掌握促销组合策略、组织实施及方案设计。

实训组织 以策划团队为单位完成实训任务。

实训内容 促销活动方案的分类、策划的程序、主题及具体的内容格式。

实训要求 掌握促销活动方案的策划，明确促销的目的或必要性。

1. 进行市场状况分析和促销效果调查；
2. 设计促销目标；
3. 进行促销的策略组合设计；
4. 设计行动方案或具体活动安排；
5. 做出促销预算；
6. 撰写促销策划书。

实训考核 考核策划书，从策划书的格式、方案创意、可行性、完整性等方面进行考核（60%）；考核个人在实训过程中的表现（40%）

项目十

战略规划与营销管理

【学习目标】

知识目标

1. 理解企业战略的内涵和战略规划的一般过程。
2. 了解规划经营战略的思路。
3. 掌握营销计划的内容。
4. 掌握营销组织的组织形式。
5. 理解营销控制的内容

能力目标

1. 能够学会拟订市场营销计划。
2. 学会执行与控制市场营销计划。
3. 能对现行的产品价格进行调整。

任务一　了解企业战略规划及内容

【引导案例】

柯罗尼亚公司的战略规划及追踪审核控制

柯罗尼亚公司是大洋洲一家颇具规模的公司，设有三个事业部：蔗糖部、建筑与建筑材料部和矿业与化学品部。每个事业部下面又设有若干分公司。该公司经常召开各种会议，通过这些会议使各级管理人员了解整个公司的业务情况和各项目标。在每个月的董事会会议之后，公司总经理要会晤各部门的50名高级主管人员，同他们商讨公司的业务情况。另外，公司每年还召开两次中级经理人员会议，使他们了解外界环境的各种变化及其对公司业务的影响。

在三个事业部中，以赫伯特领导的矿业与化学品部的计划工作最为成功。计划工作的程序是自下而上的。参与制订计划的人员包括该部所属的10家分公司的经理，在某些情况下，还包括这些分公司的厂长和业务经理。

为了使各分公司的步调能够一致，赫伯特总是把总公司对通货膨胀及其他各种经济因素的看法，及时告诉各分公司的经理，让他们把这些因素作为制订计划时的参考资料。

各分公司从每年的4月份（该公司会计年度开始的月份）开始制订自己的战略计划，8月份之前制订完毕，并交给部经理。按公司规定，战略计划所包括的时间为5年，其内容包括生产目标、投资计划等。部经理在收到这些计划之后，先进行挑选，再安排先后次序，最后在这些计划的基础上制订出部的战略计划。部计划包括对各分公司未来5年的展望，主要的问题，所采用的战略，以及各种投资计划等内容。该计划还对投资报酬率和现值报酬率进行调整和修正。计划说明书简明扼要，第1页仅包括一些重要的数据，如纳税前和纳税后的利润目标、投资报酬率和整个计划的总投资额。第2页以后为一些比较详细的统计资料，包括各分公司的财务计划和部的总财务计划。

随后，各事业部把自己的计划送到总公司的财务部，财务部于9月份将这些计划送往公司总经理办公室。在此后的一个月中，总管理处与各部的经理仔细研究和讨论他们的计划。对有些分公司的扩建计划，总公司可能予以批准，对另一些分公司的扩建计划，总公司可能不予以批准，而是让他们先集中力量降低产品的成本。总公司也可能让某个分公司推行增加某种产品产量的计划。

在每年的11月份之前，总公司会把各种指导性文件发到各事业部，文件中详细地说明了哪些计划已被批准，以及总公司对各部有什么希望。在这个会计年度的最后几个月里，各部根据总公司发给的指导性文件，重新制订自己的战略计划并编制预算。随后，总公司再根据这些计划制订出整个公司的总计划。总计划应对整个公司的目标和战略做出详细的说明，并附有必要的统计资料。

为保证战略计划的完成，该公司还建立了一套“追踪审核”制度。该制度规定，在每一个会计年度结束之前，各分公司都应指派专门的稽核人员，对计划执行情况进行检查，并写出“追踪审核”报告，这种报告能使下一年的预测更为准确。

该公司认为，上述制订战略计划的程序和追踪审核制度有以下几个方面的优点。

首先，由于战略计划有明确的目标，因此公司可以根据这些目标的完成情况对职工进行考核，并据此对其晋升和加薪问题做出决定；其次，高级主管人员可根据计划给下级更多的权利，而自己可把更多的精力放在对战略计划实施情况的监督上；第三，可以使高级主管人员有时间对其他重要问题进行研究，并做出相应的决策。

【引例分析】

规划企业战略，就是分析、研究企业内外部各方面因素的影响，即一方面要重视外部环境中动态变化的不可控因素，另一方面要如实评价企业现有的资源能力和潜在能力。本章主要从企业决策者的角度研究企业规划公司总体战略、经营战略以及管理市场营销过程的理论与方法。

市场营销战略规划的制订是指这样的一种管理过程，即企业的最高管理层通过规划企业的基本任务、目标以及业务组合，使企业的资源和能力同不断变化着的营销环境之间保持着与战略适应的关系。战略规划的主要内容和过程，包括以下方面：规定企业任务、确定企业目标、安排企业的业务组合、制定企业增长战略。

1. 规定企业任务

企业的战略任务又称企业方向，是指在未来一个相当长的时期内，企业营销工作服务的对象、项目和预期达到的目的。战略任务是企业市场营销战略的首要内容。它涉及企业的经营范围及企业在社会分工中的地位，并把本企业和其他类型的企业区别开来。企业的任务随着内外诸因素的变化而相应变化。企业任务一般用任务书来表达。

1.1 企业战略任务的内容

企业的战略任务通过规定企业的业务活动领域和经营范围来表现，主要回答“本企业是干什么的”“主要市场在哪里”“顾客的主要追求是什么”“企业应该怎样去满足这些需求”等问题。这些问题具体表现为四个方面的内容：一是企业的服务方向，即企业是为哪些购买者服务的；二是产品结构，包括质量结构、品种结构、档次结构等，即企业拿什么样的产品来为购买者服务；三是服务项目，即企业为购买者提供哪些方面的服务，企业的战略任务会随着时间的推移和企业内部条件、外部环境的变化而改变，但其具体内容不变；四是市场范围，即企业服务的市场有多大。

企业的战略任务是随着时间的推移和企业内部条件、外部环境的变化而改变的，但其具体内容不变。

1.2 规定企业任务需考虑的因素

在确定企业任务时，企业需考虑以下 5 个方面的主要因素：

（1）企业过去历史的突出特征。

（2）企业周围环境的发展变化。企业周围环境的发展变化会给企业带来一些环境威胁或市场机会。

（3）企业决策层的意图。

（4）企业的资源情况。这个因素决定企业可能经营什么业务。

（5）企业的特有能力。

1.3 一个有效的任务报告书应具备的条件

一个有效的任务报告书应满足以下要求：

（1）明确规定企业的经营范围；

（2）具有激励性；

（3）要强化企业的优良传统和共同价值观；

（4）具备可操作性。

2. 确定企业目标

2.1 企业战略目标的内容

战略目标是企业营销活动的总目标，是企业在一定时期内追求和想要取得的成果。企业的营销战略目标是一个综合的或多元的目标体系，一般包括四个方面的内容：市场目标，发展目标，利益目标，贡献目标。

2.2 确定企业战略目标的具体要求

（1）层次化。企业的最高管理层规定了企业的任务之后，还要把企业的任务具体化为一系列的各级组织层次的目标。各级经理应当做到对其目标心中有数，并对其目标的实现完全负责，这种制度叫做目标管理。

（2）数量化。目标还应尽可能数量化。

（3）适用性。这就是说，企业的最高管理层不能根据其主观愿望来规定目标水平，而应当根据对市场机会和资源条件的调查研究和分析来规定适当的目标水平。这样规定的企业目标才能实现。

（4）协调一致性。有些企业的最高管理层提出的各种目标往往是互相矛盾的。

3. 安排业务组合

在确定了企业任务和目标的基础上，企业的最高管理层还要对业务（或产品）组合进行分析和安排，即确定哪些业务或产品最能使企业扬长避短，发挥竞争优势，从而能最有效地满足市场需要并战胜竞争者。

3.1　战略业务单位的划分

企业的最高管理层在制订业务投资组合计划时，首先要把所有业务分成若干“战略业务单位”（Strategic Business Units，简称 SBUs）。一个战略业务单位具有如下特征：

（1）它是单独的业务或一组有关的业务；

（2）它有不同的任务；

（3）它有其竞争者；

（4）它有认真负责的经理；

（5）它掌握一定的资源；

（6）它能从战略计划中得到好处；

（7）它可以独立计划其他业务。

3.2　战略业务组合的分析评价

企业的最高管理层在制订业务投资组合计划的过程中还要对各个战略业务单位的经营效益加以分析、评价，以便确定哪些单位应当发展、维持，哪些单位应该减少或淘汰。如何进行分析和评估呢？其中最著名的分析和评估方法有两种：一是美国波士顿咨询集团的方法；二是通用电气公司的方法。

（1）波士顿咨询集团法（BCG 法）。波士顿咨询集团（Boston Consulting Group）是美国一家著名管理咨询公司，该公司建议企业用“市场增长率—市场占有率矩阵”进行评估，简称 BCG 法。企业产品组合矩阵图如图 10－1－1 所示。

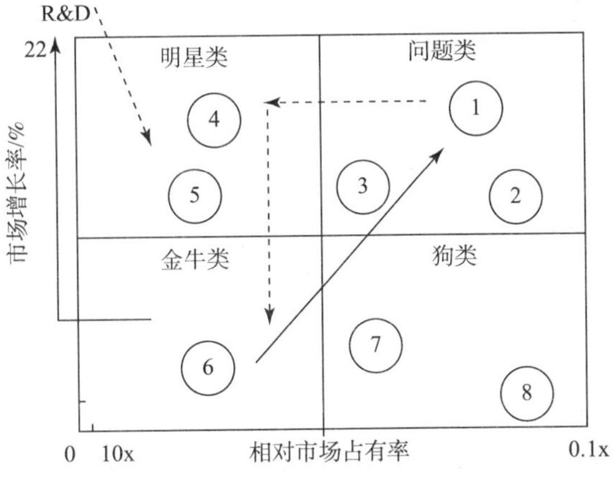

图 10－1－1　企业产品组合矩阵图

通过分析，可将所有业务单位（或产品）分为四类：明星类；金牛类；问题类；狗类。

各业务单位在矩阵中的位置不是固定不变的，经过一定时间总要发生变化，这种变化有两种可能：一是对企业有利的变化趋势，即按问题类—明星类—金牛类顺序变动；二是不利的变化趋势，即按明星类—问题类—狗类顺序变动。企业决策者应力争有利的变化趋势，避免不利的变化趋势。

在对各业务单位进行分析之后，企业应着手制订业务组合计划，确定对各个业务单位的投资战略。可供选择的战略有以下几个：拓展战略、维持战略、收割战略、放弃战略。

企业通过上述战略可以达到优化业务（或产品）组合的目的。但是，需要指出的是，上述四类战略业务单位在矩阵图中的位置不是固定不变的，任何产品都有其生命的周期，随着时间推移，这四类战略业务单位在矩阵图中的位置就会发生变化。

（2）通用电器公司法（GE 法）。通用电器公司（General Electric Company）分析业务或产品组合的方法称为“战略业务规划网络”（Strategic Business Planning），简称“GE”法，如图 10－1－2 所示。这种方法认为，除市场增长率和相对市场占有率之外，还需要考虑很多影响因素。这些因素可分为两大类：行业吸引力，其中包括的因素有市场大小、市场年增长率、历史的利润率、竞争强度、技术要求和由通货膨胀所引起的脆弱性，能源要求，环境影响以及社会、政治、法律的因素，等等；企业的战略业务单位的业务力量，即战略业务单位在本行业中的竞争能力，其中包括的因素有市场占有率、市场占有增长率、产品质量、品牌信誉、商业网、促销力、生产能力、生产效率、单位成本、原料供应、研究与开发成绩以及管理人员，等等。

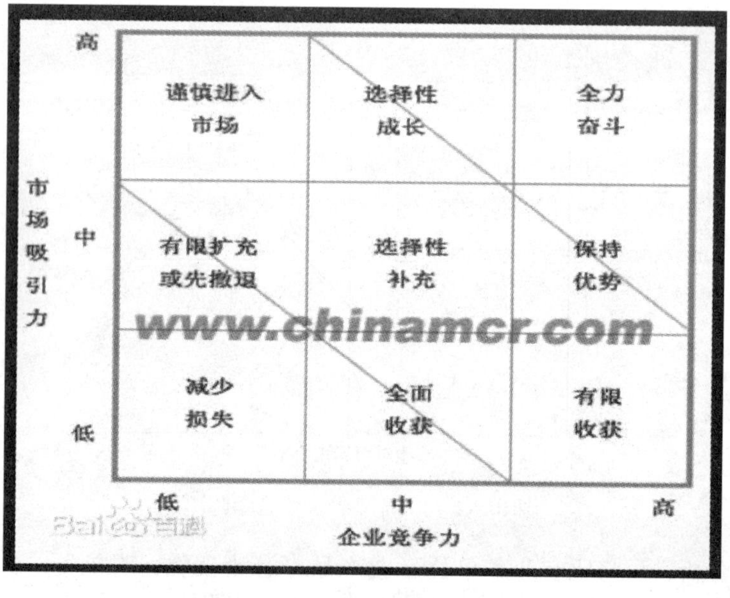

图 10－1－2　战略业务规划网络

企业的最高管理层对上述两大变量中的各个因素给出分数，同时对各个因素进行加权，就可求出各个变量的加权平均分数。

多因素投资组合矩阵图分为三个地带：左上角地带（又叫做“绿色地带”，这个地带的三个小格是“大强”“中强”“大中”）；从左下角到右上角的对角线地带（又叫做“黄色地带”，这个地带的三个小格是“大强”“中中”“大弱”）；右下角地带（又叫做“红色地带”，这个地带的三个小格是“小弱”“小中”“中弱”）。

4. 制定企业增长战略

企业的增长战略主要分为三类：密集化增长（Intensive Growth）、一体化增长（Integrative Growth）、多角化增长（Diversification Growth，又叫多元化增长）。每种各自又包括3种具体形式，共9种形式。

4.1　密集化增长战略

密集化增长战略是指企业在现有的生产领域内集中力量改进现有产品以扩大市场范围的战略。这样，就形成了密集化发展战略的三种形式：市场渗透战略、市场开发战略和产品开发战略。

（1）市场渗透战略。

市场渗透战略就是企业在原有产品和市场的基础上，通过改善产品、服务等营销手段方法，逐步扩大销售，以占领更大的市场的战略。市场渗透的基本方法有三种：通过增加产品新的用途、在某些地区增设商业网点，借助多渠道将同一产品送达同一市场等方式来增加顾客的购买量；通过创名牌、提高品牌知名度、树立良好企业形象的方法，吸引购买竞争者产品的顾客，转而购买本企业的产品；企业通过改进广告、宣传、展销、赠送样品、加强推销工作等方式来刺激潜在顾客购买。也可采取短期削价等措施，在现有市场上扩大现有产品的销售。

（2）市场开发战略。

市场开发战略是指企业将现有产品投放到新的市场以扩大市场范围的战略。这是当老产品进入成熟期和衰退期后，已经无法在老市场上进一步渗透时所采取的战略。市场开发的方式主要有两种：一是市场面的开发，即开发新的细分市场；二是区域市场的开发，即努力使现有产品打入新的地区市场，

（3）产品开发战略。产品开发战略就是通过改进老产品或开发新产品的办法来扩大市场范围的战略。其基本方法是增加产品的花色品种，增加产品的新功能或新用途，以满足不同消费者的需求。具体做法是企业可通过增加产品的花色品种、规格、型号等，向现有市场提供新产品或改进产品。

4.2 一体化增长战略

一体化增长战略是指企业利用自己在产品、技术、市场上的优势，向企业外部扩展的战略。这是一种利用现有能力向生产的深度和广度扩展的战略。因而，它是那些有广阔发展前途的企业，或者是拥有名牌产品的企业，发展自身以扩大其市场占有率的一种增长战略。

根据商品从生产到销售的物资流向，形成了一个从后向前的营销系统，据此，一体化增长战略可分为三种类型：增加与物流方向相反的产品生产经营叫后向一体化；增加与物流方向相同的产品生产经营叫前向一体化；增加处在同一阶段的产品生产经营为水平一体化。

（1）后向一体化。

指生产企业通过建立、购买、联合那些原材料或初级产品的供应企业，向后控制供应商，使供应和生产一体化，实现供产结合。

（2）前向一体化。

指生产企业通过建立、购买、联合那些使用或销售本企业产品的企业，向前控制分销系统，实行产销结合。一般来说，这是生产原材料或初级产品的企业实行深加工时采用的战略。如汽车制造商自设分销系统，或制造商通过一定形式控制批发商、代理商或零售商；或自己经营加工业，如木材公司附设家具厂自己生产家具等。采用这一战略，有利于企业扩大生产，增加销售。

（3）水平一体化。

指生产企业通过建立、收买、合并或联合同行业的竞争者以扩大生产规模。

一体化增长战略在实际应用中有三条途径：第一条是企业利用自己的力量，在生产经营中把自己的产品扩大到前向或后向生产的产品中去。这条途径的优点是企业能够掌握扩大再生产的主动权，可以按本企业的要求发展新产品。第二条途径是兼并或购买其他企业，采用这种途径需要企业有畅销的产品和充足的资金。第三条途径是与其他相关的企业联合，共同开发新产品和扩大营销。这条途径的最大好处是可以冲破资金和技术的限制，不用增加投资，可以在较短的时间内形成更大的生产能力，或者生产出单个企业不能完成的产品项目。

在高度发达的市场经济的条件下，上述一体化战略都是在市场竞争中自然实现的。因此，企业在运用一体化战略时，应注意以下几点：

（1）要讲求经济效益。讲求经济效益是企业一切经济工作的核心，也是企业选择市场发展战略的核心问题。否则，再好的战略也是无用的。

（2）要重视产品质量。在企业进行联合时，一定要注意保持产品质量。忽视产品质量，片面追求上规模，不仅不会使企业发展，反而有可能降低企业声誉，造成更大损失。

（3）要避免造成垄断。在实行水平一体化的过程中，不要联合过多的企业，过多就会出现独家垄断的现象。

4.3 多角化增长

多角化也称“多样化”或“多元化”。多角化增长就是企业通过增加产品种类，跨行业生产经营多种产品和业务，扩大企业的生产范围和市场范围，使企业的特长得到充分发挥，使企业的人力、物力、财力等资源得到充分利用，从而扩大企业规模，提高经营效益。

（1）企业实现多角化增长的必要性。

①原有产品或劳务需求规模与经营规模的有限性。

②外界环境与市场需求的变化性。

③单一经营的风险性与多种经营的安全性。

（2）多角化增长的主要方式。

①同心多角化。即企业利用原有的技术、特长、经验等发展新产品，增加产品种类，从同一圆心向外扩大业务经营范围。

②水平多角化。即企业利用原有市场，采用不同的技术来发展新产品，增加产品种类。

③集团多角化。即大企业收购、兼并其他行业的企业，或者在其他行业投资，把业务扩展到其他行业中去。新产品、新业务与企业的现有产品、技术、市场毫无关系。也就是说，企业既不以原有技术也不以原有市场为依托，向技术和市场完全不同的产品或劳务项目发展。它是实力雄厚的大企业集团采用的一种经营战略，

（3）企业实行多角化增长战略是以企业的技术、市场为基础条件的，因而实现多角化的途径主要有两条：一是通过企业内部扩展其技术基础实现；二是通过企业外部合并或联合别的企业来实现。前者是企业在原有技术基础上不断扩展，增添新的设备和技术力量，以适应跨行业经营的需要；后者则是把不同行业的企业进行合并或联合，因而它特别适合集团多角化增长。

（4）运用多角化增长战略的注意事项。运用多角化增长战略，要求企业自身具有拓展经营项目的实力和管理更大规模企业的能力：具有足够的资金支持，具备相关专业人才作为技术保证，具备关系密切的分销渠道作为后盾或拥有迅速组建分销渠道的能力，企业的知名度高，企业综合管理能力强，等等。显然，并不是所有具备一定规模的企业都拥有上述优势。若企业运用多角化发展战略条件还不成熟，不如稳扎稳打。具备足够实力和条件的企业在运用多角化增长战略时，也不可盲目追求经营范围的全面与经营规模的宏大。规模和收益的关系既对立又统一，没有规模固然没有好的收益，但也不是规模越大，收益就越大。

随着规模的扩大，收益的变化一般有三个阶段：

（1）规模扩大，收益增加，收益增加的幅度大于规模扩大的幅度，这是规

模收益递增的阶段；

（2）收益增加的幅度与规模扩大的幅度相等，这是一个短暂的过渡阶段；

（3）收益增加的幅度小于规模扩大的幅度，甚至收益绝对减少，这是规模收益递减阶段。因此盲目追求规模是不可取的。

小组讨论

春兰：中国版的GE

2002年12月30日，中央电视台“2002CCTV中国经济年度人物”评选结果揭晓，春兰集团董事局主席、首席执行官陶建幸荣列其中。主持人在介绍陶建幸时如是评论，“家电、汽车、新能源，昔日的空调业老大在这些毫不相关的行业里左右逢源，这种惊人的适应力，来自企业强大的技术实力。2002年，陶建幸率领的企业获得中国家电制造业综合排名第一。”

与GE（通用电器）的理念及构架相似的春兰，是继续向产金结合的模式靠拢，还是一如既往，继续“有限结合”？或者改弦易辙，专心从事实业？春兰站在了一个十字路口。

（一）多元化历程

2002年，对于家电市场而言，惯于打价格战的春兰表现颇为平淡，但对于春兰集团而言却是个丰收年：春兰的中型卡车在国内市场的销售挺进三甲，研制了8年之久的高动能镍氢电池项目也开花结果。

对于春兰的这种多元化，许多家电同行认为是“叛逆”，而陶建幸却认为，春兰的发展模式对中国的家电行业有振聋发聩的意义：跨不出产业同心圆，家电企业面临的只能是竞争越来越残酷的绝境。

春兰的发展是从空调开始的，“没有空调，就没有春兰”，陶建幸的这句话清楚地表达了春兰对空调产业运作成功的欣慰。从1989年春兰成为中国空调市场的老大，市场占有率连续6年在30%以上，到1994年，春兰已成为中国最大空调生产基地、世界空调七强之一。有资料表明，1994年，春兰在当时还只有单一的空调产品时，曾创下过一个月回笼20亿元资金的记录。然而，春兰没有止步于这种成绩。1994年年底，春兰投资20多亿元兴建了年产100万辆摩托车和100万辆摩托车发动机的生产线，迈出了春兰多元化经营的第一步。

迈出的这一步当时并没有为春兰赢得好评，反对的声音甚至掩盖了这样的创举，春兰一举进入摩托车发动机制造领域，第一次改变了当时中国摩托车企业以整车组装为主的生产模式。1995—1996年这一阶段是春兰发展史上的扩张期。在此期间，春兰推出第一个五年计划“100工程”，确定“立足空调产业，进行产业扩张，形成多元经营框架”的方针，开始逐步涉足家电、电动车、电子和海外产业。

1995年春兰与韩国LG集团合资的无氟冰箱项目启动。到1996年年底，产品开始陆续投放市场。选择市场上相对稀缺的无氟冰箱为切入点，与陶建幸1986年进入空调业的思路一脉相承。当时他提出“避开大路，占领两厢”，回避正面强敌，寻找市场空当。

1997年11月，春兰以7.2亿元接手了已经举步维艰的南京东风汽车公司，成立南京春兰汽车有限公司。2001年3月份开始投入批量生产，气派的春兰豪华卡车彻底改写了中国卡车的低俗形象，也让外界对春兰的多元化另眼相看。

2002年，在中国家电“行业效益”整体下滑的大背景下，春兰的多元化之路越走越宽，春兰中型卡车国内销售挺进三甲，已能够为春兰集团贡献2亿元的利润，春兰公司成为中国汽车产业里的一匹黑马，也标志着春兰的第二个产业支柱——汽车产业初具规模；年产3万套高能动力镍氢电池组和3万辆电动自行车生产线全面投产，标志着继传统家电产业、汽车产业后，春兰的第三个产业支柱——新能源产业正在崛起。

当然，春兰的多元化历程也并非一马平川。早在1996年，春兰携百亿巨资想上家庭轿车项目，但因拿不到“准生证”而流产。早在1997年，春兰启动0.8微米集成电路项目，但因不能收购电子工业部的“908工程”而受挫。当然，也有其主动放弃的，2000年以6亿美元投资进入液晶显示器市场，全球技术的瞬息万变将其挡在门外。

但是，家电出身的春兰最终超越了家电。陶建幸说，春兰的家电公司，属于家电企业，而春兰集团不是。春兰现在的目标就是争取在二十到三四十年内，把春兰建成一个世界著名的多元化公司，让春兰成为中国的“通用”。

（二）言必称GE

陶建幸不仅是之前为数不多的与杰克·韦尔奇（Jack Welch，又名约翰·F·韦尔奇：Johbf Welch）面对面交流过的中国企业家之一，而且早在2000年5月，陶建幸曾与中海油集团总裁卫留成、中远集团总裁魏家福、南航集团总裁颜志卿等其他22名中国企业“国家队”的首脑们一起，在GE“中央党校”——位于美国克劳顿村的GE管理发展学院（现已更名为约翰·F·韦尔奇领导人员发展中心）“充电”。从克劳顿村回国后，陶建幸曾经一度“言必称GE”。陶建幸推崇GE，是因为他觉得春兰与GE不乏相同之处。“我和杰克说过，我们是相似型。他造飞机发动机，我造汽油发动机；他做工程塑料，我做塑料加工；他做家电，我也做家电；他们的资本运作在50%左右，我们也在50%左右。”

（三）金盆洗手不炒股

与中国大多数企业主要依靠工业利润进行资本积累的发展方式不同，春兰的资本积累一半来自非工业利润。

“我们前十年走的路，在资本运作上做了大文章。”1996年11月29日，在泰州市工业经济工作会议上，陶建幸坦承，“第一，股票我们做了，这是外国大公司最主要的收入之一；第二是做外汇，外汇是国家禁止的，现在我们也不做了；第三，变无形资产为有形资产；第四，组织企业上市。”

到了2001年10月，陶建幸已明确表示，春兰已“金盆洗手”，不再炒股，而将资本运作的重点放在对外投资、收购高新技术公司、企业上市等方面。“我说的资本运作不是金融投机，我不是索罗斯。”

面对曾被中国企业界推崇备至的“产业与金融结合”，陶建幸在2002年就断言：“这种结合目前在中国不存在。”

什么叫“产金结合”？陶建幸认为：“如果所控制的资源对双方的互补有什么影响，这才叫产金结合。”按照这个标准判断，春兰进入金融业是产金“有限结合”。一个例子是，春兰曾经控股交通银行泰州分行60%股份，但在陶建幸看来，这也只是“有产有金”而已，并没有做到“产金结合”。

陶建幸的聪明之处在于春兰并没有把“投机”作为唯一的生财之道，而是将资本经营所获得的丰厚利润反馈于工业投资，用于扩大再生产，拓展产业领域，加大技术投入。

正是在春兰从资本市场赚得盆满钵满的20世纪90年代，春兰空调的市场占有率曾连续八年雄踞国内第一，而且春兰进入了冰箱、洗衣机、彩电、电动车和高能电池领域。

国家体改委课题组为此曾三次深入春兰调研，并赞扬春兰：“产品经营与资本经营有机结合，工业资本、商业资本和金融资本相互渗透、相互融通，反过来又成为这一良性循环机制的润滑剂，这便是春兰非工业资本积累的特征之所在。”

（四）十字街头

然而，时移势易。春兰的主导产品空调的市场占有率已连续数年被挤出前五名。与此同时，春兰集团的核心资产——上市公司春兰股份的业绩也大幅下滑。2002年，春兰股份实现净利润120 399 811元，比上一年下降了45.11%；2003年，春兰股份在主营业务收入同比大幅上升84.76%的情况下，净利润仍下滑48.93%，仅为61 490 421元。

春兰卡车是春兰集团近几年全力打造的新经济增长点。据了解，2003年，春兰卡车首期投资已经全部收回。不过据汽车业内人士介绍，春兰卡车销量虽号称位居全国第三，但它与该行业的伯仲一汽、二汽相比，无论规模、实力还是市场占有率，均存在很大差距。

目前，春兰将发展卡车业的希望寄托在与日本某汽车厂商的合资上，但迄今国家发改委对该项目仍未批复。

在资本市场，近两年春兰也无大手笔的动作。对国内外企业的收购兼并，春兰似乎停止了脚步；陶建幸孜孜以求的要将春兰的“几个公司”组织到美国上市的计划，也早已没有了下文。可喜的是，春兰股份的“长期负债”迄今仍然为零，可见其家底依然殷实。

“我没有讲一切向GE学习，杰克来中国也可能一事无成。”两年前，陶建幸如是说。与 GE 的理念及构架“相似”的春兰，是继续向产金结合的模式靠拢，还是一如既往，继续“有限结合”？或者改弦易辙，专心从事实业？春兰站在了一个十字路口。

【课堂讨论】

1. 通过本案例，说出春兰的“多元化”都涉足了哪些领域？

2. 你认为春兰的“多元化”与 GE 的“多元化”有区别吗？如果有，区别在哪里？

3. 你认为春兰站在一个什么样的十字路口？下一步该怎么走？

任务二　制订市场营销计划

【引导案例】

诸葛亮的“隆中策”是我国最早、最大的成功计划工作案例之一。

隆中策的第一步是确定组织目标：兴汉室，图中原，统一天下。

隆中策的第二步是制订分步实施方案，即确定分步计划的阶段目标：第一，先取荆州为家，形成“三分天下”之势；第二，再取西川建立基业，壮大实力，以成鼎足之状；第三，“待天下有变，命一上将将荆州之兵以向宛、洛，将军身率益州之众以出秦川”，这样，“大业可成，汉室可兴矣”。

隆中策的第三步是确定实现目标的指导方针：“北让曹操占天时，南让孙权占地利，将军可占人和。”内修政理，外结孙权，西和诸戎，南抚彝、越，等待良机。

隆中策又进一步对敌、我、友、天、地、人做了极为细致透彻的分析，论证了为什么应当有这样的指导方针。

【引例分析】

我们暂时不评价该战略的准确性与合理性以及后来是否实施成功，仅从战略管理的角度来探讨“隆中对”中值得后人思考的地方。整个方案区区 349 字，成为千古一绝，被历代传诵，妇孺皆知。市场营销计划、实施、组织与控制是市场营销管理的重要内容，它们之间的关系是：计划系统根据企业总的战略规划的要求，制订市场营销计划，这一环节主要解决的是“应该做什么”和“为什么这样做”的问题；之后通过一定的组织系统实施计划，这一环节主要解决的是“由谁去做”“怎么做”和“在什么地方做”的问题；控制系统负责考察计划实施结果，诊断产生问题的症结，并反馈回来采取适当的纠正措施，包括改善实施过程，优化组织系统，或调整计划本身使之更切合实际。

对于中国企业来说，面对国际国内两大市场竞争的加剧，搞好营销管理的迫切性也在与日俱增。只有对市场营销活动精心计划，合理组织，认真实施，动态控制，才能保证企业市场营销工作的顺利进行，从而在竞争中占据主动地位。

1. 市场营销计划

俗话说："凡事欲则立，不立则废"，如果一个企业仅仅对市场的最新动态做出简单的反映，是不能维系长久的。没有合理的营销计划，会使各职能部门间难以协调，营销人员各行其是，导致营销工作在实施中陷入混乱，同时会遭到有计划、有远见的竞争对手的攻击。因此，企业在市场开拓中必须制订有效的计划。

市场营销计划包括以下问题：市场营销计划的制订分为哪几个发展阶段？市场营销计划的内容构成是什么？有效的市场营销计划制订的方法是什么？下面一一进行阐述。

1.1 企业市场营销计划的发展阶段

营销计划工作是企业营销工作的重要内容，但并不是每一个企业在初创时都能建立科学、先进的计划体系，而是随着企业规模和管理水平的发展而不断提高、完善的。任何企业，都经历过或正在经历以下的四个基本阶段中的一个阶段。

1.1.1 无计划阶段

企业在营销管理中没有正式的计划。有的企业因为是新创办的，管理者忙于资金的筹集、客户的开发、设备和原材料的购置、人员的配置，所以难以有完整的时间考虑计划的制订，管理者全神贯注于日常的经营业务，以维持企业的生存与发展。有的企业的管理者没有认识到计划的重要作用，认为市场变化太快，计划往往落后于实际，没有用，因此一直没有建立正式的计划系统。还有的企业虽然建立了预算制度，对企业下个年度的销售情况进行预测，以加强对销售成本和现金流量的控制，但这些计划仅属于财务预算计划，不是真正的、全面的销售计划。

1.1.2 年度计划阶段

管理者认识到制订计划的重要性之后，开始制订年度计划，方法主要有3种：

（1）自上而下的计划。由企业最高管理层为较低的管理部门建立目标和计划，由下属各部门、各单位贯彻执行。这种计划常用于类军事化管理的组织中。

（2）自下而上的计划。由企业各基层单位先制订可实现的最佳目标和计划，交给高层管理者审批，然后由各部门贯彻执行。这种计划让基层单位参与企业计划的制订，提高了他们的积极性和创造意识。

（3）上下结合的计划。高层管理者根据企业的整体发展要求确定企业年度目标，下达给下属各单位，各单位据此进行可行性论证和修正，或制订具体的计划。上交高层管理者批准后，就成为正式的年度计划。大多数企业都采取这种计划方法。

制订年度计划的好处在于使企业各业务部门能较好的协调，使企业职员能获得系统化的思考方法，并成为业绩考核的依据，使各级部门充满活力。但年度计划制度往往需数年的时间才能建立起来，原因是部门管理者不愿在多变的市场环境中对业务目标和战略做出承诺，从而改善工作业绩。因此高层管理者必须考虑如何将计划的意识引入到企业中，并使计划更加有效。

1.1.3 长期计划阶段

从年度计划的制订和实施中，企业最高管理者又进一步认识到，企业不仅要制订年度计划，更要高瞻远瞩，制订长期计划（如5年计划、10年计划）。年度计划是长期计划在每一年的具体化，实现各个年度计划就能保证长期计划的逐步实现。由于企业的环境是不断变化的，所以企业每年都要对长期计划进行适当修正。

1.1.4 战略计划阶段

由于企业外部营销环境变幻莫测，企业需要发展能够抵抗各种环境冲击的业务组合，使各部门的计划工作相互配合，共同迎接冲击。战略计划就是研究处在不断变化的环境面前，怎样努力提高企业的适应能力，把握营销的良机。

近几年来，由于经营风险的增加，战略计划越来越成为产品和市场初创时乃至创立前的纲领性文件，投资者要求企业经营者在一个项目进行之前提供的商业计划书，这也是战略计划的一种形式。

战略计划阶段是企业组织管理规模化、复杂化的一种必然的发展结果，战略计划是创新和理智行为的综合表现。也就是说，制订战略计划要求企业重视市场环境和目标顾客的变化，将企业资源集中于目标市场，寻求企业特有的竞争优势以满足目标市场的需求；同时要求企业正确制定营销组合策略，将战略目标细化为一系列子目标和行动指南，从这个意义上讲，战略计划是否能够成功取决于能否将战略和战术成功的结合。

1.2 市场营销计划的内容

1.2.1 公司中哪些计划涉及市场营销计划的内容

作为公司计划工作过程的一部分，人们常常听到“营销计划”“企业计划”“财务计划”等。不同的公司经常毫无区别地使用这些术语。有的时候，营销计划意味着企业计划（如战略规划）；有的时候，它仅仅是企业计划的一个部分。

事实是公司需要制订大量的计划，它们中间的每一个计划又都包含着分量很重的营销内容。这里至少有 8 种需要有营销内容的不同计划。

(1) 公司计划。公司计划是企业业务的整体计划。它可以是年度的，或是中、长期计划。公司计划内容包括公司任务、成长战略、业务组合决策、投资决策和现行目标。它不包括各个业务单位的活动细节。

(2) 事业部计划。事业部计划类似于公司计划，它描述事业部计划的成长和盈利率。其内容包括营销、财务、制造和人事战略，时间的范围有短期、中期和长期计划。在某些场合，事业部计划是事业部制订的所有个别计划的总和。

(3) 产品线计划。产品线计划描述一条特定产品线的目标、战略和战术。每一条产品线的经理负责准备这个计划。

(4) 产品计划。产品计划描述一个特定产品或产品种类的目标、战略和战术。每一位产品经理负责拟定这个计划。

(5) 品牌计划。品牌计划描述在一个产品种类中某特定品牌的目标、战略和战术。每一位品牌经理负责这项计划的制订工作。

(6) 市场计划。市场计划是发展一个特定的行业市场或地区市场并为它服务的计划。每一位市场经理都应拟定这个计划。与此密切相关的是为重要客户准备的顾客计划。

(7) 产品（市场）计划。产品（市场）计划是在一个特定行业或地区市场，公司营销一种特定产品或产品线的计划。例如，一个对美国东部房地产业推销贷款服务的银行计划。

(8) 功能计划。功能计划是关于一项主要功能的计划，例如营销、制造、人力资源、财务或研究开发计划。它还描述在一个主要功能下的子功能计划，例如，在营销计划下的广告计划、销售促进计划、销售人员计划和营销调研计划。

如上所述，这些计划都需要营销内容。事实上，营销内容不仅是必要的，而且在计划的制订过程中经常处于优先的位置。计划工作常常从“我们希望有多大的销售量才能获得利润”这个问题开始。这个问题只有通过营销分析和制订一个营销计划才能解决。当营销计划被批准后，非营销经理们才能开始制订他们的制造、财务和人事计划，以支持营销计划的顺利开展。因此，营销计划是公司其他行动计划工作的起点。

1.2.2 营销计划包含的内容

营销计划包含的内容将随着高层管理当局想从它的经理处得到多少详细细节的不同而不同。大多数的营销计划，特别是产品和品牌计划，将包含下列各节：经营摘要、当前营销状况、机会和问题分析、目标、营销战略、行动方案、预计的损益表和控制手段。这些内容列于表 10－2－1 中。

表 10－2－1　营销计划的内容

内容	目的
经营摘要	它为使管理当局迅速了解而提供所建议计划的简略概要
当前营销状况	它提供与市场、产品、竞争、分配和宏观环境有关的背景数据
机会和问题分析	它概述主要的机会和威胁、优势和劣势，以及在计划中必须要处理的产品所面临的问题
目标	它确定计划中想要达到的关于销售量、市场份额和利润等领域的目标
营销战略	它描述为实现计划目标而采用的主要营销方法
行动方案	它回答应该做什么、谁来做它、什么时候做、它需要多少成本
预计的损益表	它概述计划所预期的财务收益情况
控制手段	它说明将如何监控该计划

1.2.2.1　经营摘要

经营摘要是一份计划书的开端。它是对主要的市场营销目标和有关建议，作极为简短的概述。实际上，这是整个市场营销计划的精华所在。市场营销计划通常要提交给上级主管人员审核，而这些管理人员又不一定有充分的时间详细阅读全文内容，因此经营摘要应将整个计划的中心描述出来，使他们能够迅速掌握计划的要点。如果上级主管人员仍需要仔细推敲计划，则可查阅计划书中的有关部分。所以，最好在经营摘要后面附列整个计划的目录，或在提要里的有关内容中注出其在计划书中的页码。

1.2.2.2　市场营销现状

计划书中的这一部分提供与市场、产品、竞争、分销及宏观环境有关的背景资料。

（1）市场形势。描述市场的基本情况，包括市场规模与成长（以单位或金额计算），分析过去几年的总额，不同地区或分市场的销售情况，并提供顾客需求、观念和购买行为方面的动态和趋势资料。

（2）产品情况。列出过去几年中有关产品的销售、价格、利润及差额方面的资料。

（3）竞争形势。指出主要的竞争者，并分析他们的规模、目标、市场占有率、产品质量、市场营销策略以及任何有助于了解其意图、行为的其他资料。

（4）分销情况。介绍在各条销售渠道上的销售情况，以及各条渠道的相对重要性的变化。不仅要说明各个经销商以及他们的经销能力的变化，还要包括激励他们时所需的投入、费用和交易条件。

（5）宏观环境。阐述影响该产品市场营销的宏观环境因素，它们的现状及未来的变化趋势。

1.2.2.3 机会与问题分析

市场营销部门要在市场营销现状的基础上，围绕产品找出主要的机会和威胁，优势与劣势，以及面临的问题。

（1）通过机会与威胁分析，阐述外部可以左右企业未来的因素，以便考虑采取的行动。对所有机会和威胁的阐述，要有时间顺序，并分出轻重缓急，使更重要、更紧迫的能受到应有的关注。

（2）通过优势与劣势的分析，说明企业内部条件。优势是企业成功利用机会和对付威胁所具备的内部因素，劣势则是必须改进、提高的某些方面。

（3）通过问题分析，企业将机会与威胁、优势与劣势分析的结果，用来确定计划中必须强调、突出的主要方面。对这些问题的决策产生出市场营销的目标、战略和战术。

1.2.2.4 目标

明确问题之后，市场营销部门要作出与目标有关的基本决策，以指导战略和行动方案的制定。

目标包括两大方面：一是财务目标，二是市场营销目标。

（1）财务目标。每一个公司都在寻求一定的财务目标。业主们将会寻找一个既定的、长期的投资报酬率，并且希望知道他们在本年度所能获得的利润。如某公司可以制定如下的财务目标：

①在下一个五年内获得平均20%的税后投资报酬率。

②在2003年净利润达到180万美元。

③在2003年现金流量达到200万美元。

（2）营销目标。财务目标必须转化为营销目标。例如，如果公司想赚到180万美元利润，并且它的目标利润率是销售额的10%，那么，它在销售收入上的目标必须是1 800万美元。如果公司产品的平均单价是260美元，那么，它必须销售出69 230单位的产品，如果它对整个行业的销售预计是达到230万单位，那么，它就占有3%的市场份额。为了保持这个市场份额，公司必须建立一定的目标。因此，营销目标可以是：

①在2003年获得总销售收入1 800万美元，比去年提高9%。

②因此，销售量为69 230单位，它占预期的市场份额3%。

③经过该计划工作后，该品牌的消费者知名度从15%上升到30%。

1.2.2.5 市场营销战略

每个目标都可以通过多种途径去实现。比如说完成一定的利润目标，可以薄利多销，也可以厚利限销。通过深入分析，权衡利弊，要为有关产品找出主要的市场营销战略，并做出基本选择。市场营销部门还要对战略详细加以说明。

市场营销战略主要由三部分组成：

（1）目标市场战略。阐明企业及其产品准备投入的分市场。由于不同分市场在顾客偏好、对企业市场营销的反应、盈利潜力及企业能够或愿意满足需求的程度等方面各有特点，市场营销部门要在精心选择的目标市场上慎重地分配力量。

（2）市场营销组合战略。对选定的各个分市场，分别制定包括产品、价格、分销和促销因素在内的组合战略。通常，在针对目标市场发展市场营销组合时，市场营销部门会有多种不同的方案可供选择。对此，要辨明主次，选出最优方案。

（3）市场营销费用预算。提出执行各种市场营销战略所需的最适量的费用预算。

上述内容，可以用文字说明，也可以列表说明。例如，国外某家公司曾为其产品——立体声组合音响系统，制定了这样的一套市场营销战略。

目标市场：高层次的家庭，着重女性的购买者。

定　　位：有最好音响和最大可靠性的模块化立体声系统。

产 品 线：增添一个低价式样和两个高价式样。

价　　格：与竞争品牌相近。

分销网点：重点在无线电（电视机）商店和器具商店；努力加强对百货商店的渗透。

销售队伍：扩大10%和导入全国记账管理系统。

服　　务：可广泛得到和迅速服务。

广　　告：开展一个新广告活动，直接指向支撑着定位战略的目标市场；在广告中注重高价产品；增加20%的广告预算。

促　　销：增加15%的促销预算，以发展购（售）点陈列和在更大的程度上参与经销商的商品展销。

研究开发：增加25%的费用，以发展该产品线上更好的式样。

市场调研：增加10%的费用，以改进对消费者选择过程的了解和掌握部分对手的动向。

市场营销部门在制定战略的过程中，要与有关部门、有关人员协商，争取他们的配合与支持。比如向采购部门、生产部门了解情况，确认他们能否买到足够的原材料，制造足够的产品，以满足计划所需；向财务部门了解情况，确认有无足够的资金做保证。

1.2.2.6　战术行动方案

有了战略，市场营销部门必须将其具体化为一整套的战术行动。要进一步从要做什么、何时去做、何人去做、花费多少代价去做及达到什么要求等方面，仔细考虑市场营销战略的各项内容。常有一些企业把各种具体的战术行动，用图表形式表达，标明日期、活动费用和负责人员。这样，使企业的整个战术行动方案做到一目了然，便于计划的实施和控制。

1.2.2.7　预算

市场营销部门在决定目标、战略、战术行动方案之后，便可编制一个类似损益报告的辅助预算，并在预算书的收入栏中列出预计的单位销售数量，以及平均净价；在支出栏中列出划分成细目的生产成本、储运成本及市场营销费用。收入与支出的差额，就是预计的盈利。它经上级主管部门审查同意之后，成为有关部门、有关环节安排采购、生产、人力及市场营销工作的依据。

1.2.2.8　控制

这是市场营销计划的最后部分。说明企业如何对计划的执行过程，进度进行管理。典型的做法是把目标、预算按月或季度分开，帮助上级主管部门及时了解各个时期的销售实绩，找出未完成任务的部门、环节，并限期做出解释和提出改进措施。

有些计划的控制部分，还包括意外事件的应急计划。它扼要地列举可能发生的某些不利情况，管理部门因此应采取的措施，应急计划的目的是事先考虑到可能出现的各种困难。

2. 营销计划方法

市场营销计划方法可以帮助营销管理者认清营销形式，并方便地得到各种不同地营销方案，并从中挑选最佳计划，以改进计划工作，这些方法有：

2.1　目标利润计划法（Target Profit Planning）

目标利润计划法分为三步：

（1）预测产品下一年度市场规模总量，根据本企业当年的市场份额及市场增长计划，计算出企业下一年度的总销售量；按今年的单位产品价格以及劳动力和原材料可能上涨幅度，计算出下一年度的总销售收入。

（2）估计下一年度的单位产品变动成本，计算出包括固定成本、利润和营销费用在内的贡献毛收益，用贡献毛收益减去固定成本及目标利润，余下的即为营销活动费用，即营销费用。

（3）将营销预算分配在各项营销活动中。方法是：在当年分配比例的基础上，根据实际情况的变化进行调整，制订出下一年的分配方案。

2.2　最大利润计划法（Profit Optimization Planning）

最大利润计划法要求管理人员确定销售量与营销组合各因素之间的关系，可利用销售—反应函数（Sales—Response Function）来表示这种关系。所谓销售—反应函数，是指在一定时间内营销组合中一种或多种因素的变化与销售量变化之间的关系。企业管理者可用统计法、实验法或判断法来预测销售—反应函数，然后将营销支出以外所有的费用从销售—反应函数中扣除，得出毛利函数曲线。再计算出营销支出函数曲线，将营销支出函数曲线从毛利曲线中扣除，可得到净利函数曲线。净利函数曲线最大值即利润最大点，函数值为正值时，其营销支出为合理值。

任务三　市场营销计划的执行和控制

【引导案例】

疯狂扩张的代价

中联公司成立于1992年，是经国务院批准注册的国有大公司。注册资金6亿元人民币。

公司组建伊始，高层领导不是按规律经营，客观地分析主客观环境，慎重地选择主业，制定正确的战略，脚踏实地地打好公司发展的基础，而是四处“招兵买马”，急速扩大规模。他们在全国各地迅速地注册公司，短短一年时间之内，注册二级公司20多个，三级公司50多个，四级公司更是遍布全国。在注册资金不到位，资金不足的情况下，本应采取重点战略，以求在部分项目上取得突破，打下基础后再进行扩张。然而，该公司却采取分散兵力，盲目扩张的方式。

几年过去了，偌大的一个公司，竟没有像样的主业支撑，没有知名的品牌挑台，再加上内部管理上的混乱，注定难逃失败的厄运。对其下属的子公司，既没有正确有力的经营战略指导，又没有有效的控制机制，结果，这些公司经营不力，与总公司的关系也极为不正常。挣钱的公司失去控制，不挣钱的公司却围着总公司，要贷款，要担保；欠了债，惹了官司的公司，把官司推给总公司，致使总公司的财务部曾在一年之内被法院封了三次。

由于盲目扩张，致使公司从1994年开始，资金周转困难，债台高筑，对下属公司的管理失控，陷入了全面危机。于是，国务院及主管部门下令该公司内部整顿，收缩战线，确定主导产业。但是已病入膏肓的中联公司，已无力自救，于1997年，国务院不得不派驻工作组，对该公司进行全面清理整顿。一个曾红极一时的国有大公司倒下了。

【引例分析】

案例中的公司经历了由大到乱、到衰，这说明企业的成败在于科学的管理，在于正确的战略，在于战略计划的控制。控制是对各项活动的监视，从而保证各项行动按照计划进行并纠正各种显著偏差。任何企业脱离了科学的控制，只会失败。

1. 营销计划的组织实施

企业营销计划的实施，通常包括以下几个步骤。

1.1 发现和诊断问题

当企业营销计划执行后，如果未达到预期的效果，营销人员需对出现的问题予以诊断，适时调整营销策略，解决问题。

1.2 找出问题所在的层次

现代企业一般有三个营销层次：一是营销管理层次，二是营销规划层次，三是营销功能层次。

1.3 具体执行

任何一位营销人员在有效执行计划时，应尽可能掌握以下四种方法或技能。

（1）分配的方法；

（2）控制的方法；

（3）组织的方法；

（4）影响他人的技能。

1.4 评价执行结果

对于营销计划的执行结果，可从以下一些方面进行考察：

（1）营销策略是否正确；

（2）市场细分是否得当；

（3）营销规划是否统一；

（4）职能部门是否协调一致；

（5）预算是否切实可行；

（6）监督检查机制是否健全。

2. 市场营销控制的含义

市场营销控制就是依据营销计划，检查衡量营销计划的执行情况，并根据偏差调整营销活动，或调整营销计划。

3. 市场营销控制的步骤

市场营销的控制分为六个步骤，如图 10－3－1 所示。

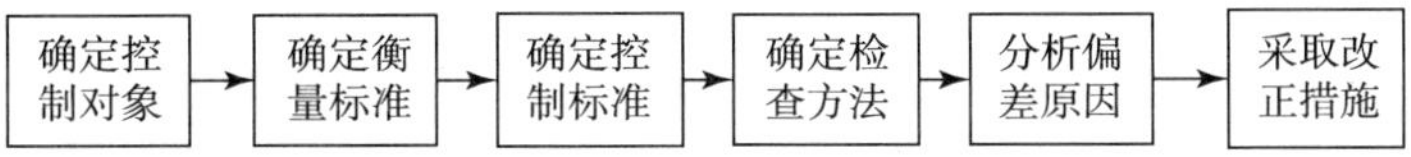

图 10－3－1　市场营销控制的步骤

4. 市场营销控制的类型

市场营销控制主要有四种类型：年度计划控制、盈利能力控制、效率控制和战略控制。市场营销控制类型如表 10－3－1 所示。

表 10－3－1　市场营销控制类型

控制类型	负责人	控制目的	控制方法
年度计划控制	最高主管； 中级管理人员	检查计划目标是否完成	销售情况分析； 市场占有率分析； 营销费用率分析； 财务分析； 用户反映跟踪
盈利能力控制	营销主管人员	审查企业盈亏原因	各产品、地区、细分市场、分销渠道的盈利能力分析
效率控制	管理人员； 营销控制人员	评估与提高经费开支的效率及效果	人员推销效率； 广告效率； 营业推广效率； 分销效率
战略控制	最高主管； 市场营销审计人员	检查企业是否最大限度地利用了市场营销机会	市场营销审计

4.1　年度计划控制

年度计划控制是一种短期的即时控制，是营销管理人员根据年度计划，监控营销效果，并采取改进措施的控制。年度计划控制包括四个主要步骤（如图 10－3－2 所示）：

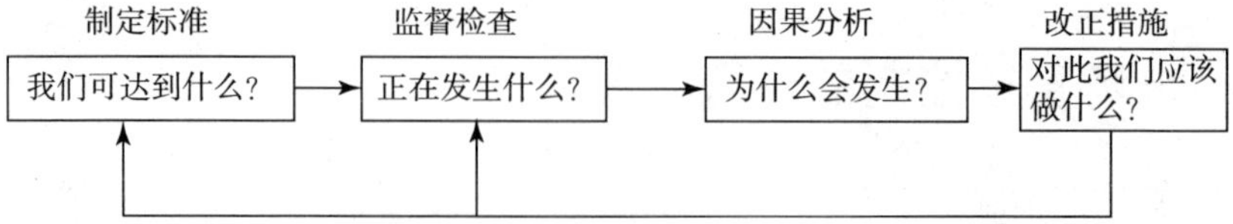

图 10－3－2　年度计划控制步骤图

（1）制定标准，即必须在年度计划中建立本月或本季度的目标，如销售目标，利润目标等。

（2）监督检查，即营销管理者必须跟踪目标在市场上的执行情况。

（3）因果分析，即管理者必须对任何严重的偏离行为的原因作出判断。

（4）改正措施，即采取最佳行动，使目标与计划一致。

年度计划控制的方法有以下五种：

（1）销售情况分析。

①销售差距分析；

②区域销售分析。

（2）市场占有率分析。

①总的市场占有率分析；

②可达市场占有率分析；

③相对市场其他三个竞争者的市场占有率分析；

④相对市场最大竞争者的市场占有率分析。

（3）营销费用率分析。

（4）财务分析。

（5）用户反映跟踪。

4.2　盈利能力控制

企业必须对产品、地域、消费者群体、细分市场、分销渠道和订货量的盈利能力进行分析控制。这方面信息可帮助管理层决定产品或者营销活动是应该扩大、收缩或者取消。营销盈利能力分析的第一步，确定各种活动所引起的职能性费用（如广告和货运）；第二步，企业测量通过各种渠道进行销售所产生的职能性费用；第三步，企业为每种渠道编制一份营销损益表，并对各表进行分析。

4.3　效率控制

假设盈利分析揭示了企业在某些产品、地域或市场的盈利情况较差时，管理层必须询问，是否存在更加有效的方法来管理与这些营销工作相联系的销售队伍、广告、促销和分销活动。效率控制就是指运用一系列指标对营销的各项工作进行日常管理的方法，这些指标包括：

（1）销售人员的效率控制指标；
（2）广告效率控制指标；
（3）促销效率控制指标；
（4）分销渠道效率评价指标。

4.4　战略控制

4.4.1　战略控制与营销审计

战略控制是总体目标的控制，企业必须经常对其整体市场营销活动作出检查和评估，最常用的工具是市场营销审计。

营销审计是对企业或一个业务部门的营销环境、目标和活动等方面所作的全面、系统、独立和定期的检查，确定问题范围和发展机遇，提出可行的解决方案以提高总体营销效益的一种控制方法，具有综合性、系统性、独立性和定期性的特点。

4.4.2　营销审计步骤

（1）了解企业目标，确定审计范围；
（2）检查各项企业目标实际情况；
（3）确定计划的执行是否尽自己所能；
（4）检查企业组织内部信息的沟通，权责的分配是否合理；
（5）提出改进措施。

4.4.3　市场营销审计的内容

（1）市场营销环境审计。

包括对市场、消费者、竞争对手、经销商等市场营销环境的分析评价，并在分析人口、经济、生态、技术、政治、文化等环境因素的基础上制定企业的市场营销战略。

（2）市场营销战略审计。

主要考察企业营销目标、战略与当前及预期的营销环境相适应的程度。

（3）市场营销组织审计。

主要是检查企业营销组织对环境变化的适应能力和实施企业组织战略的能力。

（4）市场营销系统审计。

它具有审查包括市场营销信息系统、市场营销计划系统、市场营销控制系统和新产品开发系统运行的有效性，对外部变化反映的灵敏性及各系统之间的协调性。

（5）市场营销效率审计。

它是检查企业各类系统所具有的获利能力和开展各项营销活动的成本收益。

（6）市场营销职能审计。

它是对企业的市场营销组合各因素（即产品、价格、地点、促销）的检查评价。

营销审计的目的在于确定营销问题，找出正确的计划，以便提高该组织的总体营销效益。尽管其出现的历史不长（20 世纪 70 年代逐渐发展起来的），但由于它作为加强市场营销管理的一个有效工具，越来越受到一些前瞻性管理者的重视，也成为营销理论发展的一个亮点。

【同步案例】

可悲的哈勃（Hubble）太空望远镜

经过长达 15 年的精心准备，耗资超过 15 亿美元的哈勃太空望远镜终于在 1990 年 4 月发射升空。但是，美国国家航天管理局（NASA）却发现望远镜的主镜片存在缺陷，由于直径达 94.5 英寸的主镜片的中心过于平坦导致成像模糊，因此望远镜对遥远的星体无法像预期那样清晰地聚焦。结果造成一半以上的实验和许多观察项目无法进行。

更令人觉得可悲的是，如果有一点更好的控制，这些缺陷是可以避免的。镜片的生产商珀金斯—埃尔默公司，使用了一个有缺陷的光学模板来生产如此精密的镜片。

具体原因是：在镜片生产过程中，进行检验的一种无反射的校正装置没有设置好，校正装置上的 1.3 mm 的误差导致镜片研磨、抛光成了错误的形状。但是没有人发现这个错误。具有讽刺意味的是与其他许多 NASA 项目不同，这一次并没有时间压力，而是有充分的时间来发现望远镜上的错误。实际上，镜片的粗磨在 1978 年就开始了，直到 1981 年才抛光完毕. 此后，由于“挑战者号”航天飞机失事，完工的望远镜又在地上待了两年。

NASA 中负责哈勃项目的官员，对望远镜制造过程中的细节根本就不关心。事后航天局一位 6 人组成的调查委员会的负责人说：至少有三次明显的证据说明同样问题的存在，但这三次机会都失去了。

思考题

是什么原因导致哈勃太空望远镜成像模糊？如果你是该项目负责人，你认为应如何避免？

【习题与思考题】

（一）单选题

1. 生产海尔冰箱的海尔集团推出海尔空调，其发展新业务的战略属于（　　）。

A. 同心多角化　　B. 水平多角化
C. 集团多角化　　D. 垂直多角化

2. 武汉啤酒厂采取种种措施在现有的湖北市场上扩大该厂行吟阁啤酒的销售，这属于（　　）战略。

A. 市场开发　B. 产品开发　C. 规模经营　D. 市场渗透

3. 星巴克在当前的市场区域开设新店，方便更多的顾客惠顾，它实施的是（　　）。

A. 市场开发　B. 产品开发　C. 市场渗透　D. 多角化

4. 某实力雄厚的大型汽车公司兼并了若干个弱小汽车公司，它的这种增长战略是（　　）。

A. 前向一体化　　B. 后向一体化
C. 水平一体化　　D. 同心多元化

5. 汽车厂收购或兼并轮胎厂是实现（　　）战略的表现。

A. 前向一体化　　B. 后向一体化
C. 横向一体化　　D. 横向多角化

6. 某食品加工厂通过合资经营的方式建立原材料生产基地，这种业务增长方式属于（　　）。

A. 前向一体化　　B. 后向一体化
C. 水平一体化　　D. 水平多角化

7. 服装制造厂收购或兼并纺织厂是实施（　　）战略的表现。

A. 前向一体化　　B. 后向一体化
C. 横向一体化　　D. 横向多角化

8. “欧莱雅”化妆品公司兼并了“美宝莲”化妆品公司，这属于（　　）发展战略。

A. 前向一体化　　B. 后向一体化
C. 水平一体化　　D. 同心多角化

9. 长虹集团利用原有的技术、经验发展并增加了彩电的种类和品种，这种做法是（　　）。

A. 水平多角化　B. 同心多角化　C. 集团多角化　D. 产品开发

10. 通常市场营销计划需要提交（　　）或有关人员审定。

A. 营销机构　B. 企业领导　C. 上级主管　D. 营销组织

11. 战略控制的目的是确保企业目标、政策、战略和措施与（　　）相适应。

A. 市场营销环境　　B. 市场营销计划
C. 推销计划　　D. 生产计划

12. 市场营销计划的提要部分是整个市场营销计划的（　　）所在。

A. 任务　　B. 精神　　C. 标题　　D. 目录

（二）多项选择题

1. 市场营销计划包括的内容有（　　）。
   A. 背景现状　　B. 目标设定　　C. 战略选择　　D. 战术方案
   E. 摘要
2. 市场营销控制包括（　　）。
   A. 战术控制　　B. 盈利控制　　C. 效率控制　　D. 战略控制
   E. 年度计划控制
3. 年度计划控制的内容是（　　）。
   A. 盈利率　　B. 市场占有率　　C. 费用率　　D. 效率
   E. 销售额
4. 市场营销计划对背景或现状的分析，应涵盖（　　）。
   A. 市场　　B. 消费者　　C. 产品　　D. 竞争者
   E. 经销商
5. 市场营销计划实施中，会出现（　　）的问题。
   A. 计划脱离实际　　B. 长期目标与短期目标相矛盾
   C. 实施新计划有一定阻力　　D. 没有具体而明确的行动方案
   E. 因循守旧的惰性

（三）思考题

1. 如何制定稳健、可行的市场营销计划？
2. 简述效率控制的主要内容。

【案例阅读与分析】

格兰仕的战略演变

格兰仕集团从1978年成立至今，已发展成为一家与全球200多家跨国公司建立全方位合作联盟的全球化家电专业生产企业，它也是中国家电业最优秀的企业集团之一。

2003年，格兰仕集团的年销售额突破100亿元，出口创汇5亿美元，顺利实现年度销售目标。纵观集团的发展历程，可以划分为创业、转型和国际化三个发展阶段。随着公司的发展，它的战略类型也发生了不同的变化。

一、创业阶段（1978—1992年）

这一时期，公司主要经营羽绒和服装等产品。

1978年，梁庆德带领十余人筹办羽绒制品厂。1979年，广东顺德桂洲羽绒厂（格兰仕公司的前身）成立，以手工操作洗涤鹅、鸭羽毛供外贸单位出口，年产值46.81万元。1983年，桂洲羽绒厂与港商、广东省畜产进出口公司合资兴建的华南毛纺厂建成并投产，引进日本最新型号的粗梳毛纺生产线，年产量300吨，年创汇400多万美元。1984年，桂洲羽绒厂扩建，水洗羽绒生产能力达600吨，年产值达300多万元。1985年，桂洲羽绒厂更名为“桂洲畜产品工业公司”。到1987年，与港商合资成立华丽服装公司、与美国公司合资成立华美实业公司，生产羽绒服装和羽绒被直接出口。1988年，桂洲畜产品企业（集团）公司成立，其成员企业包括“桂洲畜产品工业公司”以及该公司与外商合资的3家工厂，年产值超过1亿元。1989年，与港商合资的桂洲毛纺有限公司投产；1990年，公司全面实行现代企业制度改革；1991年，中外合资的华诚染整厂有限公司建成投产。至此，公司的经营业务包括原白色兔毛纱出口、染色纱出口、纱线染色加工、羽绒被、服装等制品生产、出口。同时，格兰仕牌羽绒被、服装开始在国内市场销售，仅羽绒被年销售额就达1 500万元。1992年6月，公司更名为广东格兰仕企业（集团）公司，格兰仕牌羽绒系列制品全国总销售额达3 000万元，集团公司总产值达几百亿元人民币，年出口达2 300万美元。

二、转型阶段（1992—1997年）

这一时期，公司经营重点由羽绒和服装产品转向微波炉产品。

1991年，格兰仕最高决策层普遍认为，羽绒服装及其他制品的出口前景不佳，并达成共识：从现行业转移到一个成长性更好的行业。经过市场调查，公司初步选定家电业为新的经营领域，并进一步地选定小家电为主攻方向，最后确定以微波炉为进入小家电行业的主导产品（当时，国内微波炉市场刚开始起步，生产企业只有4家，其市场几乎被外国产品垄断）。

公司领导层做出决策后，首先聘请上海微波炉专家组建了一支优秀的技术人员队伍，同时从日本东芝集团引进具有20世纪90年代先进水平的自动化生产线，并与其进行技术合作。1992年9月，中外合资的格兰仕电器有限公司开始试产，第一台以“格兰仕”为品牌的微波炉正式诞生。1993年，格兰仕试产微波炉1万台，开始从以纺织业为主转向以家电制造业为主。1994年，格兰仕集团推行股份制改革，集团骨干人员贷款购买公司股份并成为公司的主要股东，依照现代企业制度重组公司的治理结构，初步建立了一个遍布全国的销售网络。1995年，格兰仕微波炉销售量达25万台，市场占有率为25%。1996年8月，格兰仕集团在全国范围内打响微波炉的价格战，降价幅度平均达40%，带动中国微波炉市场从1995年的不过百万台增至200多万台。格兰仕集团以全年产销量65万台的规模，占据中国市场的34.7%，部分地区和月份的市场占有率超过50%。1997年2月，国家统计局授予格兰仕“中国微波炉第一品牌”称号。同年10月，格兰仕集团第二次大幅降价，降价幅度达29%～40%。全年微波炉产销售量达198万台，市场占有率达47.6%以上，稳居第1位。

三、第三阶段（1998年至今）

这一时期，公司采取相关多元化战略，经营产品从微波炉拓展到电饭煲等小家电领域。

1995 年以来，格兰仕微波炉国内市场占有率一直居第 1 位，达到 60% 以上。在此基础上，格兰仕集团于 1998 年开始实施新的战略：通过国际化与多元化，实现全球市场小家电多项冠军的宏伟目标。

1998 年，格兰仕微波炉年产销量达 450 万台，成为全球最大规模、最专业的制造商。同时，格兰仕集团投资 1 亿元进行自主技术开发，并在美国建立研发机构；下半年利用欧盟对韩国微波炉产品进行反倾销制裁的机会，格兰仕微波炉大举进入欧洲共同体市场，从单项微波炉走向产品多元化，全年豪华电饭煲产销规模达到 250 万台，成为全球最大的制造商。

1999 年 1 月，格兰仕结束最后一项轻纺产业毛纺厂，全面转型为家电集团。同年 3 月，格兰仕北美分公司成立，同时在美国成立微波炉研究所，向市场推出新开发的品种达百余种，其产品融入了新开发出的专有技术；聘请安达信公司为集团财务顾问；全年销售额达 29.6 亿元，微波炉销售量达 600 万台，其中内销与出口各占 50%，国内市场占有率为 67.1%，稳居第 1 位，欧洲市场占有率达 25%；在关键元器件供应领域，开始采取垄断战略；电饭煲国内市场占有率达 12.2%，居第 3 位。

2000 年 9 月，公司宣布进军空调产业，通过在全球产业链中的强强合作，迅速建立起国际一流的高度自动化生产线；2001 年度内销实现 40 万台，2002 年产能扩张至 300 万台。

到 2003 年，格兰仕已打造出“全球微波炉制造中心”“全球空调制造中心”“全球小家电制造中心”“全球物资管理中心”四大基地，微波炉制造、光波炉制造世界第一。至此，格兰仕集团的多元化和国际化经营步伐仍在加快。

思考题

1. 格兰仕经营成功的关键因素是什么？
2. 简述格兰仕创业以来的战略转变过程。

【实训操作】

实训项目 模拟企业对抗演练

实训目的 使学生掌握营销活动管理的相关技能。

实训组织 组建公司—制定业务计划—组织业务实施—自我总结—考核点评

实训内容 组建模拟公司，并开展一次“采购—生产—销售”的完整业务过程。

实训考核 模拟企业的规范性；营销计划的适应性；业务流程的协调性。

项目十一

营销伦理与道德营销

【学习目标】

知识目标

1. 掌握营销伦理和道德营销的基本概念和相互关系

2. 联系实际掌握实施道德营销的基本流程和基本组合。

能力目标

能有效防控不道德营销行为的发生。

任务一　市场营销伦理概述

【引导案例】

1996年年初，位于某市东部地区的一家大型百货商厦开张了。正当顾客们熙熙攘攘地在商厦中选购物品时，人群中忽然出现了一个千百万中国人民非常熟悉的毛泽东的形象，他操着人们同样熟悉的毛泽东的湖南口音，对顾客们说道："同志们好。××商厦今天开张，它的商品非常丰富，价格也很便宜，希望大家尽情选购。"一时间，商厦秩序大乱，顾客们蜂拥而上，希望能一睹久违的毛泽东的形象。

原来，这是该商厦为开张而精心策划的一次促销活动。他们为了加深顾客对该商厦的印象，并试图引起某种轰动效应，挑选了一个在外形上酷似毛泽东的人，扮成人们所熟悉的毛泽东的形象，来为商厦作宣传。

【引例分析】

因《中华人民共和国广告法》规定，不得使用国旗、国家领导人及机关工作人员形象做广告形象，该商厦为了开张做促销活动，挑选外形类似毛泽东的人，虽然引起轰动效应，但是钻了法律的空子，违背了市场营销的伦理道德。

1. 营销伦理的本质及其特性

营销伦理（Marketing Ethics）是商业伦理学的一个应用分支，是指对营销策略、营销行为及经营道德的判断标准，即判断企业营销活动是否符合消费者及社会的利益，能否给广大消费者及社会带来最大幸福的一种价值标准。

营销伦理影响到企业各个方面的活动，包括营销策略的制定，目标市场的选择，产品策略、价格策略、分销策略以及促销策略中的人员推销、广告、营业推广等策略的制定和运用。营销伦理的独特性主要表现在：

（1）外显性。

企业想要实现自己的目的，获得收益，必须通过营销活动向外输出产品或提供劳务。但能否获得社会的承认，不仅是营销技巧的问题，而且还是营销伦理水平的问题。

（2）广泛性。

任何企业的产品都有一定范围的消费者。企业规模越大，产品越多，市场占有率越高，其营销伦理的影响面也就越广。

（3）直接性。

消费者一旦购买某种产品或接受某种劳动服务，便与该商品的生产者构成了一种权利与责任的关系，即形成了直接的利益共同体。企业的营销伦理就直接维护着这一利益共同体。

（4）互动性。

消费者与企业之间有着直接的利益关系，因此营销伦理的作用不是单向的而是双向的，表现出一种极强的互动性。这种互动的结果是要么产生共鸣，要么此消彼长，要么相互抵消。

（5）持久性。

一般情况下，企业都会按照一定的营销伦理水平来培养一定层面的消费者并极力维护这一共有的利益共同体，保持或扩大市场占有率，实现利润的稳定增长。实践表明，较高的伦理水平能给消费者带来超值的享受，并使消费者产生一种长期的、由衷的信赖感。

2. 市场营销伦理的理论基础

2.1 罗斯的显要义务理论

它包括六项基本内容：诚实、感恩、公正、行善、自我完善、不作恶。

优点：鼓励营销人员如实履行凭借直觉意识所应承担的责任和义务；强调这

些责任和义务贯穿营销活动的全过程，避免只问结果不问过程的片面性。

缺点：将营销中的道德责任和义务完全归结为正常人的直觉和意识的反映，难免带有主观色彩。

2.2　加勒特的相称理论

该理论认为应该从目的、手段和后果来判断一种行为是否符合道德，并提出了“大恶”和“小恶”、“相称理由”的概念。

优点：为营销行为道德合理性的判断提供了思考框架；要求营销人员不要从事会给他人造成利益损害又提不出正当理由的营销活动；提出了“大恶”“小恶理论。

缺点：带有主观臆断的含糊不清的色彩。

2.3　罗尔斯的社会公正理论

该理论遵循自由原则和差异原则。

优点：公正原则强调了人的权利与责任；差异原则要求树立道德公正的营销观念，重视处于弱势地位消费者的需求。

缺点：两条原则有时会相互矛盾，依然不能解决营销活动中的道德冲突。

3. 营销伦理问题产生的根源

（1）参与营销活动各方的期望差异。营销者要跟顾客、批发商、零售商、广告公司、研究机构、媒体、政府部门、公众等利益相关者打交道，每一方都有期望，例如，顾客在购买东西时有以下期望：受到销售人员公平的对待，价格合理，获得广告上所宣称的产品。营销者则希望扩大市场份额，增加销售额等。

（2）营销者比企业中其他人员如工程技术人员、生产人员、人力资源管理人员、财务人员等面临市场竞争的压力更直接、更大。一般来说，竞争越激烈，决策行为的道德水平越低。

（3）营销活动中存在信息不对称，使企业有可能通过伤害消费者利益的方式获取自身利益。

（4）营销活动更受人关注。市场营销行为中不道德行为也更容易被外部人士（如顾客、竞争者、供应商、政府和公众）看到。

4. 顾客满意与营销伦理

以下是几种顾客满意观：

（1）顾客就是上帝。顾客是我们工作的目的，我们为他们服务，他们给我们恩惠；从未有人同顾客争辩取得胜利。

（2）顾客是明君。松下幸之助不同意把顾客视为国王，他反对无条件服从顾客，他认为应该从更高更长远的角度来考虑顾客的利益，为企业着想，为社会着想。

（3）顾客是亲人。企业不能只是简单的满足顾客的需求，而应该从顾客的利益出发去引导需求，只有将顾客视为亲人，才能切实履行对顾客的关怀的责任，保证顾客的利益不受侵害。

任务二 道德营销概述

【引导案例】

2008 年注定是中国乳制品行业的冬天。首先是三鹿婴幼儿奶粉受到三聚氰胺污染，使多名儿童患上“双肾多发性结石”和“输尿管结石”，甚至有患儿死亡的案例。随着三鹿奶粉事件影响持续扩大，蒙牛、伊利、雅士利等企业产品也出现不合格。人们还没缓过神来，大白兔奶糖甲醛风波又严重刺激了人们的神经。面对这一连串触目惊心的事件，人们不禁要问：昔日引以为自豪的民族名牌纷纷马失前蹄究竟为哪般？其实答案很简单：企业营销道德建设严重缺失。目前，我国营销道德的现状不容乐观，尤其是在我国最近连续发生的诸如保健品广告中涉嫌的虚假宣传，SK－Ⅱ化妆品的质量和退货问题，以及最近闹得沸沸扬扬的三鹿奶粉事件使得营销道德问题越发凸显出来。企业不道德营销行为存在于营销活动的各个环节，这些不道德营销行为严重影响了消费者与社会的利益，同时也制约着企业的长期发展。在此背景下，对企业营销道德建设的研究迫在眉睫，刻不容缓。

【引例分析】

一个三鹿奶粉，我们付出了很大的代价。因三鹿奶粉影响的儿童达到 3 000 万，国家花了 20 亿，这个教训应该说是很深刻的，不是一个企业，也不是一个地方，是我们整个民族应该吸取的。不应为了自身利益而损害整体利益，企业家的身上应该流淌着道德的血液。对于我们的企业来讲，对于整个社会来讲，道德问题十分重要。我认为诚信和道德是现代社会应该解决的紧迫问题。第一是爱人。仁者，人也，仁者爱人。每个企业家或者社会的每个成员都要知道热爱群众、热爱国家。第二，要有同情心。己所不欲，勿施于人。同情是道德的基础，我们的企业如果只考虑自己的利益，甚至见利忘义，把自己挣的钱建立在别人的痛苦甚至生命上，那是可悲的，也是法律所不允许的。

当今世界，营销可以说是无处不在，无时不在。营销已成为企业最重要的一项职能，营销从业人员越来越多，营销手段五花八门，令人目不暇接，营销活动对公众和社会的影响日益加深。然而，在人们享受有益营销活动所带来的好处的同时，营销活动也受到了越来越多的非议。特别是每年的“3·15”晚会，揭露了许多企业在营销活动中的不道德行为，造成了全社会的信任危机。因此，现代营销必须讲求道德，实施诚信营销，使企业在消费者心目中树立起良好的形象，实现企业的可持续发展。

1. 营销道德不同于道德营销

道德营销是指合乎道德的营销，要求企业的营销活动不仅要坚持以需求为导向，而且要符合道德要求，在考虑消费者现实需要的同时，还要兼顾他们的潜在需要和长远利益，不仅要满足消费者的利益，还要关注其他利益相关者的利益。总之，道德营销是在合乎道德的前提下，通过整体营销活动，实现企业的目标。

营销的道德问题实际上贯穿了企业营销的全过程，从产品生产到分销，到渠道和传播，这是一个非常复杂的过程。CEO 们相信，恪守道德能使企业获得更好的收益。企业应协调利润赚取与道德追求。

那么对于营销道德是如何定义的呢？营销道德的定义是：调整企业与所有利益相关者之间的关系的行为规范的总和，是客观经济规律及法制以外制约企业行为的另一要素。虽然它的有无不是同行或竞争者衡量一个企业成功的必要条件，但却是社会衡量它是否健康发展的一个标尺。

2. 典型的不道德营销行为

2.1　市场调研方面

市场调研是企业获取市场信息并依此确定经营战略的重要途径。因此，能否获得准确的市场信息尤其是有关竞争对手的经济情报，对于企业来说是至关重要的。谁拥有准确的市场信息和有关竞争者的情报，谁就能在激烈的市场角逐中立于不败之地。于是，一些企业就千方百计通过不正当手段来达到自己的目的。例如：派人打入其他企业窃取情报；用重金收买竞争对手的管理人员和技术人员，使之泄露重要机密；明知第三者是以不正当手段获得有关竞争对手的商业秘密，仍通过给第三者好处从而索取到该商业秘密；以顾客身份搜集竞争对手的经营情报，等等。上述行为显然是不符合道德、法律规范的营销行为。

2.2 产品方面

产品策略是企业市场营销策略的支柱和基础，因为企业的生产同社会需要的统一是通过产品来实现的，企业与市场的联系是通过产品在市场上的交换来体现的，而企业对外部营销环境的适应也集中反映在企业能否为社会及广大用户提供所需要的产品。产品是企业生产活动的起点，是企业经营活动的主要内容，产品策略能否正确制定和实施，直接关系到企业的生死存亡。因此，一些企业在市场营销活动中以社会市场营销观念为导向，在谋求企业利润的同时，兼顾了消费者的利益和社会的利益，取得了较好的效果。然而，有些企业则只注重眼前的利益，不仅没能坚持社会市场营销导向，反而采用不正当手段牟取非法利润。主要表现为：假冒、仿制他人产品或注册商标；生产和销售劣质产品；擅自使用与众所周知的他人特有的商品（或服务）相同或近似的名称、包装、商标或标记；在商品上隐匿依法应当标明的商品质量、制作成分、性能和用途；使用劣质或不符合要求的包装、过度包装，例如：几元钱的月饼配上 100 多元的包装就卖几千，5 元的包装盒，里面装上几个一元钱一个的，散装月饼，就能卖到一二百元。有些产品无产品质量合格证明，无产地、生产者厂名及厂址，无生产日期和使用期限，或标识模糊，或作虚假标示等；产品销售出去后无售后服务保证；在产品生产、经营过程中还带来生态环境破坏等外部不经济问题。

典型案例

近年来有些生产企业为了使月饼显得高级，使用金、银色的月饼托盛装月饼。这些颜色鲜艳的月饼托，有些是使用再生塑料加入金粉和银粉制成的。而这些再生塑料来源复杂，有些甚至来自于医疗垃圾、农药瓶等。使用再生塑料与金、银粉制成的月饼托内，含有大量的有毒物质与重金属。“月饼本身含油量比较大，极易溶出这些有毒物质，其中汞和镉是两种毒性较大的重金属。汞在被人体食用后会沉入肝脏中，对大脑、神经、视力破坏极大。镉可取代骨骼中部分钙，引起骨骼疏松软化而痉挛，严重者引起自然骨折甚至致畸。镉还会导致高血压，引起心脑血管疾病，破坏肝肾，并能引起肾功能衰竭。”

2.3 价格方面

串谋定价如价格歧视、掠夺性定价、价格欺诈与误导性定价、暴利价格等。例如：上海移动“动感地带”的资费促销价是网内用户每分钟 0.15 元，但同一时段网外通话为每分钟 0.30 元。同样，在 5 月 1 日推出的神州行大众卡中，上海移动坚持了“网内概念”。移动网内电话的基本通话费为每分钟 0.15 元，在上海本地接听中国移动网内电话免费，而本地网间包括与联通及固话用户通话单价仍为 0.6 元。

2.4　渠道方面

渠道营销在企业营销组合中占有重要地位，既关系到企业产品的销售，又影响到营销效率的提高。在现实的营销活动中，有些企业能正确选择中间商或通过正常的途径销售自己的产品，有些企业则不然，他们在销售商品的过程中，骗买骗卖，或不讲商业道德，不讲信誉，不尊重当事人的愿望，强买强卖，或利用某种优势，限制竞争，进行垄断等。

2.5　促销方面

商业广告中的问题，如：诈骗性广告，包括无中生有，过于夸大事实，设置圈套，误导消费者；失真广告，包括名不符实，广告设计失真；广告发布频率过于频繁等。人员推销中的问题，如：强制推销；捆绑式推销；欺骗性推销，如传销；推销人员不诚实，花言巧语；盲目上门推销等。销售促进中的问题，如：不合理的打折、赠券，低价倾销伪劣商品等。公共关系中的问题，如：夸大宣传；处理社会关系失当；通过各种途径蒙骗消费者等。

3. 不道德营销行为的危害

不道德的营销行为，不仅损害了广大消费者的利益，而且破坏了公平竞争秩序，损害了其他竞争者的利益，同时也给企业自身带来了严重的危害。具体来说有以下几点。

（1）不道德营销行为损害了广大消费者的利益。

市场营销的本质在于实现企业利润目标的同时，满足广大消费者的需求。消费者是企业的“上帝”。但是，病态营销行为所表现的制售假冒伪劣产品；漫天要价，乱“宰”顾客；利用虚假广告进行欺诈，骗买骗卖等，对广大消费者而言，不仅造成了他们经济上的损失，而且影响到他们的身心健康，严重者会危及他们的生命安全。最为明显的案例就是 2008 年的一连串触目惊心的食品安全事件。奶粉源受到工业原料的污染，导致全国数千名儿童患上“双肾多发性结石”和“输尿管结石”，甚至有数百患儿死亡的案例，极大地损害了消费者的利益和全国人民对国货的信心。该事件波及整个奶制品行业，影响极其恶劣、深远：破产、倒闭、变卖资产，至今奶制品行业仍未完全回暖。可以看出短期或许可以获得丁点利润的不道德营销行为对企业甚至行业的长期发展而言的危害有多大。

（2）不道德的营销行为破坏了公正的竞争秩序。

公正性是市场竞争的一条基本原则。只有公正公平有序的市场才能创造买卖双方的共赢，也才能使企业长期健康的发展壮大。然而，有些企业为了排挤竞争对手，扩大其产品的市场份额或是独占市场，通过不正当、不合法手段窃取他们的商业秘密；用贿赂的方式推销商品；在广告或宣传中诋毁、贬低竞争对手的商业信誉或产品声誉；用低于成本的价格进行倾销等，所有这些行为的出现，无不损害市场竞争的公正性原则，使市场竞争秩序受到破坏，严重地影响了其他企业的生产经营活动。这些企业在短期内或许能获得一些经济利益但若长此以往会使消费者对这一品牌甚至这一行业产生误解，进而使该企业处于不利的竞争地位，损害其正当利益。

（3）不道德营销行为也严重损害了企业自身的利益。

由上可知无论是制造、销售假冒伪劣产品，还是用虚假广告进行骗买骗卖，以及采用其他不正当营销手段，从短期看，企业由于欺骗消费者，引诱消费者上钩而获取了眼前的利益，但从长远看，其违法活动一旦被揭露、曝光，必然危及本身的声誉和信誉，遭受社会舆论的谴责，受到消费者的唾弃，最终失去顾客和市场。

由此看来，病态营销行为现状必须加以改善。在这一过程中，我们不仅要认识到其危害，还要看到社会的各个方面对营销道德的需要，从而真正意识到营销道德建设的必要性。

4. 现代营销必须讲求道德

现代营销中企业必须讲求的基本营销道德主要有以下几点。

（1）守信。俗话说："一言既出，驷马难追。"在现代营销中，守信居于举足轻重的地位。

（2）负责。负责即要求营销人员在营销过程中对自己的一切经济行为及其后果承担政治的、法律的、经济的和道义上的责任。

（3）公平。公平是社会生活中一种普遍的道德要求，它是以每个社会成员在法律上和人格上的平等为依据的。

4.1 树立诚信理念

诚信不仅是企业生存之本，更是企业营销之道。再好的营销策略失去了诚信，就不是成功的营销策略。而诚信本身就是最好的营销策略。

4.2 创新营销方式

（1）"透明营销"。如某制衣厂将自制的产品标签上公开标明面料及辅料的成分、用量、单位以及成衣的加工费、制造成本、工厂利税和零售价等，使消费者买得明白、买得放心。

（2）"揭短营销"。企业把产品的不足坦然地告诉顾客，显示出企业和商家一心为顾客着想的诚信精神和商业道德，以此来赢得顾客的信任，如汽车召回。

（3）"责任感营销"。它也属于一种诚信营销，它严格遵循生态准则，坚持适度营销原则，缩减在促销、广告上的费用，降低产品消费的社会总成本，实现企业、社会、消费者的共赢。

任务三　道德营销模式

【引导案例】

胡雪岩是著名的胡庆余堂国药号的创办人，他治店先树商业信誉，在胡庆余堂大厅里，胡雪岩挂了两块匾，对内一块是“戒欺”，对外的是“真不二价”，两块匾额见证了胡雪岩所追求的商业信誉和商业道德。因此，胡庆余堂在经营上体现出：所用之人真心实意，所购之材真材实料，所制之药真方实作，所卖之药真货实价。比如，胡庆余堂出售给顾客的人参，都是在购进时放入生石灰中吸过水分的，把含水量降到最低，就是保障顾客的利益，当然也会少赚钱，但是胡雪岩说，胡庆余堂要“采办务真、修制务精”。他要求胡庆余堂员工除了“勤谨能干”外，还需“诚实心慈”，因为只有品行端正的员工，才能时时注意药店品质，才能时时为顾客着想。胡雪岩经常挂在嘴边的一句话是“顾客乃是养命之源”。他要求胡庆余堂员工把顾客当作衣食父母来尊敬，以优质服务来赢得顾客。他虽是“红顶商人”，却不以势压人，他定规立矩，提倡戒欺，诚信经营，质量上乘，服务周到。130 多年过去了，胡庆余堂的名号仍旧享誉大江南北就是有力的证明。

讲究商业信誉，是以胡雪岩为代表的徽商信奉的经商信条。“经营信为本，买卖礼当先”“买卖公平天经地义，童叟无欺诚信为本”。赚钱、求利，是商人的经商目标。

【引例分析】

商道即人道。胡雪岩说，“无论为官为商，都要有一种社会责任，既要为自己的利益着想，也要为天下黎民着想，否则，为官便是贪官，为商便是奸商，这两种人都是没有什么好下场的。”他创立的胡庆余堂有一副对联“修合虽无人见，诚心自有天知”，表明了诚心自守的商业道德和商业精神。

以胡雪岩为代表的徽商，能执中国商场牛耳数百年，靠的就是代代相传的诚信经营，靠的就是“戒欺”，靠的就是“真不二价”。这些老祖宗传下来的宝贵的商业道德伦理，的确值得处在今天发达的商品社会的我们去精心摹刻、传承发扬。相比胡雪岩等提倡这种高尚的商业伦理道德的徽商，那些投机取巧、见利忘义、坑蒙拐骗、以假乱真、制假贩假、唯利是图、心思歹毒的犯罪分子，不单是无地自容、人神共愤，更应受到国法严惩。

1. 道德营销

道德营销是一种创新的营销观念与方式，它强调的是一种以道德责任为基础的营销模式，目的是通过关注企业长远的发展利益，为企业的发展赢得大量的社会资源，使企业的长期战略得以实现。道德营销不是仅仅以实现企业利益的最大化为目的，它是对单纯以利益驱动为目的的策略或技巧性营销模式的否定，它是关注社会道德责任价值的深层次的营销创新。

道德营销具有策略性与战略性的统一，眼前利益与长远利益的统一，理论意义与可操作性的统一等特点。

2. 道德营销模式的基本构成

2.1 实施的主体

道德营销的实施不仅仅需要企业的努力，还需要社会这个大环境作为支撑。企业需要动员全社会力量实施道德营销，维护企业利益。

2.2 企业实施道德营销的流程

企业实施道德营销的流程是从上到下逐步实施，循序渐进。

2.3 道德营销组合。道德营销组合包括六个部分的内容：

（1）道德观（Morality）。

①功利主义道德观。它认为能给行为影响所及的大多数人带来最大利益的行为才是善的。合理性在于行为能给大多数人带来最大利益，行为必然是可善的。局限在于没有考虑取得最大化利益的手段，没有考虑所得利益的分配。

②权利至上道德观。它认为能尊重和保护个人的基本权利的行为才是善的。局限在于过高的保障期望会给社会经济发展带来负面效应。

③公平公正道德观。它认为管理者不能因种族、肤色、性别等产生歧视，这种道德在伦理上是完全正确的，但在实践中问题十分复杂。社会契约道德观，只要按照企业所在地区政府和官员都能接受的社会契约所进行的管理行为就是善的，局限在于契约具有很强的情境特征。

（2）问题（Matter）。

决定问题强度的 7 个特征为：

①某种行为的受害者或受益者受到多大程度的伤害或者得到多少利益？

②多少舆论认为这种行为是恶的或善的？

③行为实际发生和将会发生引起可预见的危害或利益的可能性有多大？

④在该行为和它所期望的结果之间，持续的时间有多久？

⑤在该行为和它所期望的结果之间，持续的时间有多久？

⑥一个人觉得（在社会、心理或物质上）与该行为的受害者或受益者有多接近？

⑦行为对有关人员的集中作用有多大？（法不责众）

（3）评价（Measure）。

道德问题的产生，会带来哪些评价，是否会触碰人们的心理承受能力，带来的是正面效应还是负面效应，波及的范围如何等。

（4）可能（Might）。

这是对道德舆论可能发展的趋势分析，即事态发展是否有进一步扩大的可能，要对未来发展趋势进行准确的分析，无论是从量上还是从质上。

（5）价值（Merit）。

消费者对企业营销决策的价值判断，即判断企业营销活动是否符合广大消费者及社会的利益，能否给广大消费者及社会带来最大的幸福。

（6）方法（Method）。解决问题的手段与行为方式有哪些，这些方法是否可以解决问题，解决问题的手段和方式不能跨域法律和道德的底线，否则将得不偿失。

3. 促成合乎道德的营销决策的途径

3.1　确立符合伦理道德的企业目的

企业目标的制定要考虑社会及利益相关者的利益。利益相关者理论逐渐完善和发展。企业要对利益相关者开展伦理管理，以德治企。以“双赢”策略处理与其利益相关者之间的关系。对内赢得员工的忠诚，建立良好的员工关系；对外赢得公众支持、顾客满意、投资者青睐和供应者信任。

3.2　制定伦理守则

伦理守则要明确：

（1）企业道德层次定位。

（2）企业道德管理策略。企业道德管理策略有自利导向策略、守法导向策略和正直导向策略。

①自利导向策略：讲道德是否有利于获得利益，有就讲道德，没有就不讲道德；

②守法导向策略：企业经营过程中将法律视为必须无条件遵守的准则，违法的事情即使能够带来利益也不能去做；

③正直导向策略：企业在经营过程中不仅要遵循字面上的法律，还要遵循法律的精神，进行伦理思考遵循企业伦理规范。

（3）企业倡导并要求所有员工遵守的伦理规范。企业伦理守则是处理内外部各种关系的指导原则。其主要内容包括：企业处理与顾客的关系，与供应者的关系，与竞争者的关系，与国家的关系，与自然环境的关系，与所有者的关系，与员工的关系，与管理者的关系，以及员工之间的关系的道德规范。还可包括处理与新闻媒体、公众、社区的关系等。

3.3 组织及人力资源管理

（1）组织结构。可以设立伦理委员会负责制定、发布、修改、解释、宣传企业伦理守则，并可对违反伦理的行为进行处理。设置伦理主管控制分权组织的潜在危险。

（2）招募道德素质较高的人。

（3）伦理培训。

3.4 领导以身作则

如果领导者能够率先示范，能以身作则地努力工作，能率先以身作则地去遵守制定的规章制度，这将是一种无声的命令、最好的示范，对员工的行动是一种极大的激励。

3.5 营销道德审计

营销道德审计是指对企业营销活动的道德状况进行审核。

4. 道德营销模式理念的基础——义利统一的价值观

道德营销模式的核心价值基础在于它的义利统一的思想。义是指道义、正义、社会公共利益或道德法则，而利一般是指物质经济利益，也包括精神文化利益。所以说义利关系实质是道德原则与经济利益之间的关系。它包含三重结构：公益与私益；人道与物用；公平与效率。

5. 加强我国企业道德营销的建设

加强我国企业道德营销的建设要做到以下几点。

（1）加速发展社会生产力，强化竞争机制。

运用经济规律制约非道德营销的行为建立和维持一定的伦理水平必须依赖于一定的社会经济基础，离开社会生产力的发展去谈营销伦理的建立和维持是不现实的。西方发达国家也曾出现过非道德营销行为泛滥的现象，这与当时较低的生产力水平相关。只有我国的买方市场建立在高度发展生产力的基础之上，才能为企业营销伦理水准的提高创造良好的市场环境。

（2）完善立法，严格执法。

尽管法律不能解决所有的营销伦理问题，但法律是伦理的基本保证和最低要求。如果法制不健全，无法可依，非道德营销行为就会泛滥。我国要加强法制建设，做到“有法可依、有法必依、违法必究、执法必严”，为企业营销的伦理要求提供必要的法律环境

（3）加强行业协会建设，强化行业监督。

行业协会是指由同行业的企业按照自愿或强迫的原则，自下而上组织起来的民间组织的统称。可以说，行业协会是以同一行业共同的利益为目的，以为同行企业提供各种服务为对象，以政府监督下的自主行为为准则，以非官方机构的民间活动为方式的非营利的法人组织。由于个别企业的非道德营销行为会损害全行业的商业信誉和利益，行业协会应针对本行业的特点，制定相应的营销道德准则以及对非道德营销行为的处罚规则，规范全行业的营销行为，维护全行业的利益。

（4）充分加强社会舆论的监督作用。

舆论监督意指公众通过舆论这种意识形态，对各种权利组织和其工作人员，以及社会公众人物（包括记者）自由表达看法所产生的一种客观效果。在当今社会，常常是以大众传播媒介作为舆论的载体表达公众的声音。运用舆论压力扶正除邪，促使企业改变营销伦理观念，促使其修正自己的行为。对于企业的非道德营销行为应借助新闻媒介的作用予以监督和约束，通过舆论的力量使其回到伦理营销的规范中来。企业应加强与消费者、社会公众和宣传媒体的沟通，检查自己的不足，促进营销伦理的进一步升华。

典型案例

网络舆论监督案例

2008 年最后一个月发生的“周至尊香烟”事件，为年度网络监督大戏拉下最后帷幕。羊城晚报记者北风写道：南京江宁区房产局局长周久耕在开会时的照片经网友分析显示，周久耕手边的烟是南京卷烟厂生产的“南京”牌系列“九五之尊”香烟，每条售价 1 500 ~ 1 800 元之间。同时，网友还发现，周久耕所戴的手表也是名表“江诗丹顿”，售价约在 10 万元；周久耕的公务员身份与其消费能力，引起网友的广泛兴趣。网友甚至发起了一场“看看当官的戴的是什么表”的“人肉搜索”。有论者认为，从事件中，“看到一种新兴的监督力量——网民：他们最无所顾忌，他们最没有利益纠葛。最重要的是，他们那么快捷、有效而且

廉价”。“零税收”被曝光于2008年3月，网友“老痘”发帖《公务员的工资条：月收入5 900，一分钱税都不交》，披露公务员税收黑洞。

(5) 广泛开展营销伦理教育，重视塑造企业文化。

营销伦理首先是一种理念，这种理念只有被企业及其员工广泛接受，才能成为企业的自觉行为。为此，必须广泛进行营销伦理规范的宣传和教育，树立正确的营销伦理观念，在营销活动中正确处理“义”与“利”的关系，把消费者和社会的利益放在第一位。欲取先予，避免短期行为。以营销伦理规范为核心进行企业文化建设，形成“重道德，讲信誉”的氛围，把营销伦理规范渗透到全体职工的意识中去，把执行营销伦理规范作为自己的基本责任，推动企业营销道德风尚的形成和发展。

【习题与思考题】

(一) 单项选择

1. 下面属于“价格策略”中的道德原则的是（　　）。

A. 恶性价格战　　B. 广告欺诈

C. 压强式推销　　D. 道德化包装

2. 下面属于“产品策略”的道德原则的是（　　）。

A. 道德化包装　　B. 明码标价

C. 价位相符　　D. 道德化广告

3. “高投资回报，企业稳定发展”的要求所属的利益相关者是（　　）。

A. 消费者　　B. 股东　　C. 债权人　　D. 供应商

4. 建立营销道德最根本的是企业要确立并实施（　　）。

A. 企业市场营销观念　　B. 人员推销观念

C. 产品组合观念　　D. 社会市场营销观念

5. 道德化品牌管理属于下面营销组合策略中道德原则的是（　　）。

A. 价格策略的道德原则　　B. 分销渠道的道德原则

C. 产品策略的道德原则　　D. 促销的道德原则

(二) 思考题

1. 什么是市场营销伦理，其本质和特征如何?

2. 道德营销与营销道德的区别。

3. 联系实际谈谈如何实施道德营销。

【案例阅读与分析】

山东某厂生产的瓜子，销路比不上济南燕山瓜子厂的“燕山牌”瓜子。为了将“燕山”瓜子搞臭，该厂印制了同“燕山”瓜子完全相同的包装袋3万多个，将本厂生产加工的劣质、次品瓜子装入袋内，而将质量好的瓜子装入自家牌子的瓜子袋内，销往市场，致使燕山厂的商品信誉急剧下降，产品连续三次降价仍然滞销，工厂濒临倒闭的边缘。

思考题

请运用营销的道德原则分析上述案例。

【实训操作】

实训题

收集企业在经营中出现的道德问题，形成报告，提出解决方案。

参考文献

[1] 科特勒，等．市场营销原理（亚洲版）[M]．何志毅，等，译．北京：机械工业出版社，2006.
[2] 科特勒，阿姆斯特朗．市场营销原理 [M]．郭国庆，等，译．北京：清华大学出版社，2007.
[3] 昆奇，等．市场营销管理：教程和案例（含光盘）[M]．吕一林，等，译．北京：北京大学出版社，2004.
[4] 菲利普·科特勒．营销管理 [M]．第13版．北京：格致出版社，2009.
[5] 顾春梅．新编市场营销学 [M]．杭州：浙江工商大学出版社，2009.
[6] 小威廉·D·佩罗物．市场营销学基础 [M]．第9版．北京：中国财政经济出版社，2004.
[7] 路易斯·E·布恩，大卫·L·库尔茨．当代市场营销学 [M]．第11版．北京：机械工业出版社，2005.
[8] 谢尔比·D·亨特．市场营销学理论基础 [M]．上海：上海财经大学出版社，2006.
[9] 唐德才，等．现代市场营销学教程 [M]．北京：清华大学出版社，2009.
[10] 王方华．市场营销学 [M]．上海：上海人民出版社，2007.
[11] 杨建华．广告学 [M]．广州：暨南大学出版社，2012.
[12] 杨兴国．品牌划谋 [M]．北京：经济管理出版社，2008.
[13] 孙晓强．品牌资产提升策略——品牌代言人视角下的理论与案例 [M]．北京：经济科学出版社，2009.
[14] 柏唯良．细节营销 [M]．第2版．北京：机械工业出版社，2009.
[15] 格里菲斯．低成本快营销——针对中小企业的101个实效营销创意 [M]．北京：企业管理出版社，2008.
[16] 罗森布洛姆．营销渠道：管理的视野 [M]．第7版．北京：中国人民大学出版社，2006.
[17] 科特勒．科特勒营销策略 [M]．北京：中信出版社，2007.
[18] 科特勒．市场营销原理 [M]．第13版．北京：中国人民大学出版社，2010.